成长别烦恼

情景剧活动
促进幼儿情绪理解的探索

徐玉杰 著

华东师范大学出版社

·上海·

自由情景剧《花木兰》

花木兰在家

花木兰练本领

射箭怎么玩

磨拳霍霍

出战

经典情景剧《狼来了》（山顶剧场）

放羊娃和小羊们

放羊时逗逗大家

狼兄和狼弟

狼来了

狼真的来了

亲子情景剧《一代宗师》

父子共同收集信息

母子共学咏春拳

备受压迫做苦力的百姓

谁来当"坏人"

在剧中一起玩

在情景剧活动中发展幼儿情绪理解能力的实践研究

项目组成员名单

上海市教育科研项目组负责人

徐玉杰　上海市浦东新区康弘幼儿园

项目组成员

戴丽君	康弘幼儿园科研主任	钟燕萍	康弘幼儿园保教主任
苏　晴	康弘幼儿园教师发展项目领衔人	唐士萍	康弘幼儿园大教研组长
方　瑜	康弘幼儿园教研组长	黄　萍	康弘幼儿园教研组长
朱　颖	康弘幼儿园年级组长	周　羚	康弘幼儿园教师
张晓莉	康弘幼儿园保教主任		

浦东新区重点课题组负责人

徐玉杰　上海市浦东新区康弘幼儿园

课题组成员

郭颖颖	康弘幼儿园人事干事	张梦君	康弘幼儿园教师
陆怡菁	康弘幼儿园信息化项目领衔人	张文婷	康弘幼儿园专室项目组长
童　磊	康弘幼儿园年级组长	虞赛帅	康弘幼儿园教师
张燕丽	康弘幼儿园环境组长	朱春梅	康弘幼儿园教研组长
张怡婷	康弘幼儿园年级组长	马蕴仪	康弘幼儿园教师
沈　佳	康弘幼儿园家教组长		

项目研究指导者

黄娟娟　上海市教育科学研究院普教所

朱仲敏　上海市教育科学研究院

刘俊升　华东师范大学心理与认知科学学院

左志宏　华东师范大学学前教育学系

李　曼　华东师范大学学前教育学系

韦高安　上海市陈鹤琴教育思想研究会

龚珮珮　上海市陈鹤琴教育思想研究会

刘慧娟　上海市陈鹤琴教育思想研究会

黄　琼　上海市陈鹤琴教育思想研究会、上海市教育学会幼教专委会

洪晓琴　上海市陈鹤琴教育思想研究会、上海市静安区南西幼儿园

黄　铮　上海市陈鹤琴教育思想研究会、上海市教育学会幼教专委会

吴为民　原上海市浦东教育发展研究院

王丽琴　上海市浦东教育发展研究院

徐婵娟　上海市浦东教育发展研究院

胡少舜　上海市浦东教育发展研究院

朱爱忠　上海市浦东教育发展研究院

蒋耀琴　上海市浦东新区浦南教育集团、上海市浦东新区浦南幼儿园

竺　清　上海市浦东新区学前教育指导中心

陈灵君　上海市浦东新区学前教育指导中心

俞晓菊　上海市浦东新区学前教育指导中心

华东师范大学研究生

胡义豪　邵　嵘　龚　杰　徐璐妍　王思洁

序

　　上海市浦东新区康弘幼儿园的徐玉杰园长时常会与我一起交流、探讨幼儿教育实践中的一个又一个真问题、一波又一波新探索。幼儿教育实践是庞杂的,园长的管理工作更是繁琐的,徐玉杰园长身处其中却能够一如既往地饱含工作热情,开展研究工作。这本《成长别烦恼:情景剧活动促进幼儿情绪理解的探索》,可以说是她任教 35 年来鲜活的实践智慧,集中体现了她近些年笔耕不辍、精进琢磨的思考光芒。我着实被其既脚踏实地、投身一线教育教学,又仰望星空、思考并探索理想教育的精神所感动!

　　情景剧起源于戏剧,国内外均有学者逐渐将教育戏剧、创造性戏剧等多种方式引入学前教育,以期开拓出互动性强、灵活性高、乐趣横生的新型教育模式。放眼国际,在学前教育领域,戏剧教育课程尚未形成,即使是比较领先的挪威戏剧课程研究,幼儿园戏剧教学一般也是生成性的,没有事先的计划。许多教师对是否应该主动开展戏剧教学活动仍然持模棱两可的态度,教师应在何种程度、以何种方式参与儿童的戏剧教学,这一问题尚在讨论之中。

　　再看我国的戏剧教育形态。台湾幼儿园戏剧教育有两种倾向,一种是学习西方"创造性戏剧"的经验,有一定本土化的努力;另一种就是戏剧艺术教育,很讲究剧场艺术的效果,有专业的戏剧工作者加入幼儿园戏剧教学中。香港戏剧教育更多受到英国"教育戏剧"的影响,以"创造性戏剧"为主要模式,体现了戏剧教育的游戏性,并通常以绘本为戏剧活动的来源。大陆学前儿童戏剧教育从港台地区得到借鉴,张金梅基于我国幼儿园课程的实际情况,建构了幼儿园多元戏剧活动,包括戏剧游戏、戏剧工作坊、戏剧主题活动、生长环境剧场;彭怡玢介绍了闽南特色的儿童创作性戏剧教育课程;徐俊提出我国教育戏剧与戏剧教育经历戏剧教学、教育戏剧和戏剧教育的发展过程等。

而借助于本书可以看到，徐玉杰园长所带领团队的幼儿情景剧活动实践与探索体现出两个鲜明特点：

一方面是幼儿情景剧活动实践的系统性和整合性。徐玉杰园长所探索的情景剧活动实现了幼儿一日生活的情景剧化，情景剧并不是单独开设的幼儿活动，而是融入幼儿的一日生活中，赋予幼儿一日生活以趋向和目的，从而统摄着幼儿的一日生活。情景剧活动通过戏剧游戏、表演游戏、学习活动、剧场展演、家庭玩演和剧院观赏等途径组织实施，支持幼儿主动表达自己的想法和情绪情感，增强关注、识别、回应自身或他人情绪表现的能力。幼儿体验戏剧游戏时，在模仿、造型、控制和想象等层面上自由地表达表现，丰富情绪情感。在玩表演游戏的过程中，他们不断地续编、创编、改编，明晰文学作品中的情绪线索，提高表达表现能力。集体教学是幼儿解决情景剧活动进程中遇到的问题和难点，满足认知需要和情绪共鸣的有效途径。而个别化学习中，他们与多样化的材料积极互动，建构对情景剧的认知经验和情绪能力。疫情背景下应运而生且当下十分有发展活力的亲子情景剧贯通家长和幼儿的双主体情绪理解。最后在剧场展演时，幼儿借助积累的相关经验大胆地表现对剧中人物的理解，获得积极的情感体验。

另一方面是幼儿情景剧探索活动的科学性与生动性。相关研究者可大致分为两种类型：其一是"理论派"，以高校老师、科研工作者为代表；其二是"实践派"，以一线学校老师为代表。而这两类研究者在开展研究时通常风格鲜明、优劣凸显："理论派"关注理论的推演和逻辑的支撑，注重研究方法的缜密性、研究过程的合理性，同时难免会有局外人的评述议论之嫌，缺少局内人的感性体验，缺乏实践场域的生动鲜活，缺少具体行动的实操转化，为此研究成果时常会"科学但空泛、不实用"；而"实践派"关注个体经验的梳理和总结，注重研究成效在个体教育实践场域中的落地性、执行性，同时受限于个体工作经验，其思考时常感性有余但理性不足，研究成果时常会"生动但零散、不科学"。如何找准理论与实践的平衡点，拥有理论研究与实践研究的双重优势，做到科学又生动，结构缜密又便于实操落地？幼儿情景剧活动的相关研究，无疑是朝着这样的目标跨出了坚实的一步。"幼儿情景剧活动"及其"情绪理解"的核心概念诠释、基于实证数据的两个现状调研——"幼儿情绪理解的现状调研"与"情景剧活动促进幼儿情绪理解的效果分析"以及情景剧活动的设计、支持策略和观察评价都做到了理论架构与鲜活内容诠释的科学组合,所运用的方法、所梳理的经验、所取得的成果,逻辑上经得起推演,实践上能得以推广。

我认为这本书对以下群体格外具有阅读价值:首先,作为校长、园长等学校管理工作者,可以借鉴书中课程建设的方法,将活动课程系统化、园本化,做到课程基于儿童发展,课程引领儿童发展。其次,作为教研员、科研员等工作者,可借鉴书中开展实证调研的具体工具与方法,进行情绪理解方面的研究探索。然后,作为一线教师,可将书中完备、成熟的情景剧活动内容应用于本班活动中,也可借鉴情景剧活动的支持策略以及观察与评价工具优化班级的角色游戏、表演游戏及毕业典礼等展演活动,以让班本化课程活动更加有意思、有意义、有意味!最后,作为家长,通过对本书的阅读,肯定能对孩子成长中的小情绪多一份共情与理解,对于化解孩子成长中的烦恼也会增添一份自信与淡定!

桑标

(上海市教育科学研究院院长,上海市教育学会副会长)

2024 年 2 月 2 日

目　录

引 言

时光日复一日，成长悄然发生。成长带来了快乐，也伴随着烦恼。幼儿园的小朋友也有烦恼吗？他们的烦恼会是什么呢？让我们一起走进幼儿园娃娃们的世界，倾听他们"心"世界中的"小"烦恼吧……

康康娃 1：我想自己的事情自己做，可是妈妈跟奶奶总说我还小，不让我做，我哪里小啦，我明明已经快到妈妈肩膀，而且还能一口气拍 50 个球呢！

康康娃 2：爸妈经常回到家都拿着手机不跟我玩，感觉手机更像他们的"亲儿子"，真搞不懂这些大人们！

康康娃 3：今天上课我举了好长时间的手，张老师都没有请我，张老师是不是不喜欢我啊？

康康娃 4：我特别喜欢去游乐场里玩，可那里有太多人啦，我好担心自己会走丢啊！

康康娃 5：我特别害怕蛇和老鼠，对啦还有鬼，听说天黑的时候经常有鬼出来！

康康娃 6：早上出门的时候爸爸和妈妈又吵架啦，他们每次吵架的时候我觉得整个世界都要裂开啦，太可怕啦！

康康娃 7：我不喜欢和栋栋玩，他经常会撞到我，还要抢我手里的玩具，我不想让他出现在我们班级里！

康康娃 8：我不想上小学，我担心自己交不到朋友，写不完作业，最可怕的是听说数学和拼音好难学，哎，如果我学不会可怎么办啊？

康康娃 9：我特别想学跳舞，可是我自己的腿太短啦，他们说只有腿长长的才能跳好舞，哎，我什么时候才能有大长腿啊？

康康娃 10：我养了 3 年的狗狗黑仔上个月走丢啦，现在还没找到，我好想它，不知道它最近有没有饿肚子……

康康娃11：我听爸爸说外国又在打仗啦，可千万不要打到我们中国来啊！

康康娃12：我乡下外婆家的河现在好脏，还臭臭的，妈妈说她小时候经常到里面捉鱼捉虾，地球上这些干净的水被我们喝完后，我们可怎么办啊？

……

我们对幼儿园内孩子们的烦恼进行统计，细细地品味孩子们的这些烦恼，会发现每个烦恼都无比的真实、鲜活又生动。一方面，康康娃们的很多烦恼来源于孩子和自己身边重要他人的关系——爸爸妈妈、老师、好朋友。随着孩子情绪的社会化，引发孩子情绪烦恼的社会动因不断增加，让孩子们烦恼的事情越来越多来源于他们的人际关系；还有些烦恼来源于孩子们的自我认知，对自己身体、性格、兴趣、能力的不满意，由此不难看出随着孩子们自我意识的逐渐发展，他们对自我身心也有着更加宽泛、深入的探索；与此同时，孩子也有着深沉的爱国情、宏大的宇宙观，他们担心祖国深处危险之中，他们害怕地球环境越来越糟糕……另一方面，我们也会发现康康娃们的这些烦恼都属于情绪范畴，"怒""哀""惧"这些"小魔怪"时常会到我们孩子的童年世界来"做客"，引发我们的孩子皱眉头、噘嘴巴、哭鼻子、摇脑袋等丰富多彩的情绪表现。由此，我们找到了一条破解孩子烦恼的"金钥匙"——提升幼儿的情绪理解，借此来赋予孩子应对成长烦恼的随身携带秘器！

情绪对于孩子而言，尤为重要。因为情绪是一项重要而又复杂的心理活动，它具有建立、维持和改变个体与外界关系的功能。这种功能被广泛认为是一种能力，即情绪能力，主要由三部分组成，即情绪表达、情绪理解和情绪调节。其中，情绪理解可以帮助孩子更好地与他人相处，是个体发展和社会适应良好的重要的反映指标[1]。

情绪理解是指幼儿在人际交往互动情景中，通过观察情绪表情、情绪情景来识别自己或他人的情绪状态，了解情绪产生与变化的原因，以及能够主动用多样

---

① 桑标.儿童发展[M].上海:华东师范大学出版社,2014:256.

的情绪表情与他人互动的能力,具体包括情绪关注、情绪识别和情绪回应。研究发现,学前阶段是个体情绪理解发展最为迅速的时期。在这一时期,幼儿随着年龄的增长,认知能力尤其是语言能力飞速发展,社会交往日趋频繁,他们的情绪理解水平也会得到迅速提高①。

同时,教养者对于孩子的情绪理解发展期望是否合理,决定着教养者自身是否会因为教养问题而产生烦恼,同时也会影响到孩子的情绪状态。而本书为教养者提供了促进孩子情绪理解的又一种活动方式——情景剧活动。

情景剧是运用声音和语言、表情与情绪、肢体与动作以及装扮来表现某一特定时刻的情形,表达生活意义的一种有趣的方式。孩子是天生的戏剧大师,在情景剧活动中,孩子可以重温曾经的经历,回味瞬息即逝的感觉,经历一切可能……孩子可以变身成为故事中的"任意一个角色",完成自己向往的"任何一件事情",体会"角色"的内心情绪感受,从而拓展生活阅历,丰富生活智慧,美化生活体验,实现"现实世界""理想世界"和"虚拟世界"在自己身上的"三合一"。孩子拥有表达情绪的多种渠道,能够安全地宣泄情绪,化解强烈的情绪,"再遇到这种情况,我可以试试这样做",使强烈的情绪得到舒缓、改善或升华……

① 桑标.儿童发展[M].上海:华东师范大学出版社,2014:266.

第一章

概述

您有看过幼儿的情景剧活动吗？如果您有印象，请试着回忆幼儿情景剧活动给您留下最深的印象是什么？如果您记忆模糊或者暂未接触过幼儿的情景剧活动，那么我们一起来看下面一个康康娃的情景剧活动片段：

　　游戏时间开始了，今天孩子们选择的表演剧目是《寻找春天的笑脸》，接着，大家商量起了谁演什么角色。文文拉着思思说道："我做妈妈，你做乐乐好吗？"思思点头表示同意。这时，奇奇大声说道："我做爸爸。"大家也欣然同意，还分头邀请一些朋友做小区居民。选完角色，几人搬来了各种道具，摆好了她们需要的场景开始表演起来。

　　当演到乐乐（思思）想画一幅宣传海报提醒人们，但是妈妈不同意她出门，她将画了一半的宣传海报扔掉时，妈妈（文文）在一旁说道："你扔纸的时候是不能笑的，这个时候乐乐又不开心。""对的，妈妈不让她出门，她应该不开心，还有点儿伤心"，爸爸（奇奇）在一旁也马上补充。听完，思思思考了片刻，只见她收起了笑容，边皱起眉头边将画了一半的海报揉成一团，接着又慢慢地把纸捡起并小心翼翼地铺平继续画。妈妈看到乐乐的画后，脸上露出了笑容，还伸出大拇指夸赞乐乐："乐乐，你的宣传海报画得真棒，我们戴上口罩去贴在楼道门口吧。"说完，妈妈牵着乐乐的手去张贴海报。

结合上面的片段，请带着如下思考进入本章内容的阅读：

➤ 幼儿情景剧活动相比其他活动，有什么独特之处？

➤ 什么是情绪理解，幼儿的情绪理解包括哪些关键要素？

➤ 情景剧活动促进幼儿情绪理解的理论基础有哪些？

在阅读本章内容时，您可以带着自身教养幼儿的经验走进"幼儿情景剧活动"的趣味世界，带着自我成长的生命故事思考"情绪理解"的丰富内涵。

第一节　情景剧活动概述

一、幼儿情景剧活动的概念

幼儿情景剧是教师根据幼儿的年龄特点、已有经验和最近发展区,从贴近幼儿经验的课程内容、儿童读物和生活事件中,提炼有价值的素材,有目的、有计划地运用戏剧方法和剧场元素预设特定时刻的情形,吸引幼儿运用动作感知、情绪感染、语言表达、物件变幻和音效烘托等方式雕塑情境,参与角色塑造的教育活动,幼儿在情景中扮演,在情景中表达,在情景中体验。

幼儿情景剧活动是教师以幼儿身心发展为先,融合戏剧方法、剧场元素和幼儿教育方法,偕同幼儿和家长,确定主题,选择素材,组织开展**自由情景剧、经典情景剧**和**亲子情景剧**,有机融合在幼儿一日生活中的**戏剧游戏、表演游戏、学习活动、剧场展演、家庭玩演和剧院观赏**的系列过程。在具体的情景剧活动中,幼儿获得生活经验、情景体验和心理感受,学习运用多样化的动作、声音、表情、物件和材料等,创造性地表达表现生活意义①。

二、幼儿情景剧活动的特征和构成

(一) 幼儿情景剧活动的特征

幼儿情景剧活动汲取戏剧教育、创造性戏剧教育和生长戏剧等研究精华,凝练形成独特内涵,具有融合性、戏剧性、建构性、体验性和具身化等特征。

1. 融合性

首先,情景剧活动的目的是融合戏剧的"本质论"和"工具论"的功能,既期望

---

① 徐玉杰.幼儿园情景剧特色课程的开发与实施[M].上海:华东师范大学出版社,2019:3.

幼儿在活动过程中提高艺术审美能力,也期待幼儿从中获得全面发展。其次,情景剧活动设计多元包容,目标确定面向幼儿全面发展,内容选择包罗万象,取材于课程内容、儿童读物和生活事件,融汇各大学科领域。然后,情景剧活动实施虚实交融,实施途径将虚拟的情景融合于幼儿一日生活实景,实施方法综合运用多种表现方法,融合戏剧方法、剧场元素、多媒体信息技术等。最后,幼儿习得方式相融互补,幼儿在情景剧活动中获得的间接经验和直接经验相融互补。

2. 戏剧性

主要表现为艺术性、游戏性和偶然性。在角色塑造、情境雕塑和情节生长等过程中,师生和家长以游戏的方式贯穿始终,并将游戏艺术化呈现。偶然性是指人物在特定的情景中经常会发生巧合或聚变,因此,剧情更具张力,观众更感兴趣。

3. 建构性

幼儿在情景剧活动中认识自我、理解他人(角色)、了解世界,在具体的情景中自主习得解决冲突的多种方法。

4. 体验性

幼儿在真实的生活情景中,虚拟的冲突情景中,或在各式各样的活动中,体会理解"他人"经历的事件、内心情感和所处境地,获得直接经验。

5. 具身化

幼儿在情景剧活动过程中的认知与知觉、行动与情境都是交织在一起的,存在于肌肉和骨骼的感觉记忆悄悄地发生着作用。幼儿在舞台上经历的各种可能,都将会转化成为动作和肌肉的记忆,内化成为自身永久的直接经验。

(二)幼儿情景剧活动的构成

幼儿情景剧活动的构成有多种维度,首先,从活动的结构化程度来看,分为自由情景剧活动、经典情景剧活动、亲子情景剧活动;其次,从实施路径维度来看,分为戏剧游戏、表演游戏、学习活动、剧场展演、剧院观赏和家庭玩演等活动(具体见图 1-1)。

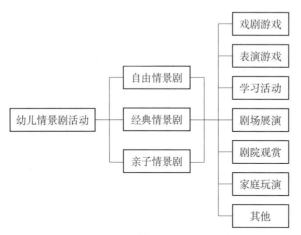

图 1-1 幼儿情景剧活动的构成

1. 幼儿情景剧活动的类型

幼儿情景剧活动的类型,根据活动的结构化程度,主要分为自由情景剧活动、经典情景剧活动和亲子情景剧活动。

自由情景剧活动,活动中的幼儿是主动的学习者。幼儿自己选择伙伴、区域或材料,自由自在地玩装扮、玩角色、玩场景、玩道具,教养者重在观察,适时给予适度支持。

经典情景剧活动,活动中的幼儿和教师是合作者。活动或以幼儿发起为主,或以教师发起为主,或由师幼共同发起,参与者共同选择活动素材,共同预设活动的情景、角色、情绪线索和情节生长,在玩演戏剧游戏或表演游戏、参与学习的过程中塑造角色、雕塑情境、丰富情绪体验,最终在多元空间剧场为观赏者展演。比如,孩子们在室内富有仪式感的大剧场舞台上展演《我可以跳舞吗?》;又如,师幼在户外山顶剧场展演《狼来了》《狮子王》等;再如,孩子们在大型运动器具上展演《西游记》等。

亲子情景剧活动,活动中的幼儿和家长是亲密伙伴。亲子既可以一起参与班本经典情景剧活动,通过共同商量来丰富剧情、塑造角色、制作服饰或道具,共同参加剧场展演等;也可以一起通过角色扮演来丰富生活体验,比如,互换生活中的角色,共同模拟舞台剧情,情景再现生活问题,创编微剧等;还可以亲子同去剧院观赏,到社区参演等。

表1-1 不同情景剧活动中的角色对比

类型	儿童地位	教师功能	家长角色	发展价值
自由情景剧	自由游戏者	观察与支持	聆听者	满足幼儿个性成长
经典情景剧	游戏者/创作者/欣赏者	合作与激励	欣赏者/合作者	增强伙伴间的情绪感染、交往与合作
亲子情景剧	合作者	欣赏与建议	陪伴者	亲子在同一情景中互动交流,体会彼此的情绪与思想,相互认同与影响,增强亲子间的亲密度

2. 情景剧活动的实施路径

情景剧活动的参与者根据需要自主选择实施路径,有戏剧游戏、表演游戏、学习活动、剧场展演、剧院观赏、家庭玩演或者其他路径。

戏剧游戏,是运用面部表情、言语表情和体态表情在真实或虚构的情景中,充分以"身体、心灵、感官、声音、语言、经验、记忆和想象力",模仿和想象、感知和表达世间万象的游戏活动。师幼于每天下午"戏剧化一刻"的固定时间,或者自由活动、游戏活动、来离园活动时,亲子于家庭生活中,自主玩戏剧游戏。

表演游戏,是幼儿自主选择区域、伙伴和材料,装扮角色、创设情景或生成剧情,运用对话、独白、动作和表情等再现文学作品或生活事件内容的一种游戏活动。幼儿主要在游戏活动,或自由活动、来离园活动,以及在家庭生活中,自由玩演,教养者重在观察,适时支持。

学习活动,主要分为个别化学习和集体教学。个别化学习是师幼以个别操作或小组合作的形式,基于剧情、台词、服饰、音乐、道具等设计与制作的需要,自主选择与情景剧活动相关的活动区域,选用材料,运用情绪言语、肢体动作、美术表征等多元表达表现,丰富情景剧活动内涵的活动方式。集体教学则通过师幼互动,帮助幼儿解决情景剧活动进程中的难点,满足认识方面的需要,强化情绪关注、识别和回应,通过提问、回应等互动方式对其中的关键点进行引导和探讨的活动方式。一般都在幼儿园学习活动时间组织实施。

剧场展演,是师幼整合了戏剧游戏、表演游戏和学习活动的相关经验之后,根据剧情内容,将所扮演角色需要表达的语言、动作、表情等,结合剧场的舞美、音效等进行展示的活动方式。主要结合节庆活动或幼儿兴趣需要组织实施。

表1-2　不同情景剧实施路径对应的幼儿一日生活时刻表

情景剧实施路径	对应的幼儿一日生活时刻表
戏剧游戏	在午后活动中学和玩,于来离园、游戏时间、家庭生活中自由、自主、自发地玩
表演游戏	主要在游戏时间玩,也可在其他任何时段自主玩
学习活动	结合一日生活的集体教学、个别化学习或专室活动
剧场展演	每学期结合节庆活动或幼儿的兴趣需要
剧院观赏	幼儿园组织或与家人同行
家庭玩演	幼儿居家或与家人在一起时

剧院观赏,是指幼儿与教养者一起去各大剧院欣赏经典,从中认识世间万象、感受艺术魅力的活动方式。既有幼儿园集体组织,也有家庭自主安排。

家庭玩演,是指幼儿与家人通过角色扮演丰富生活内容,比如亲子互换生活中的角色,幼儿扮演妈妈教"宝宝"学吃饭;又如情景再现生活问题,亲子再现牛奶打翻的情景,讨论解决方法;再如共同模拟舞台剧情,玩演微剧等。主要由幼儿与家长自主开展。

各种不同的情景剧活动从活动结构角度可以分为以下四种类型:戏剧游戏偏向无结构活动,幼儿自由、自主、自发来开展;表演游戏、家庭玩演和剧院观赏偏向低结构活动;学习活动和剧场展演偏向高结构活动,有较为明确的活动目标;而戏剧游戏及集体教学中的部分环节,比如教师讲授游戏玩法和规则,集体教学中教师对于表演技能、技巧的演绎有着明确的教学任务,属于完全结构活动,具体见图1-2。可以看出,从活动的结构类型上来看,幼儿情景剧活动是比较均衡的,不同结构的活动类型均有涉及。从各类活动的整体时长来看,幼儿情景剧活动以低结构活动为主,无结构和高结构活动次之,完全结构活动最少。

三类情景剧活动在一定的情形下可以相互转换,比如,当幼儿对于自由情景

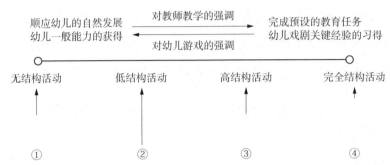

① 戏剧游戏 ② 表演游戏、家庭玩演、剧院观赏 ③ 学习活动、剧场展演 ④ 戏剧游戏及集体教
学中教师主导的部分环节

图 1-2　幼儿园情景剧活动在结构化程度上的平衡

（箭头长短表示时间长短）

剧中相关联的游戏内容保持持久的兴趣，并且活动有主题，角色有对话，情节有生长，他们希望同伴和教养者来观赏，此时的这一组自由情景剧就有可能转换成为经典情景剧。而师生在创作经典剧的过程中，也会自由自在地即兴玩角色装扮、场景道具或某一片段等，所以也可以说，每一部经典剧都有自由剧的成分。

情景剧活动的类型与实施路径密切相关，两者都是构成情景剧活动的主要要素，每一类情景剧活动都可以灵活选择不同的实施路径：自由情景剧，幼儿可以自主选择戏剧游戏、表演游戏或家庭玩演等路径开展活动；经典情景剧，幼儿与同伴或教师合作，协商选择剧院观赏、学习活动、剧场展演等路径探索活动，活动过程中，幼儿可能是游戏者、可能是创造者、也可能是观赏者；亲子情景剧，幼儿与家人一起灵活选择各类路径参与活动。

三、幼儿情景剧活动的教育意义

陈鹤琴先生所著的《儿童心理》指出："儿童最易受暗示。关于良好举动、习惯风俗等，我们都可以利用暗示来养成。"[1]陈鹤琴先生还提醒我们："要注意戏剧的

---

① 陈鹤琴著.陈秀云,柯小卫选编.儿童心理[M].南京:南京师范大学出版社,2012:49.

暗示给儿童的影响。人的动作很容易暗示儿童,如戏剧中有系统的动作格外容易暗示儿童。"①陈鹤琴先生的研究发现对情景剧活动的开发与实施提出了警示,开展情景剧活动,必须给予幼儿积极的暗示,让"舞台点亮童年,角色开阔人生",让幼儿在情景剧活动中逐渐拓展生活阅历、丰富生活智慧、美化生活体验。

(一)拓展生活阅历

当前,幼儿的生活阅历相对较少,究其原因,一是因为年龄小,生活经历少;二是因为大多数是独生子女,缺少与兄弟姐妹共同生活的体验;三是因为家长保护得严严实实,幼儿少有独立与同伴结伴玩耍的机会,等等。因此,教养者也在不断思考,如何开展丰富多彩的活动以拓展幼儿的生活时空,如何引导幼儿扮演丰富多样的角色以接触世间万象。

◎**多变场景丰富经历。**事实上,情景剧活动就是一种非常有效的活动样态。幼儿通过角色扮演,主动了解角色的外部特征、生活习性、行动方式和内心世界等,他们可以变身成为任何时代的人物、任何地域的动物、任何季节的植物、任何状态的物品……通过情景演绎,了解剧中人物发生的事件。如果幼儿对司马光砸缸的故事感兴趣,产生扮演司马光的想法,他就会设法了解司马光所在朝代的人、事和物,收集司马光砸缸故事的相关信息,想象司马光与小伙伴嬉戏、发现小伙伴掉进大水缸后求救、急中生智营救小伙伴的情形……

◎**多样角色开阔人生。**幼儿在扮演"他人"的过程中,经历他们的行为,亲历行为带来的结果,体会他人的人生感悟,不断丰富内心世界。从而,形形色色的角色的生活经历,形成了幼儿身体中的记忆,丰富了他们的生活阅历。

(二)丰富生活智慧

◎**情景互动中获得启迪。**威尔逊提出,"在儿童早期,特别是对感觉运动阶段来说,这一阶段儿童的认知基本上是在线的、情境的,必须依靠'个体与环境之间

---

① 陈鹤琴著.陈秀云,柯小卫选编.儿童心理[M].南京:南京师范大学出版社,2012:51.

真正的动态耦合'"①。幼儿处于感知运动阶段，通过感知和动作及其协调，建构起复杂的动作图式，他们从最初的手眼不协调、动作无组织、目的不明确，经过多次的尝试后，逐步发展为手眼协调、动作有序，采用身体的动作达到自己的目的。这些都是基于幼儿自身的感觉和运动，正是这种基于"身体的感觉和运动"的情景性认知方式，开启了幼儿对世界和生活的认识。

◎**情景体验中丰富直接经验。**当幼儿走进舞台虚拟的情景时，将通过叙述别人的故事，来表现自我。他们处于一个源于生活或故事的具体情景中，一种相互联结的关系中，可以做任何事情，也可以大胆尝试在真实情景中不被许可的事情，还能够完成现实生活中无法胜任的任务，战胜强大的"敌人"，这样有利于幼儿形成与具体情景直接关联的、不规范的、非正式的知识和结构。并且，在成人的引导下，幼儿将自己已有的知识经验融入其中，反思先前的经验从而建立和转化出更深刻的理解。在正向的情景中共同讨论用何种方法解决问题，比如幼儿可以化身成为游玩迪士尼时走丢的康康，习得走丢后自救的具体方法，感受康康在迪士尼的喜、怒、哀、乐……从而主动建构在各种具体情景中解决问题的不同方法，不断丰富直接经验。

◎**情景迁移中丰富生活智慧。**幼儿在情景剧活动中，忽而入戏，忽而出戏，在角色与自我之间游历，扮演角色所需承担的职责和幼儿的自身经验在情景剧活动中融为一体。感悟他人为人处事的不同，积累解决问题的方法，体验他人的内心情绪感受，尝试学习情绪情感表达，将生活经验与舞台经验相融互补，产生叠加效用，持续不断丰富生活智慧。

（三）美化生活体验

◎**身体富有灵性。**美国实用主义美学家理查德·舒斯特曼提出的"身体美学"认为："充满灵性的身体是我们感性欣赏（感觉）和创造性自我提升的场所，身

---

① 转引自杨宁.儿童早期发展与教育中的身体问题——五论进化、发展与儿童早期教育[J].学前教育研究,2014(1):21.

体美学关注这种意义上的身体,批判性地研究我们体验身体的方式,探讨如何改良和培养我们的身体。"①由此,我们可以理解为:身体富有灵性,是感性欣赏的主要场所,并在感知和体验中不断得到创造性的提升。

◎**身体感受情绪。**舒斯特曼把身体审美感觉分为两种:"一种是感受外界刺激的身体审美感觉(它与身体之外的刺激相关,是由皮肤感知到的,它关心身体部位相互关联的定位和身体在空间中的定位),二是身体内部感受到的身体审美感觉(它来自内脏的感受,通常伴随着疼痛)。"②身体感官感受外部世界的美感体验主要源自视觉、听觉、味觉和肤觉等,这些感官对外部世界的色彩、声响、味道和空间进行定义。而身体内部感受主要指情绪情感的体验,比如愤怒、开心、兴奋、沮丧等。如此,身体美学丰富了身体对于美的诠释,使美充满灵动和情感。

◎**身体创造美好。**幼儿在一个可控的、客观安全的、只存在于想象中的威胁的情景中活动,他们无论扮演善良还是邪恶的角色,都是在兴奋的情感体验与激烈的情节冲突中,尝尽人生百味,并从中感受善良与真诚、鄙陋与高尚,以健康的方式发泄自己的情绪。幼儿发现自己可以通过身体和动作、声音和语言、表情和情绪,创造出情景中所需要的树木花草的生长、日月星空的变换、人物之间的故事,幼儿以一种可视化的方式来思考,在教养者的引导下用肢体动作、情绪言语等清楚地表达表现自己的想法,"当孩子发现自己的声音与身体能创造出多元的变化,自己的想法与感觉能完整地被接受与认同,他们对自己的信赖感油然而生"③。走出情景,他们会欣喜雀跃,会更加轻松自如,充满美好感受。

第二节　幼儿情绪理解概述

对于幼儿来说,情绪理解是通过对其他个体的面部表情、精神状态、肢体动

① [美]理查德·舒斯特曼.身体意识与身体美学[M].程相占,译.北京:商务印书馆,2011:1.
② [美]理查德·舒斯特曼.身体意识与身体美学[M].程相占,译.北京:商务印书馆,2011:1.
③ 林玫君.创造性戏剧理论与实务——教室中的行动研究[M].台北:心理出版社,2005.40.

作、言语表达进行观察或捕捉,并不断与自己的情绪反应进行比对,进而判断出其他个体情绪流露的心理状态。因此,良好的情绪理解是幼儿认识自身、与其他个体进行有效社会交往的重要保障,也与幼儿情绪社会化的进程以及心理健康发展关系密切。

一、幼儿情绪理解的概念及表现方式

幼儿情绪理解是指幼儿在人际交往互动情景中关心自己或他人的情绪表现,了解自己及他人情绪产生的原因,并能主动用多样的情绪表情回应他人的能力。具体表现为"情绪关注""情绪识别"和"情绪回应"三种过程性的方式,每种表现方式对于幼儿情绪理解的发展都发挥着独特的作用。

情绪关注是指幼儿在具体情景中倾听、观看、询问、感受自身或他人的情绪表现,关心情绪状态,重视情绪线索的变化发展。这里的情绪表现由表情引起,包括面部表情、言语表情和体态表情等。面部表情主要通过脸部肌肉活动来反映情绪;言语表情是通过个人言语时的音量、音速、音调等变化来反映不同的情绪;体态表情则主要通过四肢运动和身体姿势来反映情绪[①]。幼儿能够对生活情景中表现出来的某些情绪引起注意,是情绪理解的基础,也是一种表示注意的主观意识活动,表现为积极指向他人的心理状态,倾听他人,观察他人,感受他人,愿意接受他人传递的信息。比如,幼儿回家,没有看到饲养的小狗习惯性地过来蹭手蹭脚,有的幼儿就会关心或询问:"狗狗,你在哪里? 怎么不出来迎接我?"说明该名幼儿对于生活中的人事物非常关心,敏感于身边的人事物的变化,他的内心世界的感受是细腻而丰富的。反之,如果幼儿对此没有丝毫反应,或表现出无所谓的状态,那我们应该要加强观察与分析,了解幼儿情绪表现的真正原因,以及他的情绪理解发展是否在相应层次。

情绪识别是指幼儿依据所处情景中的感受以及自身或他人的表情判断情绪

---

① 桑标.儿童发展[M].上海:华东师范大学出版社,2014:253.

状态,依据情绪线索解释情绪产生、发展与变化的原因。幼儿的情绪识别主要指表情识别、情绪情景识别和情绪归因三个层次,也指识别自己和他人情绪的能力,是理解自己和他人情绪状态的重要一环,需要结合所处环境的各种信息,来判断自己或他人的情绪,以及解释情绪表现背后的原因。下面我们通过《大熊的拥抱节》这一师幼讨论片段,看孩子们对于故事中大熊情绪的识别。

幼儿情绪识别案例:《大熊的拥抱节》

故事概要:森林的大熊在拥抱节这天发誓要和 100 个好朋友拥抱,因为大熊之前经常欺负其他小动物,所以红狐狸、小白兔、小袋鼠都拒绝和大熊拥抱,大熊哭了。后来红狐狸、小白兔、小袋鼠又找到大熊,主动给了大熊拥抱。这时候,大熊哭得更厉害了。

师:小朋友,当红狐狸、小白兔、小袋鼠都拒绝给大熊拥抱时,大熊流泪了,你们猜猜这时候大熊的心情会是怎样的?

幼 1:因为朋友都不喜欢他,他一定很难过。

幼 2:大熊肯定特别伤心,没人和他玩了,这真是件糟糕的事儿。

幼 3:很丢人的,自己想跟别人玩,但是别人却不要和自己玩。

幼 4:大熊一定很后悔,后悔自己之前不该欺负这些小动物。

师:看来我们班的孩子都猜出了大熊这时候伤心、难过、尴尬而又后悔的复杂心情。后来当这些小动物都来跟大熊拥抱时,大熊又流泪了。这次又是因为什么流眼泪呢?

幼 5:一定是感动的眼泪,他的好朋友都原谅了他!

幼 6:我觉得是开心的眼泪、惊喜的眼泪,他本来以为自己今天一个拥抱也没有,结果一下子来了这么多拥抱!

幼 7:我觉得大熊这时候应该也会后悔的,他的朋友们对他这么好,他想想自己之前还欺负他们,一定后悔死啦。

师:原来同样是流泪,这次的流泪却是感动的眼泪、惊喜的眼泪,也可能是含有丝丝后悔的眼泪。

在故事《大熊的拥抱节》中，同样是流泪，结合不同的情绪情景，孩子们对大熊的情绪做了对应的情绪归因。幼儿自身的情绪状态是情绪识别最重要的影响因素，还有周围的环境、环境中其他同伴的情绪等也是重要的影响因素，此外，同一种情绪发出者的状态、想法有所不同时，表现形式也会不一样，也会影响对他人情绪的认识。

情绪回应是指幼儿在具体情景中对自身或他人的情绪状态，运用言语或非言语（面部表情、肢体语言等）的情绪表情进行回应。情绪有时伴随着面部表情出现，也可能会通过肢体语言、声音和语调、微表情等其他方式来表达表现。正确和适当的情绪回应，不仅有助于幼儿清晰表达情绪感受，也有助于同伴之间、亲子之间以及师幼之间的交流互动，更有助于增进个体之间的情绪理解。

幼儿情绪理解案例：《妈妈下班啦》

有这样一首《妈妈下班啦》的儿歌深受幼儿园老师、家长和孩子的喜爱：我的好妈妈，下班回到家；坐在沙发上，不想多说话；我给妈妈送毛巾，我给妈妈端杯茶；妈妈忽然有了劲儿，她说浑身轻松啦！在讲解这首儿歌时，幼儿园老师经常会问孩子们这样一个问题，"儿歌里的娃娃是怎样的一个娃娃"。孩子们会说，"爱妈妈的娃娃""温暖的娃娃""懂事儿的娃娃""能干的娃娃"。同样的，儿歌里的娃娃也是一个情绪理解发展得很好的娃娃！这首儿歌也是我园情景剧活动中促进幼儿情绪理解的经典素材之一。

（1）就情绪关注而言，这个娃娃可能在屋里玩积木，也可能在看动画片，还可能在吃水果，这时听到开门声，妈妈走了进来。娃娃及时观察到了这点，并且留心到妈妈坐在沙发上不想多说话，感受到了妈妈的疲惫和不舒服。

（2）就情绪识别而言，娃娃通过识别妈妈的表情——头耷拉着，眼睛快要合上、嘴角下垂；识别当下的情景——天已经黑啦，妈妈工作了一整天刚刚下班；推断妈妈当下疲惫情绪的原因——妈妈可能是坐地铁太长时间累啦，妈妈也可能是上班时一直对着电脑眼睛疼啦，或者妈妈白天工作说了好多话，嗓子哑啦……

（3）就情绪回应而言，娃娃第一时间快速行动，送来了毛巾，端来了热水。除此之外,还有可能微笑着抱抱妈妈,亲亲妈妈,暖暖地说一句:"妈妈辛苦啦,娃娃爱妈妈!"这个娃娃采用了表情、动作、言语丰富的情绪回应方式。

二、幼儿情绪理解情态模型

幼儿情绪理解过程中包含情绪关注、情绪识别、情绪回应三个关键点。幼儿通过观察自己或他人的情绪表现,关注当前的情绪状态;通过识别情绪表情、情绪情景,解释情绪产生、发展及变化的原因,识别当下的情绪状态;并运用情绪表情回应当前的情绪状态,形成新的情绪线索,从而进一步理解情绪的发展变化。幼儿关注情绪表现——识别情绪状态——运用情绪表情回应(将情绪识别置于"黑匣子",因为这个关键点是内隐的),通过情绪关注、情绪回应,将内隐的情绪识别外显,让自己和他人更好地了解到内隐的情绪体验,并在相互作用的过程中形成积极的良性循环。由此建构幼儿情绪理解产生、发展和变化的情态模型图(见图1-3)。

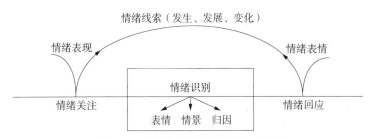

图1-3 幼儿情绪理解的情态模型图

从幼儿情绪理解情态模型图可以看出,幼儿情绪关注、情绪识别和情绪回应之间的关系,并非彼此割裂或单向顺应,而是形成了一个相互促进的循环系统。就如,早上入园时,安安看到好朋友琪琪眼泪汪汪(**情绪表现**),站在走廊里止步不前,走过去问(**情绪关注**):"你为什么哭呀?是想妈妈了?(**情绪识别**)"琪琪点点头,安安微笑着拉起她的手,又说:"我和你一起去教室吧!(**情绪回应**)"琪琪这才破涕为笑,跟随安安来到教室。以上实例中。琪琪的情绪线索是"由哀转为喜"。

特别要说明的是,幼儿的情绪理解的对象除了他人,还可以是自己,比如说过年时，一个4岁的孩子和妈妈一起到街上看烟花，烟花表演精彩绚烂，同时又声响震耳，孩子突然抓着妈妈的手（**情绪回应**）说："妈妈，我害怕（**情绪关注**），鞭炮声音太大了，我怕自己的耳朵会受伤（**情绪识别**）。"随后又要妈妈抱着（**情绪回应**）。妈妈及时地蹲下来，抱了抱他，又轻声说：是不是声音太响了。孩子点点头。妈妈又说：那你试着用手捂着耳朵，看看会不会好一些。随后孩子用手用力地捂着自己的耳朵，开心地笑着（**情绪回应**）说："哈哈，这个办法真不错，我再也不用担心耳朵受伤啦！（**情绪识别**）"

本文涉及的情绪状态以喜、怒、哀、惧四类基本情绪为主，实际生活中，我们试图解读的幼儿情绪更加微妙和复杂，因为受文化因素、个性差异、生活情景、他人观点等诸多因素影响，即使是基本情绪也存在复杂的差异。

三、幼儿情绪理解的发展目标

（一）目标制定的依据

依据幼儿情绪理解的内涵特点，期待通过情景剧活动促进幼儿情绪理解和戏剧经验生长，从而获得全面和谐的发展。

基于情景剧活动形态，徐玉杰等人在上海市教育科研项目"在情景剧活动中发展幼儿情绪理解的实践研究"中，依据《3—6岁儿童学习与发展指南》《幼儿园保育教育质量评估指南》和《儿童发展》等，梳理幼儿情绪理解发展特点，遵循幼儿情绪理解和戏剧经验生长两个维度，聚焦"情绪关注、情绪识别、情绪回应"，确定目标维度，形成幼儿情绪理解发展总目标。与此同时，针对各年龄段幼儿身心发展特点、幼儿期情绪发展的关键经验、典型表现，基于维度指向层层细分，拟定各年龄段发展目标，提出具体要求。由此，形成以"情绪关注、情绪识别、情绪回应"为维度，以促进幼儿年龄发展特点的、各方面相互交织的幼儿情绪理解发展目标为内容，循序渐进地促进幼儿情绪理解，旨在引导幼儿保持积极向上的心态，引领幼儿心理健康快乐成长。

（二）发展目标体系

幼儿情绪理解发展目标的内容由幼儿情绪理解发展总目标——分目标——各年龄段具体目标组成。依据幼儿情绪理解发展特点,结合调查研究结论,以及幼儿在情景剧活动中情绪理解的具体表现行为,制定幼儿情绪理解发展目标体系,再经过整个课题研究周期的实践与幼儿情绪行为表现的梳理,调整优化原有目标体系,进一步明晰幼儿情绪理解发展维度,最终从幼儿情绪关注、情绪识别及情绪回应架构相对完整的幼儿情绪理解发展目标体系。

1. 总目标

表 1-3　幼儿情绪理解发展总目标

维度	幼儿情绪理解发展总目标
情绪关注	通过观看、倾听、询问、感受等关心重视自身或他人的情绪表现
情绪识别	能判断自身或他人的情绪表情或情绪情景,并尝试解释情绪产生、发展和变化的原因
情绪回应	能对自身或他人的情绪表现作出相应的回应

2. 分目标

表 1-4　幼儿情绪理解发展分目标

年龄段	维度	幼儿情绪理解发展目标
小班	情绪关注	能通过观看、倾听等注意自身或他人明显的情绪表现
	情绪识别	能根据自身或他人明显的情绪表情初步判断情绪状态
	情绪回应	能在成人的引导下,运用情绪表情自主地对自己或他人的情绪表现作出回应
中班	情绪关注	能通过倾听、询问等关心自身或他人情绪变化
	情绪识别	能根据自身或他人的情绪表情及变化,推断情绪状态,初步判断情绪情景
	情绪回应	能多样化地对自身或他人的情绪表现作出相应的回应
大班	情绪关注	能通过主动询问、感受等重视他人的情绪线索
	情绪识别	能根据自身或他人的情绪线索,尝试解释情绪产生、发展和变化的原因
	情绪回应	能主动地对自身或他人的情绪表现、情绪情景作出相应的回应

3. 各年龄段具体目标

表1-5　各年龄段幼儿情绪理解表现

目标维度	3—4岁	4—5岁	5—6岁
情绪关注	*在成人引导下能观察熟悉的人的面部表情，感受基本的情绪表现，比如：高兴、生气、伤心、害怕等 *能在成人的引导下，了解自己的情绪表现 *愿意模仿他人或角色的面部表情 *在情景中倾听音效的明显变化，观察灯光的简单转换，感受角色的情绪变化	*能够多感官关注他人的情绪线索（包括面部、言语、体态表情） *能够倾听、观察、感受他人情绪 *乐意演绎角色，尝试表现角色的面部、言语、体态表情，关注角色的情绪变化 *在情景演绎中感受音效变化、灯光渲染和场景转换与情绪变化的关系	*能倾听、观察、感受他人的情绪，并发现微妙的情绪变化 *能倾听、观察、感受不同情景中角色的言语、体态、面部表情、装扮等变化 *关注角色的情绪变化，并大胆创演 *在情景演绎中能关注场景、灯光、音效等的转换对自身或他人产生的不同情绪影响
情绪识别	*在成人引导下能体验角色明显的情绪，通过面部表情判断他人的情绪表现 *能够根据情景中的角色，理解角色间的简单对话和情绪 *能根据简单的情景变化、明显的音效、灯光、装扮变化，判断情景中角色的情绪	*能通过面部、言语和表情等情绪线索做出相应的判断 *能够根据情景中的角色，理解情绪产生的原因，并简单表达表现 *结合情景中的灯光、节奏、音效、装扮，识别自己或他人角色情绪变化	*能够通过面部、体态、言语表情等情绪线索，判断自身或他人的情绪 *能根据自身或他人的不同情绪表现，尝试解释情绪线索 *结合情景变化，根据场景、灯光、音效、装扮等的变化，判断角色的不同情绪表现
情绪回应	*在成人的鼓励下，能够有意识地运用言语表情、体态表情等来表达自己的情绪状态 *在成人的引导下，能有意识地运用言语表情、体态表情或面部表情与角色或他人互动交流 *运用言语表情、体态表情和面部表情自主地在剧中表达角色的情绪状态，并能够在生活情景中学用	*师幼探讨已有经验，尝试运用情绪表情来表现剧中角色自我回应的方式；在生活中主动分享自己的情绪感受 *能根据角色或他人的情绪表现，探寻情绪线索，做出回应，产生互动。比如安慰、鼓励、分享等 *能在剧中场景、音效、舞台灯光的衬托下，运用角色的情绪表情表现对情景的理解，与观众分享	*根据剧中角色情绪产生的原因，自主讨论相应的多种自我表达的方式 *能够针对角色或他人的情绪状态，设计相应的回应方式 *能够根据场景、灯光、音效、装扮等变化，运用情绪表情表现对于两难情景等的理解，并在生活中迁移应用

第三节　情景剧活动促进幼儿情绪理解发展的理论基础

目前为止,情景剧促进幼儿认识和理解情绪的相关研究稀缺,但是情景剧活动本身所具有的特质,使教养者能够联想到具身认知理论、社会学习理论和团体动力学理论等,从而探寻到情景剧活动与幼儿情绪理解发展之间的紧密关联。因此,情景剧活动促进幼儿情绪理解,具备丰实的理论基础。

一、具身认知理论——躯体行动内化情绪理解

西方经典认知心理学认为,身体有五官,借助大脑神经系统,通过视觉、听觉、味觉、嗅觉、触觉等感知这个世界。自20世纪90年代,西方经典认知心理学开始受到具身认知学的挑战,"具身认知的观点视身体为认知系统的组成部分,认为除了大脑之外,身体的方方面面在认知加工中扮演着因果和构成性的角色"[1]。具身认知学认为认知与身体密切相关,身体认知不仅仅限于五官的感知,"认知过程包含着身体的非神经部分,如肌肉和骨骼"[2]。也就是说,即使没有感觉神经系统的参与,存在于肌肉和骨骼的感觉记忆也会悄悄地发生着作用。

叶浩生提出的"具身认知"概念[3],指身体的方方面面在认知加工中扮演着因果和构成的角色。从具身的维度来看,认知是身体的认知,身体是认知的主体。认知在以下三个方面表现出对身体的依赖性:(1)身体限制着认知的特征与范围。有机体的身体结构、身体的活动能力限制了认知表征的性质和内容;(2)身体不仅限制着认知加工,而且可以作为认知加工的一个组成部分,在大脑和身体之间分配认知任务,发挥着一种类似于分销商的作用;(3)身体调节着认知,影响着思维、

---

① 叶浩生.认知与身体:理论心理学的视角[J].心理学报,2013,45(4):481—488.
② 叶浩生.认知与身体:理论心理学的视角[J].心理学报,2013,45(4):481—488.
③ 叶浩生.认知与身体:理论心理学的视角[J].心理学报,2013,45(4):481—488.

判断、情绪和动机等心智过程。上述事实说明，身心本是一体，身体与环境的互动造就了心智和认知。心智、身体、环境是一体化过程。张金梅认为，认知与知觉、行动和情景都交织在一起，最终转化为骨骼和肌肉的记忆①。因此，孩子在舞台上经历的各种可能，都将会转化成为动作和肌肉的记忆，内化成为自身永久的直接经验。

情景剧活动以体验为主要方式。在玩演情景剧的过程中，幼儿通过体态表情、面部表情、言语表情等方式扮演角色的前提，是充分关注并尝试理解剧中不同情景下角色本身的情绪体验。与此同时，这样的系统动作记忆又能使幼儿在日常生活中"举一反三"，有助于提高他们对自己和他人各种情绪体验的理解和认知，优化与自身或他人情绪的互动方式。

二、社会学习理论——人物观察促进情绪理解

社会学习理论②，着眼于观察学习和自我调节在引发人的行为中的作用，重视人的行为和环境的相互作用。观察学习强调个体通过观察他人的行为可以总结出间接经验，这些间接经验最终能够形成自我的行为的过程。因此，个体首先要注意榜样的行为，在注意到这一行为之后把它记忆在头脑里，然后经过反复的练习，在适当的时候再一次表现出来。这一过程包括注意、保持、动作浮现和动机这四个阶段③。当被习得的行为没有什么功能性价值或带有惩罚的危险时，学习和行为经常表现出不一致的情形。当提供诱因时，先前习得但未表现出来的行为可以迅速转化成行动④。

"一个人通过观察他人的行为及其强化结果而习得某些新的反应，或使他已

① 张金梅.幼儿园戏剧教育的内容、途径和实施策略[J].幼儿教育(教育教学),2015(1):18—20.
② 李敏.社会学习理论视角下短视频模仿行为影响因素研究——以"抖音"APP 为例[D].深圳:深圳大学,2019.
③ 高冰悦.角色扮演类网络游戏的作用研究——以中职院校学生为例[D].济南:山东大学,2020.
④ 李敏.社会学习理论视角下短视频模仿行为影响因素研究——以"抖音"APP 为例[D].深圳:深圳大学,2019.

经具有的某种行为反应特征得到矫正"①。在情景剧活动中,经过幼儿商量讨论确定的角色形象,实际上就是一种榜样,通过观察学习,幼儿能够注意到情绪体验的情景、内容等信息形成表象并保持记忆,让情绪理解等行为得到一定的应用空间的同时,也有助于提升情绪理解的自主动机。

三、团体动力学理论——情景互动增进情绪理解

团体动力学认为②,人们在团体系统中存在着强烈的纽带关系,它把团体成员的动机与团体的目标连结成一体。一个人的行为或多或少都会受到他人的影响,行为本身就具有社会性。同时,行为是在各种潜在动力交互作用下发生的。基于这一理论,情景剧所具有的互动性特征,就为幼儿提升情绪理解提供了有力保障。

情景剧从最初的剧本设计到最后的剧场展演,都是需要以团体的形式完成的。首先,它可以在潜移默化间形成团体成员之间无形的纽带,促进凝聚力的形成,使得团体活动充满活力,为了共同的目标而努力。其次,幼儿在剧中和剧外都能有更多机会和同伴、教师、父母等直接交流互动,获得更多情绪理解相关的实践经验,同时,促进其情绪理解的发展。

在情景剧活动中,幼儿能够在具体的情景中根据已有生活经验分享关于角色的情绪表现,探讨如何运用情绪表情来表现角色当下的情绪状态,以及情绪的变化发展等,从中体验剧中角色的情绪感受,思考情绪产生与发展的原因。因此,幼儿在情景剧活动中扮演、表达和体验,有助于促进情绪理解。

---

① 李敏.社会学习理论视角下短视频模仿行为影响因素研究——以"抖音"APP 为例[D].深圳:深圳大学,2019.
② 包伟哲.团体动力学视域下思想政治理论课师生互动关系研究[D].北京:北方工业大学,2019.

第二章

情景剧活动与幼儿情绪理解的研究现状

全面、扎实的研究现状调研是我们开启任何一项研究的基础工作。如果将做研究类比为建造一座大厦，那么文献综述就是这座大厦的基石，确保研究的准确性和可靠性。如果将做研究比作一场未知的探险之旅，那么文献综述就是一张地图，指引研究的方向和路线。同时，文献综述也像是一台时间的回溯机，将我们带到过去，理解研究领域的历史和演变；文献综述又像是一座桥梁，连接不同的领域、不同的学者，最终形成一幅相对完整且精彩纷呈的研究面貌图。通过本章的学习，我们将了解以下内容。

➢ 情景剧活动的起源与发展，以及对幼儿发展的意义；

➢ 幼儿情绪理解的内涵、发展特点及其影响因素；

➢ 情景剧活动与幼儿情绪理解发展的相关性研究；

➢ 幼儿情绪理解的观察与评估的方法、工具与应用；

➢ 情景剧活动促进幼儿情绪理解的三重研究启示。

情绪理解影响着幼儿的心理健康、人际交往和社会生活适应等方面，因此，幼儿情绪理解能力的研究越来越得到心理学家和教育学家等的重视。

国内外以往研究主要关注的是通过表演游戏、创造性戏剧、绘本阅读帮助幼儿认知和理解情绪，而直接指向情景剧活动促进幼儿情绪理解的研究几乎没有，这使得本项目的探索具有很大空间。通过借鉴相关研究资料，重新诠释幼儿独具的情绪理解方式，并从幼儿情绪理解能力和情景剧活动的内涵，以及两者之间的实证研究等，反思情景剧活动提升幼儿情绪理解能力的作用机制。据此，优化情景剧活动设计与组织实施，促进幼儿情绪理解发展。

第一节　幼儿情景剧活动的相关研究

幼儿情景剧活动主要是在日常活动中采用戏剧方法、渗透剧场元素，以此支持幼儿把听到的、看到的、感觉到的故事中的间接经验内化为直接经验，拓展生活阅历，丰富生活智慧，美化生活体验。

国外关于情景剧的提法比较少，直接研究情景剧在教育中的运用文献则更少，一般都将研究内容指向电视情景剧，而关于教育戏剧和戏剧教育的研究相对较多。文中的情景剧概念，是整合戏剧教育、教育戏剧、创作性戏剧教育和生长戏剧的相关内涵，以及徐玉杰等人在上海市教育科研项目"幼儿园情景剧特色课程开发与实施的研究"中提出的相关概念，逐步感悟提炼而成。以下将沿着这样的线索对相关领域的文献进行评述。

一、情景剧的本源与内涵

(一)情景剧起源于戏剧

情景剧一词源于 19 世纪法语单词"melodrama"，由希腊米洛斯音乐和法国戏剧综合演变而来。情景剧最早起源于美国，卓别林是情景剧的开创者。情景剧是一种在简短的时间内，以夸张的情节和人物来吸引观众、调动观众情绪的戏剧艺术表现形式。它可以分为以语言为主、以行为为主或以事件为主的不同类型，它具有喜剧性、贴近性和地域性等特点。如在《成长的烦恼》情景剧中，编剧以幽默的语言方式打动人；采用与大众生活相关的话题；同时，传播小众文化，充分体现情景剧的特点。

(二)戏剧的关键元素与常见形态

戏剧指以语言、动作、舞蹈、音乐、木偶等形式达到叙事目的的舞台表演艺术的总称。戏剧的表演形式多种多样，常见的包括话剧、歌剧、舞剧、音乐剧、木偶戏等。戏剧是由演员将某个故事或情境，以对话、歌唱或动作等方式表演出来的艺术。戏剧有四个元素，包括"演员""故事（情境）""舞台（表演场地）""观众"。"演员"是四者当中最重要的元素，是角色的代言人，必须具备扮演的能力，戏剧与其他艺术类型最大的不同之处就在于扮演，通过演员的扮演，剧本中的角色才能得以伸张，如果略去了演员的扮演，那么所演出的便不再是戏剧。

作为一种综合艺术，戏剧融合了多种艺术的表现手段，它们在综合体中直接的、外在的表现可大致分为四个部分。

（1）文学：主要指剧本。

（2）造型艺术：主要指布景、灯光、道具、服装、化妆。

（3）音乐：主要指戏剧演出中的音响、插曲、配乐等，在戏曲、歌剧中，还包括曲调、演唱等。

（4）舞蹈：主要指舞剧、戏曲艺术中包含的舞蹈成分，在话剧中转化为演员的表演艺术——动作艺术。

戏剧中的多种艺术因素分别起着不同的作用，演员的表演艺术居于中心、主导地位，它是戏剧艺术的本体。表演艺术的手段——形体动作和台词，是戏剧艺术的基本手段。其他艺术因素，都被本体所融化。剧本是戏剧演出的基础，直接决定了戏剧的艺术性和思想性，它的基本价值在于可演性，不能演出的剧本，不是好的戏剧作品。戏剧演出中的音乐成分，无论是插曲、配乐还是音响，其价值主要在于对演员塑造舞台形象的协同作用。戏剧演出中的造型艺术成分，如布景、灯光、道具、服装、化妆，也是从不同的角度为演员塑造舞台形象起着特定的辅助作用。以演员表演艺术为本体，对多种艺术成分进行吸收与融化，构成了戏剧艺术的外在形态。

（三）戏剧在教育中的运用

国内外均有学者逐渐将教育戏剧、创造性戏剧等多种方式引入学前教育，试图通过场景设定、课程设计，将能够冲击人类大脑视觉和听觉的戏剧方法与剧场元素融入其中,以此了解孩子的心理,挖掘孩子的潜能,开拓出互动性强、灵活性大、乐趣横生的新型教育模式,这样的教育方式具有审美功能,凸显出更多新颖、灵动的教育效果。当前对教育产生影响的主要有戏剧教育和教育戏剧、创造性戏剧和创造性戏剧教育。

1. 戏剧教育与教育戏剧

学界有关戏剧教育和教育戏剧概念的区别与联系逐渐清晰,国内外将戏剧运用于教育的研究主要表现为两种倾向:一种是将这项内容定义为戏剧教育来研究,另一种是将其定义为教育戏剧来研究。徐俊认为,"戏剧教育"是以戏剧艺术作为教育内容的教育,包括以培养专业戏剧人才为目的的专业戏剧教育、以普及戏剧艺术为目的的通识戏剧教育[①]。而"教育戏剧"则是以教育为目的、带有戏剧与剧场性质的教学方法与教育模式[②]。

教育戏剧(Drama in Education)最早出现于 20 世纪初,源于英国"新教育运动"对说教式课堂教学的批判,倡导"以问题为中心"的课程理念[③]。到了 20 世纪70 年代,桃乐丝·希斯考特(Dorothy Heathcote)将戏剧视为学习的一种媒介,运用戏剧技巧支持课堂教学。首先,通过讨论将议题分解为若干部分,再经过一系列发问而聚焦一个特殊的、重要的时刻,从而形成戏剧的起点[④]。其次,教师主要依托教师入戏(teacher-in-role)这一教学策略,带领全班学生在想象的情境中,围绕该核心议题展开一系列剧集讨论、即兴扮演,由此在连续几天内产生若干剧集,当然一天之内也会产生若干剧集。特别值得注意的是,每次的剧情都是不重复的,重点探讨事件过去、现在和将来的发展路径,由此深入探讨问题和解决问题。最后,教师对于所架构的戏剧情节做完整的梳理,评价学生把握议题的程度,最终

① 徐俊.教育戏剧——基础教育的明日之星[J].基础教育,2011,8(3):68—74.
② 陆佳颖,李晓文,苏婧.教育戏剧——一条可开发的心理潜能发展路径[J].华东师范大学学报(教育科学版),2012,30(1):50—55.
③ COX T J. The development of drama in education 1902 - 1944: an account of the developing awareness of the educational possibilities of drama with particular reference to english schools [D]. Durham: Durham University, 1970:3 - 33.
④ 林玫君.儿童戏剧教育的理论与实务[M].上海:复旦大学出版社,2015:49—50.

目的是帮助学生深入思考各种议题、事件与遭遇。此外,"专家外衣"(Mantle of the Expert)策略是桃乐丝·希斯考特对教育戏剧运用于统整教学的重要贡献。她认为传统教学很难实现多学科领域真正的统整,知识仍然是零散的、分离的。为了保证整体经验的连续性和统一性,当儿童披上"专家的外衣"扮演某种专家角色时,会被赋予一定"责任感",从而成为知识的发起者,而不是接收者。知识变成了资讯、证据、资料来源、详细说明书、记录、方针、规则、理论、公式及人工制品①。

盖文·伯顿(Gavin Bolton)则追随桃乐丝·希斯考特深入完善了教育戏剧的理论建构,进一步阐释了"体验当下"的理论内涵。学生在虚构的情境中探索议题,进入某一角色进行体验,更重要的是"活在其外",意味着持续不断地捕捉这些体验的过程使我们能好好地观看它;而再次投入于某个体验时,作为一个观众与作为一个参与者是同样重要的②。例如,在一个以"道路安全"为主题的教育戏剧中,教师虚构了一个故事情境,有一个5岁男孩迈克在他生日那天,没有等家长接就直接自己回家,结果路上遇到了交通事故。教师入戏扮演迈克的父亲,孩子们扮演迈克的邻居。当父亲回到家呼喊好几次迈克都没有回应时,父亲焦急地询问邻居、打电话给学校,后来才得知了事情的经过。在整个即兴扮演的过程中,迈克始终没有出现,交通事故的过程也没有重演。但是,学生在体验邻居角色、观看教师扮演爸爸的过程中,在"一个名字被呼唤但无人回应的那个时刻"体验这寂静的可怕,由此"一起领会到忽略道路安全规则将会等同于什么"③。教育戏剧虽然没有观众,但是并没有忽略剧场元素在课堂的运用,包括焦点、张力、景象、对比、象征等④,强调教师在剧场形式上的着力刻画,不断启发参与者的观察与思考、扮演

① WAGNER B J. Dorothy Heathcote: drama as a learning medium [M]. Washington, DC: National Education Association, 1976:53,49 - 56.

② [英]大卫·戴维斯.盖文伯顿:教育戏剧精选文集[M].黄婉萍,舒志义,译.台北:心理出版社: 2014:13.

③ [英]大卫·戴维斯.盖文伯顿:教育戏剧精选文集[M].黄婉萍,舒志义,译.台北:心理出版社: 2014:56.

④ [英]桃乐丝·希斯考特,盖文·伯顿.戏剧教学:桃乐丝·希斯考特的"专家外衣"教育模式[M].郑黛琼,郑黛君,译.台北:心理出版社,2006:31—35,3—9.

与体验、提问与解答。教育戏剧需要以美学和诗歌的元素为基础，才能给予教师最大的潜力，激发学生戏剧学习的体验，意识到在一定的时间和空间中，声音和沉默、运动和静止、光明和黑暗的对比所产生的意义①。

有研究证明，在"想象"的戏剧世界中，相比于传统课堂环境，教育戏剧帮助儿童获得了更明显的认知发展②，有效提升了批判性思维能力③，以及依据戏剧运用于科学学习理论模型进行教学，在科学教学效果上提升显著④。教育戏剧通过戏剧与教育的紧密联结，在问题梳理与焦点形成、剧集架构与戏剧教学策略运用等诸多维度，对学前儿童戏剧教育，尤其从教师"教"的角度有效促进儿童戏剧经验的建构，有着重要的启发。

2. 创造性戏剧与创造性戏剧教育

在 20 世纪 30 年代的美国，温妮弗瑞德·沃尔德（Winifred Ward）在《创造性戏剧》一书中第一次明确了"创造性戏剧"的概念，主张通过故事戏剧的想象表达，促进儿童个性发展，帮助儿童理解自我和社会。受到当时美国进步主义教育思潮的影响，"创造性戏剧"的提出是为了打破知识中心、课本中心和教师中心的旧教育模式，让儿童在"做戏剧（do drama）"中获得发展⑤。1977 年，美国儿童剧场联盟（CTAA）给出了"创造性戏剧"的官方定义："它是一种即兴的、非演出的、以过程为中心的戏剧形式，参与者在引导者的指导下想象、扮演和反思人类真实的或想象的经验"⑥。由此看来，创造性戏剧作为一种戏剧形式，与舞台的戏剧演出区

① BOWELL P, HEAP B. Drama is not a dirty word: past achievements, presentconcerns, alternative futures [J]. The Journal of Applied Theatre and Performance, 2010,15(4):579-592.
② ANDERSEN C. Learning in "As-If" worlds: cognition in drama in education [J]. Theory in Practice, 2004,43(4):281-286.
③ ABBS S. Drama in education to shape the critical capacities of young people [J]. Harvard Educational Review, 2013,83(4):62-64.
④ BRAUND M. Drama and learning science: an empty space? [J]. British Educational Research Journal, 2015,41(1):102-121.
⑤ WARD W. Creative dramatics: for the upper grades and junior high school [M]. New York: D. Appleton and Company, 1930:1-4.
⑥ ROSENBERG H S. Creative drama and imagination: transforming ideas into action [M]. New York: Holt Rinehart and Winston, 1987:4.

别开来,通过没有剧本、没有观众的即兴表演,即从"想象—扮演—反思"的过程中,促进参与者创造力、审美能力、批判性思考能力、合作能力、道德情感和自我知识的发展。

创造性戏剧与教育戏剧相比,更加强调了"戏剧知识和概念的形成过程",杰拉尔丁·喜克丝(Geraldine Brain Siks)正是持有此观点的主要代表人物,她明确了"过程—概念"(Process-Concept)的戏剧创作取向,描画出儿童创作和形成戏剧的创造性过程,即观察、反应、想象、创造、交流和评价,并由此建构了戏剧课程的三个框架:**儿童作为戏剧游戏者**,包括肢体放松、保持真实信念、集中注意力、身体律动、五种感知、情境想象、即兴口语和角色塑造;**儿童作为戏剧创作者**,包括结构、情节、角色、主题、对话、声音旋律、剧场效果;**儿童作为戏剧欣赏者**,包括感受、评价和反思①。创造性戏剧将戏剧艺术和课程紧密地联系起来,提升了戏剧艺术在幼儿教育中的地位。有研究者认为,创造性戏剧有助于儿童将自发的戏剧性游戏转化、发展为戏剧家创作的作品②。创造性戏剧的理论建构得益于海尔兰尼·罗森伯格(Helane Rosenberg)有关内部想象与外部行为之间关系的梳理,从而将儿童的戏剧创造看作是从想法(idea)转变为行为(action)的过程。内部想象要依赖于在感知新经验的过程中,调动旧经验,并将新旧经验进行重新改造、重组而形成新的形象(image);外部行为则是依据内部想象,将内部想象的形象外化为可视、可听的角色形象和在一定的情境中发生着的某些事件,这与演员、剧作家、舞台设计者有密切联系。罗森伯格可以说从理论上阐释了创造性戏剧具有培养创造力和想象力的根源③。

创造性戏剧教育在理念、过程、方法等方面,与教育戏剧有相同倾向,都体现出对幼儿天性和人格的尊重,凸显幼儿的主体地位,让幼儿参与戏剧创作与表演

① SIKS G B. Drama with children [M]. New York: Harper & Row, 1977:63-148.
② PINCIOTTI P. Creative drama and young children: the dramatic learning connection [J]. Arts Education Policy Review, 1993,94(6):24-28.
③ ROSENBERG H S. Creative drama and imagination: transforming ideas into action [M]. New York: Holt Rinehart and Winston, 1987:6-17.

活动过程,并与上海市课程发展指南的思想一致。与教育戏剧相比,创造性戏剧在早期儿童教育中的运用更为明显,尤其是故事戏剧化的形式,带动了学前儿童从戏剧性游戏水平逐步向戏剧艺术水平发展和转化,形成了"表达—创作—表演/欣赏"的戏剧经验层级建构。为此,幼儿情景剧活动可汲取教育戏剧、创作性戏剧教育和戏剧教育的研究精髓,以此作为依据开展实践探索。

3. 幼儿园戏剧课程研究

(1)学前儿童生长戏剧范式

国内学前教育戏剧课程研究刚起步。张金梅在2005年开展了幼儿园戏剧综合课程的研究①,于2015年完成了学前儿童戏剧教育研究②,于2016年提出"生长戏剧"范式下的理念与实践体系③。生长戏剧的提出,则针对学前儿童生活经验、语言表达能力,以及戏剧经验的"未成熟"状态,遵循他们从戏剧游戏的状态向表演水平的渐进发展过程,进一步解释学前儿童戏剧经验建构的内在机制,努力形成"教育性"与"戏剧性"的有机融合。生长戏剧依从学前儿童戏剧经验建构的规律,在真实情境与虚构情境之间的不断转换中,促发"角色—情节—话语"螺旋上升式的生长形态,在生长环境剧场中丰富和完善学前儿童自己的戏剧作品④。由此,生长戏剧回归于学前儿童戏剧天性,追寻并依从戏剧经验生长的一系列动态的有机过程,走向"角色先行、儿童中心和生长环境剧场",使得学前儿童的戏剧教育真正符合学前儿童戏剧经验建构的独特规律。

(2)学前儿童创造性戏剧教育课程

彭怡玢介绍了闽南特色的儿童创作性戏剧教育课程⑤,闽南多所幼儿园尝试把戏剧作为一种教学手段和方法应用到学前教育,形成用闽南话演绎故事、国学、戏曲等创作性儿童戏剧教育课程,教师熟练运用"情境教学法"和"角色扮演",让

① 张金梅.幼儿园戏剧综合课程研究[M].南京:江苏教育出版社,2005.
② 张金梅.学前儿童戏剧教育[M].南京:南京师范大学出版社,2015.
③ 张金梅.生长戏剧:学前儿童戏剧经验的有机建构[J].学前教育研究,2020(16):55.
④ 张金梅.儿童戏剧教育迭代发展的内在肌理剖析及其启示[J].学前教育研究,2023(3):21.
⑤ 彭怡玢.浅谈闽南特色的儿童创作性戏剧教育课程[J].当代幼教,2014(4):12—14.

参与的幼儿更好地学习知识、发展能力。这些都为情景剧活动的组织实施提供了理论与实践参考。

（3）幼儿园中常见的表演性活动形式

当前，各类幼儿园中经常开展各种与戏剧相关的表演性活动，比如故事表演、表演游戏、戏剧表演和儿童剧等，活动名称不一，但都有异曲同工之处。

◎**故事表演**。是以声音表情、面部表情和身体表情来创造性地再现文学作品中人物形象的一种表演活动。活动中，幼儿根据熟悉的文艺作品中的情节、内容和角色，通过角色对话、表情、动作和语调等，表演再现文艺作品的内容与文艺作品的情感，它是培养幼儿感受美、表现美的情趣的重要手段①。

◎**表演游戏**。是按照童话或故事中的角色、情节和语言，进行创造性表演的游戏。幼儿按自己的理解来表现故事，所谓"自己的理解"，可以理解为幼儿个体的理解，也可以理解为游戏小组经过讨论协商后对作品达成一致的理解。因此在表演游戏中，幼儿是按自己的"脚本"在游戏。他们对故事的表现是相对自由的，可以用日常对话的方式来表现，也可以用嬉戏、夸张的方式来表现。这些表现方式没有对错、好坏之分，表现的标准是由幼儿自己规定的。他们不在乎观众，也不刻意去传达什么，他们只是在自娱自乐②。

◎**戏剧表演**。是演员在导演的指导下，根据事先编写好的剧本，运用口头语言和肢体语言及一定的道具严格再现剧本内容的活动。其中，演员的表演居于中心地位；剧本是演员表演的基础；语言和动作是演员表演的基本手段。演员表演的根本目的是要把剧本的内容（包括价值观）、自己的理解和导演的意图传达给观众，并使自己的表演获得观众的认可。观众对于演员表演的反应和认可影响着演员的表演。导演在戏剧表演中扮演着领导者的角色，主要任务是指导演员演绎和再现剧本的精神和内容。成功的戏剧表演是导演、演员、剧本、剧场和观众相互作用的产物③。

---

① 周兢,顾丽萍,凌晨.故事表演游戏类型与指导方法新探[J].早期教育,1990(11):10—11.

② 严莉.教师在幼儿故事表演中的有效指导[J].科学大众(科学教育),2009(5):101.

③ 刘焱,李霞,朱丽梅.幼儿园表演游戏现状的调查与研究[J].学前教育研究,2003(3):32—36.

◎**儿童剧。**张丽敏指出,儿童剧是戏剧艺术中的一个重要品种,就一般情况而言,它以反映儿童题材、表现儿童主题、塑造儿童形象、展示儿童感情、运用儿童语言、表演给儿童观众为主要艺术特征①。因此,儿童剧的表演艺术更注重追求生动逼真的表演结果。师幼关系必然地成了一种导演和被导演、指挥控制和被动执行的关系。为了追求生动逼真的表演结果,教师必然在指导方式上倾向于采用示范、旁白、手把手地教等方式。对结果的重视和高控制的指导必然导致重视重复和模仿而忽视幼儿的主动性、独立性和创造性。

可见,幼儿情景剧与故事表演、表演游戏、戏剧表演以及儿童剧有较大区别。表演游戏是幼儿自由选择喜欢的角色,根据角色特征自由装扮、模仿和表现所扮演角色的游戏活动,幼儿自主空间大,幼儿经常边做边想,行动目的性不够强,在表演游戏中易盲目和随心所欲,幼儿通过表演游戏获得的发展较随机,系统性不够强。故事表演、戏剧表演和儿童剧是幼儿用表演的方式,将故事、文学作品的情节发展、角色的言行举止完整再现给观众的艺术活动,活动刻板枯燥,幼儿被动表现他人经历的事情、想法和感受,易束缚幼儿自主自由思维及表达表现。

了解情景剧的起源、戏剧的关键元素和常见形态,为我们分析和确定情景剧的性质提供了依据。凡事万变不离其宗,幼儿情景剧活动强调将戏剧中的元素,即演员、剧本、场景和观众,纳入到幼儿活动中,丰富幼儿的学习方式、表现方法和活动内涵。幼儿在成人的帮助和支持下,聚焦问题或兴趣,通过模仿各种生物的行动,采用多种艺术化表现方法,在多元舞台上演绎倍感兴趣、富有冲突的故事情景。

二、情景剧活动的发展

(一) 情景剧在我国的发展

1992 年,我国引进了美国情景剧《成长的烦恼》。随后,开始了中国式方言情景剧的策划与制作,相继涌现出了粤派《外地媳妇本地郎》、海派《老娘舅》、川渝派

---

① 张丽敏.儿童剧表演艺术浅识[J].剧作家,2006(3):96.

《街坊邻居》等一批优秀作品。这些方言情景剧深受当地观众喜爱,主要特点有:一是语言上采用方言,生活化、口语化的方言极大地贴近大众;二是内容以表现平民生活为主,以喜剧冲突反映社会现实、人性本质,以小人物的日常生活故事演绎大千世界、人生百态;三是具有喜剧的风格,对现代人在生活中的种种无奈、压力、困惑、梦想做了喜剧化的阐释,使观众在获取愉悦的同时也释放了自我;四是故事短、节奏快,符合现代人求"短"、求"快"的心理,多为茶余饭后的娱乐消遣①。因此,方言情景剧一方面符合传播主体电视的特性,另一方面满足了受众的需求,使得这种电视艺术形式得以迅速发展。

(二)校园情景剧的兴起

随着时代的变化发展,情景剧逐渐渗透于教育等领域,有校园情景剧、校园心理情景剧和课堂英语情景剧等。校园情景剧是教师根据教学的内容拟定某一主题,指导学生自编、自导、自演的一种情景短剧。学生在校园情景剧中,可以结合自己的生活经历,将自己对人生的理解与思考再现出来,最后形成一个相对稳定的表演剧,在教室或校园的舞台上与更多的观众分享,从而给人以启发和教育②。校园心理情景剧是受维也纳精神科医生莫雷诺(Moreno)在 20 世纪 20 年代创建的心理剧理论启发而在校园里兴起的。它以心理剧的理论为基础,融入心理学知识原理和心理咨询技巧,将学生在校园的学习、情感、生活以及人际关系等方面普遍存在的心理现象和内心情感体验编成情景剧本,以短小精悍的故事情节、简短的剧幕呈现,运用戏剧、小品等形式来反映学生的心理发展特点,展示学生的心理行为。在心理辅导教师的指导下,通过学生自编、自导、自演的方式,让参与学生(包括学生观众)在轻松愉快的气氛中潜移默化地学到心理卫生知识和心理健康观念,以及一些解决心理问题的方法,从而增强学生的心理自我调节能力,让学生

---

① 杨莉.解读方言情景剧[J].声屏世界,2006(3):33—34.
② 李琼.论校园情景剧在大学生人文素质教育中的应用[J].重庆科技学院学报(社会科学版),2009(6):200—201.

学会自己处理心理困惑或心理问题,促进学生心理健康发展①。课堂英语情景剧这一学习模式是由教师创设一种生动活泼的课堂氛围,模拟社会实践的问题让学生来创作情景剧,激发学生提高英语实践能力的热情,让学生充分享受学习的乐趣②。

(三)幼儿情景剧的呈现形式

将情景剧直接运用于幼儿教育的情况主要有歌舞情景剧、科普情景剧和音乐情景剧等。幼儿园歌舞情景剧是近年来颇受关注的综合性艺术体裁,集音乐、舞蹈、戏剧、文学、舞台美术等表现手段于一体,当前以空军蓝天幼儿园倾情打造的歌舞情景剧《七彩童心光荣绽放》为代表作。2017年上海市校外教育协会主办的"音乐情景剧展演",主要目的在于让幼儿全面接触科学与艺术相结合的表现形式,体验音乐教育又一新天地所给予的综合表达方式的快乐、想象与创造。

情景剧在教育领域中,或成为提升学生心理健康水平的有效途径,或作为提高学习效果的课题模式。具体到学前教育领域中,情景剧活动因其多元的表达表现形式以及相关展演,受到师生和家长的青睐。上海市浦东新区康弘幼儿园自2011年以来先后实施了28项课题研究,聚焦"幼儿亲社会行为""幼儿仁爱意识""幼儿情绪表达""幼儿情绪理解""幼儿情绪调节"等主题,开展长周期科研行动,挖掘情景剧在幼儿情绪、情感、社会性方面的育人价值,形成系列情景剧活动,融合于幼儿一日生活。幼儿在情景剧活动中通过沉浸式体验,解放天性,释放个性,发展社会性。

无论是早期国内外电视上演的情景剧,还是校园情景剧,又或者是当前学前教育领域组织的歌舞、科普、音乐情景剧展演、经典情景剧、自由情景剧和亲子情景剧等,尽管它们给予参与者和受众者的感受和体验不尽相同,但是都具有共通特征,即采用戏剧表演的形式。因此,我们在鉴赏不同领域、不同学段的情景剧

---

① 项传军.大学生心理情景剧的实践与探索[J].广东工业大学学报(社会科学版),2009(4):83—86.
② 曲铭欣.论课堂情景剧的体验式学习模式在大学英语改革中的作用[J].学理论,2010(34):283—284.

时,有必要追溯戏剧的本质与特征,以便更好地思考和尝试情景剧在学前教育领域的实践与运用。

三、情景剧活动对儿童发展的价值

(一)缓解不良情绪,增强积极情感体验

情景剧也常用来做儿童的心理疏导。采用莫雷诺的心理剧理论尝试玩戏剧游戏:先确定一个故事,比如格林童话中的《小红帽》,让孩子们各自扮演一个角色,他们不必背台词,而是根据角色的需要,揣摩角色的心理,自发编说对白;指导者随时做些提示或引导,并对孩子们的活动进行心理分析。莫雷诺发现,对那些参与者来说,他的情感迷醉状态是在第一次扮演的时候发生的,随着扮演次数的增加,这种迷醉状态会越来越微弱,攻击性强的孩子变得越来越平和了,胆小紧张的孩子变得越来越勇敢了。戏剧的心理治疗价值还有一个最大的优势,它是让儿童在假设的戏剧情境中反复体验的,这能够避免真实错误导致的各种消极影响①。在学前阶段开展一些系统化的、适宜的情景剧活动,有利于孩子们沉浸在演绎和观看过程中,观察他人的表情、动作、语言,根据故事线索和自身的情绪反应判断他人的情绪状况,使情绪情感得到释放和宣泄,可谓一举两得。

郭锦嫣在学前儿童文学专业课堂中尝试了气氛活跃的情景表演教学法②,发现情景表演能够突破传统的说教模式,丰富教学形式和内容,提高教学效果。幼儿对此参与热情高涨,积极投入课堂,体验探索学习,获得积极的情感体验。这种教学方法对幼儿的文学艺术感受力、表现力和艺术审美能力等整体素质的发展有着较好的促进作用。

(二)强化亲社会行为,促进社会性发展

有研究表明,心理情景剧能够增强幼儿社交主动性、增加亲社会行为、有效促

---

① 高鉴.戏剧的世界——戏剧功能新探[M].北京:知识出版社,1990:44.
② 郭锦嫣.学前教育儿童文学情景表演教学的思考与实践[J]中国科教创新导刊,2009(18):183.

进幼儿同伴交往能力的发展①。2011—2015 年，上海市浦东新区康弘幼儿园开展以区级课题"在情景剧活动中发展幼儿亲社会行为的实践研究"为引领的系列实践研究，通过情景剧活动的实施，培养幼儿乐于助人、乐于分享和善于合作的自我感知能力，通过对实验园与对照园被试幼儿的亲社会行为观察、分析与研究，得以证实情景剧活动的有效实施确实促进了孩子帮助、分享和合作等亲社会行为的发展，效果明显②。

◎帮助行为：

（1）实施情景剧活动的实验组幼儿的帮助行为比对照组幼儿发展更快。

（2）情景剧对于女孩帮助行为的促进作用似乎比对男孩的作用更大。

（3）在情景剧中，不同的因素安排方式也会对帮助行为发展产生不同的促进作用。

◎分享行为：

（1）幼儿参加与分享行为高度相关的情景剧活动，分享行为发展初见成效。

（2）情景剧对幼儿分享行为的影响无性别差异。

（3）同伴关系、分享物的价值对分享行为的影响不同。

（4）角色类型对实验组幼儿分享行为的影响不同。

◎合作行为：

（1）幼儿缺乏有效的合作方法。

（2）幼儿参加情景剧活动，合作行为发展初见成效。

（3）合作行为的不同方面在不同年龄段的发展速率不同。

这些结果可以为幼儿园教师组织与实施教育教学活动、改进课程设计和实施等方面，提供科学的参考依据。

情景剧活动促进幼儿品德发展。2016—2019 年，上海市浦东新区康弘幼儿园

---

① 宋蕾.心理情景剧促进5—6岁幼儿同伴交往能力发展的实践研究[D].大理：大理大学，2021.
② 徐玉杰，车海燕，张晓莉.在情景剧活动中发展幼儿亲社会行为的实践研究[J].早期教育，2015(6)：
25—28.

开展以上海市教育科研项目"幼儿园情景剧特色课程开发与实施的研究"为引领的系列实践研究，建构形成了情景剧活动课程。实践证明，通过参与情景剧活动，幼儿的"情知意行"发展明显，具体表现为"积极的情感体验、主动的探索认知、持久的兴趣投入、良好的习惯养成"等方面得到综合发展。

（三）提高思维灵活性，促进创造力发展

运用"创造性戏剧"（Creative Drama）的原理开展情景剧活动，儿童在引导者的指导下想象、扮演和反思人类真实的或想象的经验①。美国学者艾林纳·蔡斯·约克（Eleanor Chase York）专门总结了创造性戏剧对儿童的发展价值，具体包括创造性、敏感性、流畅性、灵活性、想象力、情绪稳定性、社会合作能力、道德态度、身体平衡协调能力以及交流能力等。就拿创造性来说，儿童在创造性戏剧活动中，把自己完全放置到某一个情景中，自由地表达自己内心深处的思想、感受和信念，这一过程能够使儿童的创造力得到充分的发展②。比如，在创造性戏剧主题活动"冬天里的一条狗"中，教师预先设计一个情景：冬天里大雪纷飞，博物馆外来了一条狗，冻得瑟瑟发抖，饿得咕咕直叫。请儿童设想接下来发生的故事情节，装扮游客的儿童面对寒冷和饥饿，想办法说服博物馆的工作人员，破例让狗进去取暖，而面对又冷又饿的那条狗，有部分工作人员还是坚持馆内的规则——动物不得入内，转而请游客帮助寻找狗的主人，或者带到车内避寒。创造性戏剧使儿童在戏剧扮演中尝试各种解决办法，在"演戏"中思考人与人、人与社会、人与自然的各种关系和问题，从而丰富各种经验，学会思考，智慧生活。

---

① ROSENBERG H. Creative dram and imagination [M]. New York: CBS College Publishing, 1987: 04.

② Siks G B, DUNNINGTON H B. Children's theatre and creative dramatics [M]. Washington: University of Washingon Press, 1967.

第二节　幼儿情绪理解的相关研究

一、幼儿情绪理解的内涵

(一)情绪理解的概念

已有研究对于情绪理解的概念界定相对一致,均指个体通过表情、情景等方式识别自己与他人的情绪,主要包括对面部表情的识别以及对各种引发情绪的情景的认识和解释两方面的内容[①]。

(二)幼儿的情绪理解表现有所受限

情绪理解是动态连续的过程,也是内在的情绪体验。考量幼儿的情绪理解发展,单从幼儿对情绪状态的识别这一点来考察是不够客观的,因为幼儿往往会受到自身表达能力的限制而难以清楚地解释引发情绪的原因。因此,评价幼儿情绪理解发展,可以考察幼儿是否关注到自己或他人的情绪状态。意识到引起情绪的生理性需求或社会性需求,并作出相应的回应,才真正表明幼儿已能辨识与理解自己或他人的情绪状态了。比如,3岁幼儿看到同伴在哭,虽然不一定能清楚地表述同伴正在伤心以及解释哭泣的原因,但是能感受到对方的悲伤情绪,愿意帮同伴拿纸巾擦眼泪等,由此说明该幼儿的情绪理解发展良好。

(三)幼儿具有独特的情绪理解表现方式

3—6岁幼儿的人际交往意识迅速发展,他们在人际互动中,特别敏感于彼此间情绪的感染和影响,并且,幼儿期也是养成良好的互动习惯的关键阶段。因此,

---

① 周双珠,陈英和,胡竹菁.道德和个人领域儿童情绪理解的发展特点及对其亲社会行为的影响[J].
心理学探新,2017,37(1):41—47.

幼儿的情绪理解过程，从关注自我或他人的情绪开始，并伴随识别和回应。幼儿情绪理解的表现方式包括情绪关注、情绪识别和情绪回应。情绪关注是指幼儿通过倾听、观看、询问、感受等方式关心重视自身或他人的情绪表现；情绪识别是指幼儿能判断自身或他人的情绪表情和情绪情景，并尝试解释情绪发生、发展和变化的原因；情绪回应则是指幼儿能对自身或他人的情绪表现作出相应的回应。

二、幼儿情绪理解的发展特点

到目前为止，相关研究在幼儿情绪理解的发展特点、年龄差异和关键期等方面已经有了较为丰富的成果。学前期是幼儿情绪理解迅速发展的时期[①]。而且，情绪理解内部各成分发展的关键期也大多集中在3到6岁。由于情绪理解的组成成分比较丰富，不同成分出现的年龄特征和发展特点均存在一定的差异。

(一) 幼儿情绪关注的发展特点

1. 情绪关注的发展阶段

面部表情主要通过脸部肌肉活动来反映当下的情绪。目前研究表明，2岁的儿童能正确辨别面部表情，能谈论和情绪有关的话题；4—5岁的儿童能识别高兴、愤怒的表情[②]。

2. 幼儿能够根据情绪线索推断情绪的发生、发展和变化

有研究者关注了情绪线索在情绪理解中的作用。研究表明，幼儿能根据自身或他人的面部表情、言语表情、体态表情等线索来推断情绪的发生、发展和变化。从发展趋势上看，随着年龄的逐渐增长，幼儿能在更为复杂的情景下理解自己和他人的情绪体验，并对其作出合理解释。《幼儿园教育指导纲要（试行）》中也指出，学龄前儿童能逐步识别自己、他人的情绪变化，能主动表达并调控自己的

① 姚端维,陈英和,赵延芹.3～5岁儿童情绪能力的年龄特征、发展趋势和性别差异的研究[J].心理发展与教育,2004(2):12—16.
② 桑标.儿童发展[M].上海:华东师范大学出版社,2014:266.

情绪。

3. 幼儿的移情与情绪关注

移情是一种社会情绪,它意味着儿童能够区分自我与他人,以及认知他人的情绪状态。婴儿具有一些直接的移情反应,但共情往往需要识别他人情绪状态的能力,这种能力被称为观点采择(perspective taking)①。研究者观察到,儿童的亲社会行为在 18—24 个月时有大幅度增加,移情关注也会在这一时期大幅度增强②。移情发展的第一阶段为新生儿的情绪感染,例如,新生儿对其他婴儿的哭泣作出哭泣反应;第二阶段为学步期儿童区分他人与自我,会对其他儿童的痛苦产生有目的的帮助行为反应,但是以自我为中心的,例如,用自己喜欢的芭比娃娃安慰伤心的母亲;第三阶段为儿童发展了观点采择能力,能够意识到他人的感受和情感是基于他人的需要,与自己不同③。本书中的情绪关注指的是幼儿通过倾听、观看、询问、感受等方式关心重视自身或他人的情绪表现,是移情能力第二阶段、第三阶段发展的体现。

(二) 幼儿情绪识别的发展特点

1. 情绪识别与归因能力的发展阶段

情绪归因是指在一定情景中,个体对自身或他人的情绪产生的原因作出解释和推论。研究发现,大约从 3 岁开始,幼儿能够对情绪产生的原因进行解释和评价,并能将情绪与引发情绪的情景相联系,在此基础上,对这种联系有一定的理解。而到了 5—6 岁,幼儿已经能对自己和他人的情绪状态给出合理的解释④。

2. 情绪识别的精确性

儿童的不同感觉通道进行情绪解码的精确性是不同的。有研究要求儿童依

① 约翰·W. 桑特洛克. 发展心理学:桑特洛克带你游历人的一生(原书第 5 版)[M]. 倪萍萍,等,译.
北京:机械工业出版社,2020:06.
② 郭德俊. 动机与情绪[M]. 北京:首都师范大学出版社,2017:07.
③ 郭德俊. 动机与情绪[M]. 北京:首都师范大学出版社,2017:07.
④ 马伟娜,姚雨佳,曹亮,周丽清. 幼儿情绪理解层次的发展及其与依恋的关系[J]. 心理发展与教育,
2010(5):482—488.

据面部或声音信息确定不同的基本情绪，发现提供的情绪信息越多，儿童识别情绪的精确性越好。舍雷尔（Scherer）等的研究发现，幼儿能通过声调识别愤怒情绪，但从声调中识别悲伤则非常困难。随着年龄的增长，幼儿通过声调和语言识别情绪的准确性不断提高①。

（三）幼儿情绪回应的发展特点

1. 情绪回应的发展阶段

在小婴儿阶段（小于 10 个月），婴儿的情绪受到他人情绪展示的影响，并且会以模仿式的情绪表现回应他人的情绪展示。面对陌生人的友好情绪展示，3—4 个月的婴儿有可能会以微笑的情绪进行回应，但 7—8 个月的婴儿会以疑虑或恐惧的情绪进行回应。在婴幼儿（10—24 个月）期间，婴幼儿会通过预测他人情绪行为来对自己的行为加以调整，以符合他人情绪意义的要求。幼儿在 3 岁以后，会出现一些掩饰情绪行为和遵从情绪表达规则的行为②。

2. 情绪回应存在个体差异

研究表明，解读和回应他人情绪的能力存在个体差异。例如，能够感受到朋友生气或不开心，并且知道怎么去安抚或逗乐他们，拥有这种能力的儿童往往会成为一个受欢迎的儿童③。婴幼儿对情绪的回应，也与个体的气质类型有关。比如反应阈，反应阈越低的婴幼儿只要稍稍一点刺激就会有所反应；再如反应强度，这是指婴幼儿对内在或外在刺激所产生反应的强烈程度④。

可见，关于幼儿情绪理解的研究，已经形成了一定的认识，从概念界定到发展特点，当前的研究成果可供我们借鉴。然而，情绪理解是个体内在的情绪体验，幼儿生活经历少，认知水平和表达能力等方面发展有限，不能恰当地通过情绪表情来表现内心的情绪状态和自我需求。因此，对教育者而言，如何准确了解幼儿的

① 郭德俊.动机与情绪［M］.北京：首都师范大学出版社，2017：07.

② 金铉春.家庭情绪管理［M］.武汉：武汉大学出版社，2020：12.

③ 乌莎·戈斯瓦米.儿童心理学［M］.吴帆，译.上海：译林出版社，2019：06.

④ 何慧华.0～3 岁婴幼儿保育与教育［M］.上海：上海交通大学出版社，2013：09.

情绪状态,是一个很大的挑战。

三、幼儿情绪理解发展的影响因素

(一) 幼儿自身因素

幼儿的年龄、性别和语言能力等会影响其情绪理解发展。众多研究者一致认为,情绪理解能力随年龄增长而不断提高。另外,以往研究发现,年龄、语言能力等内在因素背后是认知能力的发展,认知发展是情绪理解发展的基础和必要条件。还有研究发现,相较于男孩,女孩对影响情绪的环境因素更敏感,其根据情景信息理解和调节情绪的能力优于男孩。

(二) 家庭环境

家庭是幼儿接触到的第一个社会环境,也是幼儿接触时间最长、最为频繁的环境。因此,国内外关于情绪理解发展和家庭环境的相关关系的研究很多,而且研究时间也比较早。幼儿在家庭中感受家庭的情绪氛围,模仿父母的情绪交流方式,并与父母进行情绪交流,从而获得情绪理解的发展。

家庭气氛是指家庭成员在经常状态下的、占优势的一般态度和感受。家庭气氛反映了家庭成员间的关系状态。当家庭气氛良好时,家庭成员之间的亲密度较高,彼此交往融洽[1],从而有助于幼儿情绪理解的发展。

教养方式是指父母在养育子女过程中表现出来的行为倾向[2]。母亲情感温暖、包容理解等积极的教养方式有助于幼儿情绪理解的发展,而严厉与控制、拒绝与否认等消极的教养方式则会阻碍幼儿情绪理解的发展[3]。针对某一事件,若父母对幼儿的态度前后不一或父母双方处理方式各异,就容易造成幼儿反复无常的

---

[1] 鲁洁.教育社会学[M].北京:人民教育出版社,2001:506.
[2] 段雯.学前儿童情绪理解与调节的发展及相关因素[D].北京:首都师范大学,2012.
[3] 兰秀君.母亲教养方式与5岁儿童情绪理解的相关研究[D].大连:辽宁师范大学,2014.

情绪特质①。

综上可见，家庭环境中父母的情绪表露、家庭情绪的交流与互动、父母对幼儿教养过程中的行为表现、父母对幼儿情绪的反应等因素都会影响3—6岁幼儿情绪理解的发展。

(三) 同伴关系

3到6岁时，幼儿的交往对象从家庭成员拓展到幼儿园的各种人员，其中对幼儿影响最大的当数同伴之间的关系。与同伴交往过程中，幼儿将经历各种事件，经受多种考验，并体验到与同伴交往时发生的喜怒哀惧。为了和同伴友好交往，幼儿需要观察、了解同伴的情绪状态，采用同伴喜欢的或者是熟悉的方式与之互动交流。因此，同伴交往是影响幼儿情绪理解的重要指标。德纳姆（Denham）等的研究表明，能够产生较多表情和能够确认较多表情的儿童更受同伴欢迎②。加纳（Garner）的研究发现，幼儿对引发情绪的情景的正确认识与其同伴接纳显著相关③。此外，还有研究发现，同伴关系也会促进或者阻碍情绪理解发展。例如，刁洁研究发现，具有不同同伴关系的儿童在表情识别、信念情绪理解、冲突情绪理解以及总分上存在显著差异，受欢迎儿童的得分均显著高于被拒绝儿童④。

(四) 幼儿园教育

幼儿的情绪理解发展深受身边的人、事和环境的影响，因此，除了家庭以外，幼儿园教育也会对幼儿的情绪理解发展产生重要作用。幼儿具有好模仿的年龄特点，尤其喜欢模仿自己崇拜的成人，教师的语言、情绪、行为等都会潜移默化地对幼儿的情绪理解发展产生影响。因此，幼儿园的教师要注意自身的言行举止，

---

① 段雯.学前儿童情绪理解与调节的发展及相关因素[D].北京：首都师范大学,2012.

② DENHAM S, ZOLLER D, OUCHOUD E. Socialization of preschoolers' emotion understanding [J]. Developmental Psychology, 1994,30(6):928-936.

③ GARNER P W.Continuity in emotion knowledge from preschool to middle-childhood and relation to emotion socialization [J]. Motivation and emotion, 1999,23(4):247-266.

④ 刁洁.3—6岁儿童情绪理解的发展及其与同伴接纳的关系研究[D].成都：四川师范大学,2008.

注重言传身教。

有调查发现,幼儿的情绪表达和理解能力会受到教师和同伴个人情绪的影响,教师在组织一日活动的过程中对幼儿的情绪状态表现出的情绪素养和情绪智力,与幼儿的情绪素养和情绪智力发展呈现正相关。此外,教师对幼儿情绪的积极回应,也能够促进幼儿情绪理解发展。尤其是,教师通过关注幼儿的消极情绪表现,鼓励幼儿分享内心情绪感受,一起讨论产生消极情绪的原因,使幼儿丰富情绪体验,了解并认识多样化的情绪表情以及情绪情景和情绪线索的变化与发展,从而能够自主地表达情绪,管理自身的情绪。由此,师生共同营造的情绪氛围能够促进各自的情绪理解发展,形成良性的、互相影响的幼儿园心理环境。

总体而言,幼儿情绪关注、情绪识别、情绪回应等能力是随着年龄的发展而不断提高的,性别差异不显著。我国学者陈友庆根据近 20 年来心理理论中关于儿童情绪理解的研究,总结出情绪理解发展的特点[①]:早期的情绪理解与具体事件、情景相关联,而且情绪与事件之间呈一一对应的关系;随着年龄的增长,心理理论其他成分也开始发展,儿童对情绪的理解便具有了相对性,能了解到同样一个情景或事件对不同的人来说可以引起不同的情绪,这取决于他们的愿望、信念等内部心理状态;到情绪理解的较高阶段,儿童能判断同一情景可以引发一种以上的矛盾情绪。

第三节　情景剧活动与幼儿情绪理解发展的相关性研究

已有研究表明,在情景剧活动中,幼儿通过扮演剧中角色,感受角色与角色、角色与自己之间的情绪状态;通过与角色、同伴和成人之间的互动,感悟角色和他

---

① 陈友庆.学前儿童情绪表征认知发展的实验研究[J].天津师范大学学报(社会科学版),2006(3):75—79.

人的内在情绪；通过分享和交流对于情景剧活动的想法，增进对自我和他人的情绪关注、识别和回应。此外，综合以往研究，可以从优化剧情、互动交流和自主评价三方面梳理相关策略。

一、情景剧活动内容促进幼儿情绪理解

在活动内容方面，与情绪主题相关的内容显然更有针对性。以创造性戏剧为例，随着创造性戏剧活动的开展，幼儿的情绪情感和认知体验会更加丰富[1]。创造性戏剧活动内容，如暖身游戏，可以使幼儿放松心情，调节紧张情绪。幼儿在参加主题戏剧过程时，能直接体会故事人物情绪的转换过程，同时经过不断的表演和游戏互动，获得健康的情绪体验[2]。

二、角色扮演体验故事人物情绪

在演绎方式上，研究者主要强调了自我在其中发挥的作用。例如，张金梅[3]认为，儿童以一定的角色参与戏剧活动，能对角色情感进行体验和理解，产生共鸣，并尝试自我表现。陆佳颖等[4]指出，在教育戏剧中，参与者能把自己的想法、情感投射在表演中，能在情绪认知和情感融合之中、扮演和表现融合之中、自然流露之中建构出新的自我。幼儿的情绪感受与教育戏剧的调动有关，让幼儿扮演故事人物，可使其获得认知和情感的心理体验，启发其对角色的深度探索和思考，这是教育戏剧的深层教育功能。

① 林玫君.儿童戏剧教育的理论与实务[J].江苏幼儿教育,2016(1):44.
② 陈世明.创造性戏剧教育与幼儿的发展[J].福建教育(学前教育),2014(Z3):40—43.
③ 张金梅.幼儿园戏剧教育的内容、途径和实施策略[J].幼儿教育(教育教学),2015(1):18—20.
④ 陆佳颖,李晓文,苏婧.教育戏剧:一条可开发的心理潜能发展路径[J].华东师范大学学报(教育科学版),2012,30(1):50—55.

三、教育戏剧提升幼儿情绪能力的实验研究

商妮运用问卷、观察、情景测验等研究工具,开展了教育戏剧活动促进大班幼儿情绪调节的实验。问卷结果发现,实验班幼儿在实验后测中,其情绪理解、调节和表达三个方面显著好于控制班幼儿[①]。情景测验的结果也显示,实验班幼儿在实验后测中,其情绪理解、调节和表达方面显著好于控制班幼儿。此外,金京等[②]关于教育戏剧对自闭症儿童情绪理解能力的教学成效的研究表明,教育戏剧能显著提高自闭症儿童的情绪理解能力。其中,对自闭症儿童情绪线索理解的教学效果最为显著。综上所述,教育戏剧活动能够有效促进幼儿在情绪理解、情绪调节和情绪表达方面的发展,这种影响具有普适性。

四、情景剧促进幼儿情绪理解的策略研究

(一) 优化剧情,感受剧中人物的情绪状态

优化剧情是指在剧情设计、角色扮演、情境雕塑和情景体验的过程中,师生关注剧中人物的情绪状态,通过生活体验、角色体验和情景体验等方式增进对剧中人物情绪的感受和了解,并创造性地表现出来。

研究显示,在故事情景中,大部分人能从中感受到一些相类似或者相同的情绪[③]。剧情设计包含情节设计及情绪设计,情节设计是围绕主题设想故事中的人物在具体地点发生的主要事件;情绪设计包括基本情绪(喜、怒、哀、惧等)或混合情绪,凸显剧中人物在具体事件中的情绪状态及其变化,以及相应的表现方式。

---

① 商妮.教育戏剧活动促进大班幼儿情绪调节发展的教育现场实验研究[D].沈阳:沈阳师范大学,2016.

② 金京,李闻戈,黎辛舒,等.教育戏剧对自闭症儿童情绪理解能力的教学成效研究[J].现代特殊教育,2020(10):51—57.

③ DENHAM S A, COUCHOUD E A. Young preschoolers' ability to identify emotions in equivocal situations [J]. Child Study Journal, 1990(20):153 - 169.

角色扮演指运用体态、言语和面部表情以及装扮等形式塑造剧中角色,体验角色的情绪及心理变化,在玩玩演演中理解自己和他人的情绪状态。表演者从角色的内心情感出发,以动作、表情、装扮、声音与语言的形式,对角色特征加以外化,进行理解和挖掘,找出角色的性格、形象、情感和心理变化等[1]。幼儿在扮演角色的过程中,能够加深对角色特点、角色所表达的情感等的认识,体验角色在剧中的具体做法、情感变化和积极的价值观,这样幼儿能快速走近角色,理解角色,产生共鸣。

情境雕塑指幼儿在具有情绪色彩的真实或虚拟的情景中,能够识别或判断剧中角色的情绪状态。张金梅指出,身体的感觉是富有情感的,情感蕴含在肢体、声音中,幼儿在戏剧情景中能逐步认识情绪并作出反应[2]。刘国雄等[3]研究表明,一个情景能引发人们哪种情绪,要看该情景是否满足了人们的愿望。结合其论述,情境雕塑是一种独特的艺术表现形式,可以运用语言描述、场景道具、音效灯光,丰富幼儿的想象力和创造力,引导幼儿学会用心灵去感受和发现内在情绪。

情景体验指幼儿随着剧情发展,感受剧中角色当下的情绪变化,了解角色情绪变化的原因。王添强等[4]认为戏剧可以协助幼儿主动自学,理解情绪。在体验中,通过了解情绪及其原因,丰富处理情绪的方法,提高接受不同结果的能力。林玫君[5]认为在创造性戏剧中,随着活动的发展,幼儿的情绪情感体验和认知变得更加丰富。

(二) 互动交流,感悟伙伴和剧中人物的内心情绪

互动交流指幼儿在情景剧活动中,当与教师、家人、角色、自己之间发生关系时,关注、识别、回应自己和他人的情绪。同伴交往经验可以给个体的社会生活和

① 张金梅.幼儿园戏剧综合活动研究[D].南京:南京师范大学,2003.
② 张金梅.幼儿园戏剧综合活动研究[D].南京:南京师范大学,2003.
③ 刘国雄,方富熹.学前儿童对愿望与情绪之间关系的认知发展[J].华东师范大学学报(教育科学版),2007,25(4):67—72.
④ 王添强,陈岑.教育戏剧在幼儿园的应用[J].东方宝宝(保育与教育),2016(3):25—28.
⑤ 林玫君.儿童戏剧教育的理论与实务[J].江苏幼儿教育,2016(1):44.

人际交往活动带来积极的社会适应性发展结果,个体在童年期如果有良好的同伴交往经验,那么以后就能更好地理解自己或他人的思维、情绪情感以及动机目的①。此外,幼儿还可以通过与同伴(师生、亲子)讨论剧中角色的情绪发展轨迹,分享情绪变化的原因及结果。

(三)自主评价,增进对于自我和他人的情绪理解

自主评价指幼儿就剧情、角色和情景中的情绪感受表达自己的想法,从而增进对自我和他人的情绪理解。在情景剧活动中,幼儿能基于剧情设定的故事背景、人物性格、遇到的各种事件等情景性因素,描述剧中人物的情绪状态,探讨情绪表现方式,获得相应的情绪体验。与此同时,他们还能通过推进剧情,感知剧中人物表达情绪感受之后的结果,习得具有社会适应性的情绪表达和情绪调节的方式,从而促进情绪理解能力的发展。

鼓励幼儿游历于真实的生活情景与虚拟的戏剧情景之间,通过观察生活、模仿角色、思考变化,不断丰富情绪感受,发展情绪理解,为诸如亲社会能力等重要社会能力的发展奠定基础②。

第四节　幼儿情绪理解的观察与评估

为了科学认识幼儿情绪理解的发展情况,就要避免单纯通过常识来猜测,而需要对此开展严密而又正确的研究。对此,要考虑运用什么方法开展研究,使用什么样的工具进行评估,以及该怎样应用研究方法和工具。

---

① 让·皮亚杰.教育科学与儿童心理学[M].傅统先,译.北京:文化教育出版社,1981:36—39.
② 王小英,张玉梅,王丽娟,刘凤玲.3～6岁儿童情绪理解过程:情绪表现、归因和调节[J].心理科学,2010,33(4):985—987.

一、情绪理解观察与评估的方法

关于情绪的研究方法，普遍采用观察法、联想法、等级评定法和实验法。对于年幼的孩子，通常运用观察法与实验法。

观察法[1]，就是察言观色的方法。即观察者和幼儿生活在一起，随时观察其言行举止和情绪表现，从中了解幼儿的情绪变化，分析教育方法的有效性。但是，这种方法有很大的弊端，很难让观察者透彻地明晰幼儿情绪表现的真实原因，并且难以考察幼儿情绪表现的变化。

实验法[2]，就是由实验者布置特殊的情境，或者利用特殊的仪器，控制幼儿的行为，以分析判断情绪变化的因果关系与发展过程。在科学研究中，往往以实验法来替代观察法。但是，这种研究方法存在很大困难，首先，就幼儿本身而言，情绪发展过程比较长，进程也很迟缓，如果采用实验法，就很难控制言行的发生与发展；其次，从社会伦理来看，如果采用实验法来控制幼儿的行为，或者把幼儿放进某个情境之中，那么也是不适宜的。因而，采用实验法进行研究，更是困难重重。

情绪理解的实践研究方法，既要有利于观察者的观察与分析，还要提高观察者的分析与判断能力，这就涉及观察与评估的工具及其应用。

二、情绪理解观察与评估的工具

情绪理解测验（TEC）由庞兹（Ponds）和哈里斯（Harris）编制，用于测量 3 至 11 岁儿童情绪理解的发展水平。测验项目包括情绪识别与表达能力、外因情绪理解、基于愿望的情绪理解、基于信念的情绪理解、对情绪调节可能性的理解、基于情绪线索的理解、混合情绪理解、道德情绪理解。在进行第一个维度的测试时，研

---

[1] 陈鹤琴.儿童心理[M].陈秀云,柯小卫,选编.南京:南京师范大学出版社,2012:224.
[2] 陈鹤琴.儿童心理[M].陈秀云,柯小卫,选编.南京:南京师范大学出版社,2012:225.

究者向幼儿随机依次展示高兴、伤心、生气、害怕 4 种情绪类型的图片,请幼儿对各种情绪进行命名。在进行其余七个维度的测试时,研究者应确保周围环境安静,向幼儿呈现测试图片并说明相应文字材料,请幼儿根据真实的感受选择相应的图片①。

三、情绪理解观察与评估工具的应用

情绪理解观察与评估工具主要应用于幼儿情绪理解的发展特点、影响因素以及幼儿情绪理解提升能力的干预研究等方面。卓美红运用 TEC 对中国 2—9 岁儿童的情绪能力进行研究,将情绪理解分为 9 个具体成分(识别、外部引发、期望、信念、提醒、管理、隐藏、混合情绪和道德情绪)和 3 个情绪理解成分群(第一阶段为 5 岁,包含识别、提醒和外部引发;第二阶段为 7 岁,包含信念、期望和隐藏;第三阶段为 9—11 岁,包含管理、道德情绪和混合情绪三个成分),发现中国儿童与西方儿童的 TEC 结果类似,9 个具体成分、3 个成分群及总体水平都随年龄增长而发展;中国儿童的情绪理解发展总体上略早于西方儿童;简单的材料和任务设置能够让小年龄的儿童区分理解真实和表面情绪②。也有研究利用情绪理解观察与评估工具,发现情绪理解能力的影响因素主要包括个体因素与家庭、教师、同伴等外部因素。近年来关于幼儿情绪理解的干预研究,主要是通过游戏和情绪绘本进行的。

第五节　情景剧活动促进幼儿情绪理解发展的研究启示

已有的理论基础与相关研究表明,幼儿情绪理解发展与情景剧活动的组织实

---

① 衣艳飞.基于绘本的教育戏剧活动对5～6岁幼儿情绪理解能力的影响研究[D].青岛:青岛大学,2022.

② 卓美红.2—9岁儿童情绪理解能力的发展研究[D].杭州:浙江大学,2008.

施紧密相关，给实践者带来了诸多的启示。

一、幼儿情绪理解具有独特的表现方式

探讨幼儿独特的情绪理解表现方式，有助于实践者观察、评价、支持幼儿情绪理解的发展。对此，可综合文献研究与学前儿童、学前教育的特点，梳理"情绪理解"和"情景剧活动"的内涵。同时，充分考虑幼儿的情绪理解特点，比如，发展心理学家比较关注情绪的外在加工过程，可能是由于婴幼儿阶段的外在加工过程比较显著[①]。因而，采用学前教育的观察评价方式以及学前教育实践者熟悉的阐述方式，探讨、整合、提炼、诠释幼儿独特的情绪理解表现方式，能够帮助幼儿教育者理解、观察与支持幼儿情绪理解的发展。

二、揭秘情景剧活动与幼儿情绪理解发展

梳理情景剧活动促进幼儿情绪理解发展的理论基础，有助于教育者科学使用、评价和优化实践策略。实践策略有助于提供最基本的策略参照，而理论基础不仅可以指导教育者更深入地理解情景剧促进幼儿情绪理解发展的过程和机制，也有助于启发教育者更科学地使用、评价、改进实践策略，从而促进实践策略不断丰富、优化。

三、建构促进幼儿情绪理解发展的情景剧活动

重视实践，构建指向幼儿情绪理解发展的系列情景剧活动。基于情景剧活动的开发与实施，渗透幼儿情绪理解发展的目标、内容和策略研究，提炼指向幼儿情

① COLE P, MARTIN S, & DENNIS T. Emotion regulation as a scientific construct: Methodological challenges and directions for child development research [J]. Child Development, 2004, 75(2), 317 - 333.

绪理解发展的系列情景剧活动，为学前教育实践者提供可操作、可借鉴的实践范式。整合资源，着力提升教师在教育实践中对相关理论的应用水平。本书所探索的范围涉及教育戏剧、幼儿心理学及学前教育等领域，面广且深，因此需要整合资源，加强相关的学理研究，组织教师参与教育戏剧和幼儿心理学培训，把长期的实践研究体验由感性认识提升到理性思考，提升研究的理论高度，助力实践探索的纵深发展。

第三章

幼儿情绪理解的现状调查研究

如果您是一名家长，是否好奇自己的教养方式与孩子情绪理解发展之间的关联？

如果您是一名教师，是否想测量班级内幼儿的情绪理解发展情况，却又苦恼于适切研究方法的选用？

通过本章内容的学习，您将接触到一套完整、系统的测量幼儿情绪理解发展的研究工具——图像测量、情景故事测量、现场观察和情绪访谈、父母教养方式测量，并了解其在研究中的具体应用。

究竟不同年龄段幼儿在情绪关注、情绪识别、情绪回应上呈现出怎样的发展趋势？

父母不同的教养方式——溺爱型、民主型、放任型、专制型和不一致型，又会对幼儿的情绪理解发展造成怎样的影响？

请随我们一起走进这场实证研究探索之旅……

第一节 现状调查研究的概述

一、研究背景

父母是家庭中最重要的角色。父母教养方式是父母的教养观念、教养行为及其对儿童的情感表现的一种组合方式。这种组合方式是相对稳定的,不随情景的改变而变化,因此能够反映亲子交往的实质①。父母教养方式是幼儿情绪能力发展的重要影响因素之一②。研究发现,3—6岁幼儿的情绪理解与父亲的消极教养方式呈显著负相关③。父母教养方式中权威得分越高,幼儿情绪理解的发展越好;而专制得分越高,幼儿情绪理解的发展越差④。父母在与幼儿的交往过程中,自身所流露出的情绪体验、对情绪情景的表达及其对幼儿情绪所作出的回应,都会直接或间接地影响幼儿情绪理解的发展,因此,考察父母教养方式与幼儿情绪理解的关系显得尤为重要。

二、研究意义

前期研究发现,幼儿的情绪理解发展受各种因素影响,比如父母教养方式、同伴交往、社会文化等,因此,培养幼儿的情绪理解发展需要把握这些因素。我们在开展研究之前,先要调查幼儿的情绪理解现状,比如当前的情绪理解发展水平、不同年龄幼儿的发展状态,并在此基础上分析幼儿的情绪理解发展受到哪些因素的

① 王丽,傅金芝.国内父母教养方式与儿童发展研究[J].心理科学进展,2005(3):298—304.
② 张春晓,刘文,邵姝姮.幼儿情绪能力发展与母亲气质、教养方式的关系[J].学前教育研究,2015(3):10—16.
③ 熊莲君.父母教养方式对3～6岁幼儿情绪理解能力发展的影响[D].黄石:湖北师范大学,2017.
④ 张祖娟.父母教养方式与3—6岁幼儿情绪理解能力的关系研究[D].广州:广州大学,2020.

影响,这样才能有目的地把握关键因素,设计与实施情景剧活动。由此,我们要更加科学地组织实施"幼儿情绪理解的现状调查研究"。

许多国内研究主要侧重于测量儿童情绪理解能力的高低,但尚未深入探讨情绪理解的内部过程,比如:在个体因素方面,情绪理解的个体差异的来源是什么?是否是个体内部因素如气质、情绪倾向等起作用? 在内容方面,不同线索如何影响情绪理解? 在作用和机制方面,情绪理解的作用机制包括各种因素对情绪理解的影响以及情绪理解对儿童社会能力和心理健康的作用等。

由此可见,影响幼儿情绪理解的因素多为人际因素和个人因素。在本研究中,我们将采用我园幼儿情景剧特色活动来观察了解幼儿情绪理解的发展。

(一) 有助于幼儿社会性发展

情绪理解是个体发展和社会适应的良好反应指标。我国幼儿心理及行为问题的发生比率呈逐年上升的趋势,最常见的问题是幼儿更多关注自己,不关注、不理解、不回应他人情绪等。幼儿阶段是个体情绪理解发展最为迅速的时期,情绪理解能力的较好发展,有助于促进幼儿成长,对幼儿的社会性发展影响深远。

北京大学幼教中心张玉萍[1]认为,运用情感策略,即塑造出一种安全、温馨、平和及完全被接纳的心理情境,使身处其中的儿童较自由、开放地进入同伴和成人的情感世界,认识和理解自己的情绪感受,从而增进儿童情绪的感受能力;运用认知策略,如游戏、分享活动、情感对话等,帮助儿童理解和正视自己的情绪,发展自我和他人的情绪认知能力;此外,运用行为策略,创造情绪学习和表现的机会,指导幼儿学会表达自己的情绪,增进情绪表现的适当性,发展幼儿人际能力。

(二) 有助于父母改进教养方式,形成良好的亲子关系

幼儿情绪理解是在一定环境中发展的,离不开特定环境的支持,不同环境对

---

[1] 张玉萍. 2—6 岁儿童情绪理解能力的培养策略[EB/OL]. (2018-01-12)[2023-09-20]. https://www.sohu.com/a/216160266_381106.

幼儿情绪理解有着不同的影响。家庭是幼儿成长最重要的环境因素,在家庭环境中,父母不同的教养方式会给幼儿情绪理解的发展带来不同的影响。现有的研究大多探讨的是家庭中父母的元情绪理念、亲子依恋风格等对幼儿情绪理解的影响,而较少关注父母教养方式的作用。在现实生活中,许多父母不重视幼儿情绪,对于不同教养方式对幼儿的影响也不甚了解。基于这样的事实,本研究旨在通过揭示父母教养方式与幼儿情绪理解的相互关系,提出促进幼儿情绪理解发展的教育对策,为父母改善教养方式、实现更好的亲子互动、促进幼儿心理发展提供借鉴。

(三) 有助于教师更好地通过家园共育帮助幼儿保持积极情绪

通过对父母不同教养方式和幼儿情绪理解的相关性研究,教师可积累更多关于幼儿心理健康的知识,了解不同教养方式下幼儿情绪理解发展的差异性,并提出促进幼儿情绪理解发展的相关教育对策。通过幼儿园教师与家长的联动,实现幼儿园教育与家庭教育的一体化,借助幼儿园与家庭的合力促进幼儿思想和心态的健康成长。

第二节　现状调查研究的设计

一、核心概念界定

(一) 幼儿情绪理解

幼儿情绪理解是指幼儿在人际交往互动情景中关心自己或他人的情绪表现,了解自己及他人情绪产生的原因,并能主动用多样的情绪表情回应他人的能力。具体表现为"情绪关注""情绪识别"和"情绪回应"三种过程性的方式,每种表现方式对幼儿情绪理解发展都发挥着独特的作用。

（二）父母教养方式

鲍姆林德（Baumrind）首次提出了父母教养方式的概念，认为父母教养方式就是父母对儿童行为的要求和控制。父母教养方式有不同的类型，鲍姆林德提出了一种较为经典且被普遍采纳的划分方式：权威型、专制型、放纵型[1]。之后的研究者在此基础上补充了忽视型的教养方式，进一步扩充了该理论[2]。

二、研究目的与内容

（一）幼儿情绪理解的发展特点及现状

研究发现，随着幼儿年龄的增长，其情绪理解水平也得到迅速提升。2—3岁幼儿能正确辨别面部表情，4—5岁幼儿能对高兴、愤怒等表情进行识别，6岁幼儿开始对混合情绪有所了解[3]。孟昭兰[4]认为幼儿的面部表情是观察、探测情绪的一个明亮的窗口，通过这个窗口，人们可以发现幼儿情绪的发生、发展规律。

（二）父母教养方式与幼儿情绪理解的影响

儿童最早的情绪经验发生在家庭中，因此，家庭是影响幼儿情绪理解发展的重要因素之一。父母教养方式对幼儿情绪理解的发展起到了一定的影响作用。张春晓等选取3—5岁幼儿为研究对象，发现权威型母亲养育幼儿的情绪理解能力高于民主型母亲养育幼儿的情绪理解能力，高于溺爱型母亲养育幼儿的情绪理解能力[5]。熊

① BAUMRIND, D. Child care practices anteceding three patterns of preschool behavior[J]. Genetic Psychology Monographs, 1967,75(1):43-88.
② SNOW M E, JACKLIN C N & MACCOBY E E. Sex-of-child differences in father-child interaction at one year of age [J]. Child Development, 1983,54(1):227-232.
③ 卓美红.2—9岁儿童情绪理解能力的发展研究[D].杭州:浙江大学,2008.
④ 孟昭兰.为什么面部表情可以作为情绪研究的客观指标[J].心理学报,1987(2):124—134.
⑤ 张春晓,刘文,邵姝姮.幼儿情绪能力发展与母亲气质、教养方式的关系[J].学前教育研究,2015(3):10—16.

莲君研究发现,父亲教养方式(惩罚严厉)能负向预测幼儿情绪理解的发展[1]。本研究试图用实证数据进行验证,说明父母教养方式与幼儿情绪理解之间的关系。

三、研究对象与工具

(一) 研究一:幼儿情绪理解的表现行为及特点

1. 研究对象

从康弘幼儿园小中大年龄段中随机抽取幼儿各 20 名,并根据研究所需将被试分为三个年龄段:小班、中班、大班,共计 60 名。

2. 研究工具

(1) 图像测量

真人面孔刺激材料:真人男孩和真人女孩 4 种基本表情(高兴、生气、伤心和害怕)各一套,共 8 张;卡通面孔刺激材料:2 套卡通人物 4 种基本情绪材料各一套,共 8 张。

(2) 情景故事测量

选择由美国知名儿童心理咨询师康娜莉娅·莫得·斯贝蔓所创作的"我的感觉"系列绘本,挑选其中《我觉得自己很棒》《我好难过》《我好生气》和《我好害怕》4本,从每一本中选取 2 个情绪故事,共选择了 8 个情绪故事,形成 8 张情绪故事图片,包含高兴、生气、伤心、害怕情绪故事图片各 2 张。

(3) 现场观察和情绪访谈

选择安静温馨的建构室一角为实验区域,实施现场观察。访谈题目包括:(1)你怎么知道别人是否难受呢?(了解幼儿的情绪归因能力)(2)你当时的情绪是怎样的?(了解幼儿的移情能力)

此外,还准备了一些卡通贴画作为奖品给被试。

---

[1] 熊莲君.父母教养方式对 3~6 岁幼儿情绪理解能力发展的影响[D].黄石:湖北师范大学,2017.

(二) 研究二:父母教养方式与幼儿情绪理解发展的关系研究

1. 研究对象

研究对象为研究一实验中所有被试的父母。在问卷发放前,给所有被试进行编码,并对问卷进行相应编码,之后按问卷编码将问卷发放给相应被试的父母,最后统一收回。共发放问卷60份,回收60份,回收率100%。

2. 研究工具

(1) 幼儿情绪理解能力实验任务(同研究一)

(2) 父母教养方式的测量

参考杨丽珠等①编制的父母教养方式量表,将父母教养方式分为五个维度:溺爱型、民主型、放任型、专制型和不一致型,并编制情景性问卷进行测量。该调查问卷由20个题目组成,其中溺爱型为1—4题,民主型为5—8题,放任型为9—12题,专制型为13—16题,不一致型为17—20题。问卷采用5分制评价方法,父母从不出现某种行为记1分,很少出现某种行为记2分,有时出现记3分,经常出现记4分,总是出现记5分。五个维度上哪个维度的分数越高,就表明父母越倾向于这一种教养方式。

表3-1 父母教养方式调查问卷

题号	父母教养方式的具体行为表现	从不	很少	有时	经常	总是
1	孩子打碎或破坏东西后,您不会批评或责骂	1	2	3	4	5
2	当孩子不停地索要玩具时,您会毫不犹豫地满足他	1	2	3	4	5
3	当孩子与同伴发生肢体冲突时,您不会觉得他有错	1	2	3	4	5
4	当孩子有一点挫伤时,您会紧张地马上带去医院	1	2	3	4	5
5	当孩子想要做自己会做的事情时,您会支持并鼓励他	1	2	3	4	5
6	孩子遇到困难时,您会和他一起想办法解决	1	2	3	4	5
7	您会根据孩子本人的兴趣培养他的特长	1	2	3	4	5

① 杨丽珠,杨春卿.幼儿气质与母亲教养方式的选择[J].心理科学,1998(01):43—46.

续　表

题号	父母教养方式具体行为表现	从不	很少	有时	经常	总是
8	当孩子与您的想法不一致时,您会和他讲道理	1	2	3	4	5
9	当您正在使用手机时,孩子有问题求助,您会继续使用手机做自己的事而不搭理孩子	1	2	3	4	5
10	您对孩子是否听话无所谓	1	2	3	4	5
11	孩子在家里随便做什么事,您没有具体要求或规定	1	2	3	4	5
12	您不会向孩子做任何许诺	1	2	3	4	5
13	当孩子拼搭积木时,您会随时告诉孩子下一步该怎么做	1	2	3	4	5
14	孩子不停地提出问题,您会觉得不耐烦	1	2	3	4	5
15	您会根据自己的想法,要求孩子做事情	1	2	3	4	5
16	当孩子想自己做决定时,他必须先告知您并得到您的同意	1	2	3	4	5
17	当孩子犯错时,您会视心情而定,有时批评有时无所谓	1	2	3	4	5
18	对孩子的学习、生活有时关心有时不关心	1	2	3	4	5
19	当孩子提出无理要求时,您会有时满足有时拒绝	1	2	3	4	5
20	当孩子哭闹时,您有时问清原因,有时会强行制止	1	2	3	4	5

四、研究方法与过程

(一) 研究一:幼儿情绪理解能力的表现行为及特点

1. 图像测量

从实验对象中抽取同一年龄段的 10 名幼儿为一组,共两组;选取安静的、幼儿熟悉的活动室作为实验区域,为被试准备包含高兴、生气、伤心和害怕四种基本表情的图像测试材料,并以真人面孔与卡通面孔交替出现的顺序排列,逐一指导幼儿看图片,让幼儿判断为何种表情。教师把两组幼儿的测试结果按照顺序记录下来,并与正确答案进行对照与评分。本研究中所使用的图片如图 3－1 所示。

图 3 - 1　图像测量材料

2. 情景故事测量

向幼儿展示引发他人某种情绪的情景,要求幼儿对该情绪进行识别和理解。从实验对象中抽取同一年龄段的 10 名幼儿为一组,共两组:选取安静的、幼儿熟悉的活动室作为实验区域,对被试逐一进行约 15 分钟的测查,同时在任务记录表上做好记录。测试过程分为两步:(1)拿出指定故事图片,引导幼儿观察图片中发生的故事;(2)讲完故事后,要求幼儿指出相应图片,代表故事人物的心情。在某些任务中,存在一个或两个控制问题,目的是检验被试对故事情景的理解,并不计入测验得分。根据幼儿回答,主试者给予反馈,帮助幼儿正确理解故事情景,最后再提出正式问题。本研究中所使用的情景故事如图 3 - 2 所示。

一共有4种情绪情景，每种包含2个故事。

当爸爸妈妈表扬你画的画好看的时候，你的心情怎么样？（教师可以通过引导让幼儿观察图片情景）

冬天与朋友一起堆雪人、打雪仗，你的心情怎么样？

当有人在嘲笑你的时候，你的心情怎么样？

当你和朋友打游戏玩得正起劲，妈妈却叫你整理的时候，你的心情如何？

当朋友不愿意和你玩的时候，你的心情如何？

当你受伤的时候，心情怎么样？

当你觉得自己可能受伤时，你的心情如何？

当突然冒出一个巨大的响声时，你的心情如何？

图 3－2　情景故事测量材料

3. 现场观察和情绪访谈

通过实验来测评幼儿在特定情景中对于情绪线索的识别能力和对他人情绪表现的反应能力。选择安静温馨的活动室一角为实验区域，并邀请非实验对象的1名幼儿辅助实验。从实验对象中抽取同一年龄段的10名幼儿为一组，共两组。被试进入实验区域后，辅助幼儿热情相邀共同搭建，约3分钟，正当被试专注于搭建时，辅助幼儿假装生病。此时测试者实施观察：（1）辅助幼儿停止搭建，面露痛苦表情并发出呻吟，被试马上关注并回应，同时询问痛苦的原因；（2）辅助幼儿求助被试——我肚子很痛，赶快找老师来帮我，于是被试给予关注和回应；（3）被试始终没有关注和回应。测试者对于被试的不同情绪反应进行计分，分别计2、1、0分。

实验后，测试者向被试提问。题目1：你怎么知道别人是否难受呢？（了解幼儿的情绪归因能力）题目2：你当时的情绪是怎样的？（了解幼儿的移情能力）根据被试的回答给予相应得分。对于访谈题目1：清晰了解原因计2分，回答模糊不清计1分，不清楚原因计0分。对于访谈题目2：幼儿能正确回应计2分，较正确回应计1分，若错误回应或不能回应计0分。

将幼儿的回答记录下来以便编码分类。根据卡罗尔（Carroll）和斯图尔特（Steward）[1]的编码和评分标准对幼儿的回答进行处理和评分。

4. 数据分析

本研究所有数据均运用SPSS软件进行统计分析，主要统计方法是独立样本t检验。

（二）研究二：父母教养方式与幼儿情绪理解发展的关系研究

1. 研究程序

将问卷交给被试所在班级的教师，由教师将问卷分发给幼儿家长，让幼儿家长回顾日常生活中对幼儿的教养情况，并进行答题。

---

[1] CARROLL J J & STEWARD M S. The role of cognitive development in children's understandings of their own feelings [J]. Child Development，1984，55(4)：1486-1492.

2. 数据分析

本研究所有数据均运用 SPSS 软件进行统计分析，主要统计方法有描述性统计和 Pearson 相关分析。

第三节　现状调查研究的结果

一、幼儿情绪理解的表现行为及特点

(一) 研究一:幼儿情绪理解的表现行为及特点

1. 实验结果

(1) 幼儿情绪关注的年龄差异

如表 3 - 2 所示,对于高兴和伤心两种基本情绪的关注,三个年龄段幼儿的差异并不明显,发展水平较为平均。而对于生气和害怕情绪,小班幼儿的关注明显低于中大班幼儿。同时也从中发现,幼儿对于积极情绪的关注要高于对消极情绪的关注。

表 3 - 2　幼儿基本情绪关注的年龄差异比较

检验变量	年龄段	M+SD
高兴	小班	6.50±2.06
	中班	7.20±0.92
	大班	9.24±1.25
生气	小班	3.72±1.12
	中班	4.95±2.34
	大班	5.50±1.31
伤心	小班	4.32±1.10
	中班	5.50±1.77
	大班	6.19±1.54
害怕	小班	1.73±2.14
	中班	4.04±1.32
	大班	4.11±1.61

（2）幼儿情绪识别的年龄差异

如表3-3所示，幼儿基本情绪识别水平随年龄的增长而提升，呈正相关，即年龄越大，情绪理解的发展越好。简而言之，随着幼儿年龄的增长，幼儿的基本情绪识别能力逐渐提升。

表3-3　幼儿基本情绪识别的年龄差异比较（图像测量）

	个案数	实际平均得分	百分制得分	标准差
小班测试水平	20	22.27	69.59	5.36
中班测试水平	20	23.44	73.25	2.66
大班测试水平	20	24.73	77.28	1.32

如表3-4所示，在情景情绪识别方面，小班幼儿对于情景故事（图片）中所传达的情绪信息识别有一定的困难，中大班幼儿能通过观察捕捉故事中的重要信息，平均得分接近且发展水平较为平均。

表3-4　幼儿情景情绪识别的年龄差异比较（情景故事测量）

	个案数	实际平均得分	百分制得分	标准差
小班测试水平	20	8.65	54.06	6.95
中班测试水平	20	10.47	65.43	3.16
大班测试水平	20	11.27	70.43	1.61

（3）幼儿情绪回应的年龄差异

在情绪回应方面，对于教师的提问，幼儿能通过情景中的线索整理同伴的情绪变化，但是受限于生活经验，中大班幼儿对于不同情绪的回应方式较为多样，有的幼儿可以清晰表达如何对于不同情绪进行不同方式的处理。如表3-5所示，随着年龄的增长，幼儿的情绪回应能力逐渐提升，且发展水平较为平均。

表3-5　幼儿情绪回应的年龄差异比较（现场观察和情绪访谈）

	个案数	实际平均得分	百分制得分	标准差
小班测试水平	20	3.03	50.50	5.83
中班测试水平	20	3.65	60.83	2.04
大班测试水平	20	3.91	65.17	1.38

（4）幼儿情绪理解的年龄差异

综上所述,不同年龄段幼儿在情绪关注、情绪识别和情绪回应三方面的得分依次递增。简而言之,幼儿情绪理解水平随年龄的增长而提升,呈正相关,即年龄越大,情绪理解发展越好,反之则越差。从标准差的大小中可以直观看出,年龄较小的幼儿标准差较大,部分幼儿的情绪理解水平较高,部分幼儿较低,个体发展水平波动较大,个体差异也较大。

（二）研究二:父母教养方式对幼儿情绪理解的影响

1. 父母教养方式问卷分析

对小中大班 60 位被试幼儿家长进行父母教养方式问卷调查。从问卷试题及问卷数据整体分析来看,小中大班被试幼儿家长的教养方式以民主型为主,其他教养方式排序依次为不一致型、放任型、溺爱型、专制型,如表 3-6 所示。

表 3-6　父母教养方式描述统计表

	最小值	最大值	平均值	标准差
放任型	4.00	15.00	9.59	1.85
民主型	9.00	20.00	16.67	2.04
溺爱型	4.00	16.00	8.67	1.99
不一致型	4.00	15.00	9.82	1.88
专制型	4.00	17.00	8.58	2.52

2. 父母教养方式与幼儿情绪理解的相关性

为了探讨父母教养方式和幼儿情绪理解发展之间的关系,我们对不同教养方式以及情绪理解各任务和总分之间进行 Pearson 相关分析。各变量间的相关性如表 3-7 所示。

表 3-7　父母教养方式与幼儿情绪理解的相关性分析 1

	情绪关注	情绪识别	情绪回应	情绪理解总分
放任型	0.187	0.165	0.214	0.240
民主型	0.028	0.034	0.186**	0.043*

续　表

	情绪关注	情绪识别	情绪回应	情绪理解总分
溺爱型	-0.043	-0.166	-0.401	-0.283
不一致型	-0.163	-0.215	-0.305***	-0.295*
专制型	-0.027	-0.188	-0.444	-0.264*

* 表示在 0.05 水平（双侧）上显著相关，** 表示在 0.01 水平（双侧）上显著相关，*** 表示在 0.001 水平（双侧）上显著相关。

　　总体来看，幼儿情绪理解整体上与专制型、不一致型及民主型教养方式都有着强相关关系，其中与专制型及不一致型教养方式显著负相关，与民主型教养方式显著正相关，与其余教养方式类型相关不明显。也就是说，专制型及不一致型教养方式的得分越高，幼儿情绪理解发展得越差，而民主型教养方式的得分越高，幼儿情绪理解发展得越好。

　　为进一步检验幼儿情绪理解能力与专制型、不一致型及民主型教养方式的强相关关系，将专制型、不一致型及民主型这三种与幼儿情绪理解相关的父母教养方式从低到高进行编码排序，分析其与幼儿情绪理解的相关性，结果如表 3-8 所示。从中可以看出，二者显著正相关，说明民主型教养方式最有利于幼儿情绪理解的发展，不一致型其次，而专制型是最差的。

表 3-8　父母教养方式与幼儿情绪理解相关性分析 2

		父母教养方式参数	幼儿情绪理解参数
父母教养 方式参数	Pearson 相关性	1	0.165*
	显著性（双侧）		0.03
	N	60	60
幼儿情绪 理解参数	Pearson 相关性	0.165*	1
	显著性（双侧）	0.03	
	N	60	60

* 表示在 0.05 水平（双侧）上显著相关。

第四节　现状调查研究的讨论

一、不同年龄段幼儿情绪理解的差异分析

研究发现，幼儿的情绪关注、识别和回应能力随年龄增长而提高，是相互依赖的。情绪具有先天的、不学而会的性质，婴儿从出生到半岁左右，已经获得了基本情绪。这些情绪都有不同的内部体验和外部表现，而且有不同的适应功能。比如，新生儿以哭声反映身体痛苦；以微笑反映舒适愉快；以皱眉、摆头反映厌恶等。这些都是非编码的、不学而能的，是在神经系统和脑中预置并模式化的先天情绪反应。幼儿情绪理解是指幼儿通过表情、情景等识别自己与他人的情绪，并在人际互动情景中理解自己及他人情绪产生的原因和结果，以及能主动用合适情绪回应他人，具体包括情绪关注、情绪识别和情绪回应等能力。调查结果显示，幼儿情绪理解各成分均有一定的发展，且随年龄的增长而提高。从总体上看，幼儿的情绪关注、情绪识别和情绪回应发展具有很高的内部一致性。可见这三种能力的发展是相互依赖的，幼儿的情绪关注为幼儿进一步识别和回应情绪提供了基础。

（一）情绪关注发展的年龄趋势

情绪关注即通过倾听、观看、询问、感受，关心、重视自身或身边人的情绪状态。在高兴、生气、伤心和害怕四种基本情绪的关注上，有不同的年龄发展趋势。在对高兴和伤心的关注上，幼儿的年龄差异都不显著。这说明，低年龄幼儿也能很好地关注和辨认这两种情绪，他们对于喜悦和悲伤的认知较好。对于生气和害怕，小班幼儿的关注明显低于中大班幼儿，对这两种表情的关注在中班时发展较缓慢，而大班时发展迅速。这是因为幼儿的年龄越小，他们的认知以及社会能力较弱，对生气和害怕情绪的关注也较差。

（二）情绪识别发展的年龄趋势

情绪识别即对自身或他人的情绪进行归类、定性或推断，并对情绪冲突进行解释的过程。运用图像测量及情景故事测量对幼儿的情绪识别进行分析，结果显示，幼儿在情绪理解发展方面存在着年龄差异，不同年龄段幼儿在图像测量及情景故事测量的总得分上均存在明显差异，且得分随年龄的增长而提高。此外，本任务还显示，小中大班幼儿都能对基本情绪（图像测量）进行识别，而中大班幼儿在具体情景中（情景故事测量）的情绪识别能力较好。

（三）情绪回应发展的年龄趋势

情绪回应即对于自身或他人角色、情景的状态或变化，做出一系列反应，如高兴、生气、伤心、害怕等。情绪回应任务结果显示，幼儿在情绪回应的得分上存在显著年龄差异，表现为小班幼儿的回应能力要低于中大班幼儿，而中大班幼儿能够在某些特定情景中，对故事主人公的情绪进行识别和回应。

二、父母不同教养方式对幼儿情绪理解影响的差异分析

父母教养方式对幼儿情绪理解的影响非常之大，应予以重视。一项基于中国样本的元分析发现，父母教养方式对幼儿情绪能力的影响依次为情绪理解、情绪调节和情绪表达，其中对幼儿情绪理解的影响最大[①]。本研究结果表明，父母教养方式与幼儿情绪理解的发展密切相关。专制型及不一致型教养方式与幼儿情绪理解呈显著负相关；而民主型教养方式与幼儿情绪理解呈显著正相关，可见，民主型教养方式能对幼儿情绪理解发展产生积极的影响，有利于促进幼儿心理健康发展。

---

① 马岳毅，但菲，李文辉. 父母教养方式对幼儿情绪能力的影响：来自中国样本的元分析证据[J]. 心理技术与应用，2023(10)：620—632.

（一）溺爱型教养方式对幼儿情绪理解的影响

溺爱型父母最大的特点是以幼儿为中心，完全顺从幼儿的想法，不采取任何限制性措施，无论幼儿的要求与做法是否合理，父母都会顺从。当面临消极情境时，幼儿很容易变得蛮不讲理、缺乏独立性，对成人或同伴容易出现反抗情绪，很难站在他人角度考量问题；幼儿也会要求父母或成人帮助解决情景中的问题，不会主动进行情绪回应。

（二）民主型教养方式对幼儿情绪理解的影响

民主型父母给予幼儿更多的空间，培养幼儿的独立能力，但也会限制幼儿不合理的要求与行为，是一种相对合理的教养方式。这种类型的父母倾向于鼓励、帮助幼儿成长，与幼儿站在同一立场，乐意听取幼儿的想法。父母积极的教养方式能够为幼儿提供良好的情绪环境，营造积极的情绪活动链。幼儿在与父母平等的交流互动中能够获得大量的情绪体验，更好地觉察、理解自己和他人的情绪，适当地表达情绪，并对自己的内在情绪体验与外在情绪行为进行管理，进而实现情绪能力的发展与提升[①]。民主型教养方式下的幼儿有移情和共情的能力，能站在他人角度看待问题，能关注、识别并回应自己与他人的情绪，能够与同伴、父母、老师融洽相处。

（三）放任型教养方式对幼儿情绪理解的影响

放任型父母会无限制地给予幼儿绝对的自由。对幼儿的教养态度较为冷漠，很少与幼儿进行沟通交流。这种类型的家长虽然能接纳幼儿的情绪，但对幼儿的行为一概称"没关系"，不能给幼儿较好的建议，导致幼儿遇事只考虑自己，无法体谅他人，无法用合适的方式回应自己或他人的情绪，只习惯于无节制地宣泄情绪，

---

① 马岳毅，但菲，李文辉.父母教养方式对幼儿情绪能力的影响：来自中国样本的元分析证据[J].心理技术与应用，2023(10)：620—632.

解决问题的能力相对欠缺，与同伴互动显得不和谐。

（四）专制型教养方式对幼儿情绪理解的影响

专制型父母具有权威性，要幼儿听从父母的安排，对幼儿严格限制，忽视幼儿自身的发展规律。专制型教养方式下的幼儿，往往容易形成言语和行为上的两面性，幼儿不得不学着压抑自己的负面情绪，对熟悉的环境毫无控制，同时又慑于环境的压力而不敢表露，常常表现出不愉快感，对压力很敏感，缺乏与人沟通的技巧，不能很好地理解自己或他人的情绪。

（五）不一致型教养方式对幼儿情绪理解的影响

不一致型父母由于受到各种因素的影响，对幼儿采取不同的教养方式。当父母的教养方式出现不一致时，幼儿往往会倾向于胜利的一方。长此以往，幼儿对父母的权威性就会产生怀疑，认知和理解也会变得错乱，无法正确判别自己或他人的态度、观念与情绪，缺乏自我控制和辨明是非的能力。在与同伴的交往中，幼儿可能会主观臆断自身或他人的情绪表现，鲜少关注他人的情绪情感，不会对自己或他人的情绪表现作出积极回应。

由此可见，幼儿在和父母的接触中，会受到自身及父母的双重情绪冲击。在面对某一事件时，幼儿可能内心体验到的情绪是积极的，若此时父母采用的是严厉惩罚或批评教育的方式，那么幼儿在正反两种情绪的冲击下可能会对这件事情的对错产生怀疑，进而影响幼儿对情绪的认知和表现。相反，如果父母在教养幼儿时更多的使用温暖的话语和行为，正确引导和鼓励幼儿，那么幼儿在心理以及生理上都能体验到积极的情绪，这将会极大地促进幼儿情绪理解的发展。

三、幼儿情绪理解发展的影响因素

幼儿情绪理解发展的影响因素是复杂多元的，除幼儿自身因素之外，家庭、学校、同伴交往等也是影响幼儿情绪理解发展的重要因素。在家庭因素中，父母教养方式对幼儿情绪理解发展的影响最大，也最直接。

（一）家庭因素

幼儿对情绪的最初理解和表现是在与家庭成员交往的过程中出现的。如果父母与幼儿交流频繁、亲子关系融洽，那么幼儿情绪理解的发展就会比较迅速。这就说明，积极的教养方式和良好的亲子关系对幼儿情绪理解发展能产生积极的推动作用。

（二）幼儿园因素

幼儿园对幼儿情绪理解的发展也有着非常大的作用。教师的语言、情绪、行为等会让幼儿在潜移默化中进行模仿学习，从而影响幼儿情绪理解的发展。如果教师表现出较高的情绪素养和情绪智力，那么幼儿同样也会表现出较高的情绪素养和情绪智力。此外，教师对幼儿情绪的回应方式也在很大程度上影响着幼儿情绪理解的发展。

（三）同伴交往因素

除了家长和教师，幼儿还会和同伴进行交往。与同伴交往时，幼儿可以更轻松地表达自己的情绪，也会关注他人的情绪需求。一般情况下，同伴间受欢迎的幼儿具有更高的情绪理解能力，在与同伴交流时，更容易表达和管理自己的情绪。通过对同伴的观察，幼儿能分辨和理解他人的情绪，并能对自己的行为给同伴带来的情绪影响进行预测。

第五节　现状调查研究的实践启示

通过研究幼儿情绪理解发展的表现行为与特点，以及父母教养方式的影响，本研究将根据研究结果探讨情景剧活动应怎样设计，以达到通过情景剧活动更好地促进幼儿情绪理解发展的目标。

一、情景剧活动主题的确定

亲子情景剧需选择与日常生活相关的情景，使幼儿和家长在情景剧中体验不同的情绪并学习如何处理。主题可以围绕情绪表达和沟通展开，让幼儿和家长一起探讨如何表达自己的情绪，如何倾听对方的情感需求。可围绕幼儿情绪理解能力的各方面设计情景剧主题，例如让幼儿和家长一起学习如何应对挑战和困难，如何调节情绪以及如何寻求支持。在确定主题时，可以结合幼儿和家长的需求和兴趣来选择适合的情景剧主题。

二、情景剧活动内容的选择

亲子情景剧活动内容的选择，应凸显民主型教养方式对幼儿发展的积极影响，将不一致型教养方式转变成民主型教养方式，启发家长在幼儿抚育中积极采用民主的教养方式。此外，应选择与幼儿生活密切相关的内容来开展情景剧活动。例如，情景剧围绕冲突主题，让幼儿和家长一起学习如何处理矛盾和冲突，以及如何共同寻找解决方案。

三、情景剧活动的组织与实施

情景剧实施中需注重亲子之间的互动，可以设计互助合作环节，让幼儿和家长在情景剧中体验和学习如何互相帮助、合作和支持。根据幼儿的不同年龄、不同兴趣与需要，选择幼儿熟悉的情景剧或者是新创编的情景剧，与家长一同进行玩中学。由于情景剧活动与幼儿的情绪理解密切相关，活动中需增强师幼互动、幼幼互动、亲子互动，以促进幼儿情绪理解的发展。

例如，结合亲子嘉年华，全园教师、幼儿和家长选择同一本图画书《花木兰》，开展户外情景体验活动,亲子共读、共演、共情,感悟花木兰无忧无虑——担惊受怕——从容应战——光荣归乡的情绪变化与发展过程,同时感受阅读的乐趣。

四、吸引调动家长参与

亲子情景剧活动的设计对幼儿的情绪理解有着重要的影响。通过情景剧活动,幼儿可以在模拟的情景中体验和观察不同情绪的表达和应对方式,从而促进对情绪的理解和认知,培养情绪智力。

为了提高家长的参与性,在活动开始前,与家长沟通,征求他们的意见和建议,让他们参与活动的策划和决策过程,并提前向家长发送邀请函或通知,强调活动的重要性和益处。情景剧的主题和内容需精心设计,确保能够引发家长的兴趣,可以选择与家庭教育、亲子关系等相关的主题,让家长在活动中能够获得知识和技能。在活动过程中,鼓励家长积极参与表演、讨论和互动,让他们感受到自己在活动中的重要性和作用。

第四章

基于幼儿情绪理解发展的情景剧活动设计

想必很多读者已了解了幼儿情景剧活动的具体特质及其研究发展脉络，熟悉了幼儿情绪理解的结构要素与现状调研，此时此刻已经跃跃欲试地想要开展一些情景剧活动了。那么，究竟怎样让我们的情景剧活动内容有料、方式有效、环境有益呢？

本章节内容重实操、给方法，在这一章中我们将学到：

➤ 情景剧活动内容的选材原则及素材来源；

➤ 情景剧活动的多维设计路径——戏剧游戏、表演游戏、学习活动、剧场展演以及亲子情景剧等；

➤ 情景剧环境创设中，角色装扮、场景道具及音效灯光等方面对情景剧活动的助推作用。

第一节　情景剧活动内容的选择

幼儿情景剧活动属于幼儿园教育活动的范畴,为此要遵循《幼儿园教育指导纲要(试行)》中对教育活动内容选择的要求:(1)既适合幼儿的现有水平,又有一定的挑战性;(2)既符合幼儿的现实需要,又有利于其长远发展;(3)既贴近幼儿的生活来选择幼儿感兴趣的事物和问题,又有助于拓展幼儿的经验和视野。

同时,幼儿园情景剧活动又有别于其他类型的教育活动,它的综合性较强,融合健康、语言、社会、科学和艺术多个领域;活动特质凸显,在活动中,幼儿体验着经验的重构和情绪的理解,他们既在舞台上诠释着剧中角色人物的所思、所感、所想,又在生活中亲历着剧中相似的痛苦与烦恼、成长与蜕变、幸福与喜悦。

俗话说,良好的开端就是成功的一半。选择适宜的情景剧内容,对后续情景剧活动的顺利展开、有效实施,以及整个情景剧教育目标的实现、幼儿全方位和谐发展都有着极其重要的作用。

一、情景剧活动的选材原则

幼儿情景剧活动内容的选材多种多样,如生活故事、经典故事、优秀绘本等。经过康弘幼儿园十多年的实践探索,我们在选择某个素材是否作为后续情景剧活动内容时,主要参考如下几个原则。

(一) 生活性原则

生活中蕴含着取之不尽、用之不竭的教育资源,生活性原则指情景剧的内容贴近幼儿生活经验,来源于康康娃生活中存在的普遍问题、热点话题。比如,小班康康娃开始了从家庭个体生活到幼儿园集体生活的转变,玩游戏时已不同于家中"这里的玩具都是我一个人的",现在需要"班里的玩具一起玩",为此在游戏中难免就会有冲撞摩擦，有时候两个康康娃会哭闹着争抢同一个玩具或者某个康康娃"霸占"着某一个玩具不让其他同伴玩；又比如，在喝水、如厕、饮食、运动排队时，有些孩子不习惯等待，索性直接跑到队伍最前面；再比如，有些康康娃在晨检时面对保健老师的问候不能很大方地做出回应……可见，如何在集体生活里学会文明交往，在日常生活中学会用礼貌用语，就成为小班康康娃在生活中普遍遇到的成长烦恼。基于此生活场景中的小烦恼，我们创编了情景剧《买礼貌》。

图 4-1　情景剧《买礼貌》剧照

(二) 一致性原则

教育是有目的、有计划、有组织的实践活动，幼儿情景剧活动属于幼儿园教育活动的一部分，因此情景剧活动的内容既要与园所幼儿培养目标相一致，也要与幼儿园课程目标相一致，具体到某一部情景剧的实施与开展，还要与该班级的学期目标、学期计划相一致。

在学前儿童的培养目标上，无论是教育部颁发的《幼儿园教育指导纲要(试行)》，抑或上海市颁布的《上海市学前教育课程指南》，"学前儿童的全面和谐发展"都是学前教育的共同追求。而儿童的全面发展可以分为"生理发展""认知发展""情绪情感发展""社会性发展"，我们研发了与之相匹配的情景剧活动内容，以更好地实现儿童全面、和谐发展的培养目标。

表 4-1　与全面发展幼儿培养目标相一致的情景剧活动举例

学前儿童的发展领域	情景剧活动举例
生理发展	《小熊不刷牙》《快乐点心》(小班) 《滚蛋吧,感冒君》《幸福农场》(中班) 《保护眼睛》《螃蟹奇遇记》(大班)
认知发展	《小壁虎借尾巴》《小蓝和小黄》(小班) 《蚂蚁搬豆》《有趣的鞋店》(中班) 《我的幸运一天》《我可以跳舞吗?》(大班)
情绪情感发展	《爱生气的小猫》《正气歌》(小班) 《手不是用来打人的》《危险的面包》(中班) 《丢三落四的梦梦》《派克的小提琴》(大班)
社会性发展	《买礼貌》《金色的房子》(小班) 《孔融让梨》《狼来了》(中班) 《我们毕业了》《好心的八哥鸟》(大班)

　　比如,冬季是流感高发的季节,为此,协助幼儿养成良好的生活卫生习惯,增强体质,掌握预防流感的有效途径,成为班级老师在冬季重要的阶段性教育目标。因而,以绘本《流感大人》为原型,创编相应的情景剧活动内容。

图 4-2　情景剧《流感大人》活动剧照

（三）适宜性原则

适宜性有两重内涵：首先是指情景剧的活动内容要适宜小、中、大班幼儿的心理发展特点，与幼儿的年龄特点相适宜；其次是适宜幼儿的发展兴趣，与幼儿当下的兴趣需要相适宜。

为了确保情景剧活动内容与幼儿发展年龄特征相适宜，我们仔细研读《3—6岁儿童学习与发展指南》中各年龄段的发展目标，并且制定了《幼儿情景剧年龄段目标》，进而将小班、中班、大班的素材定位区分开来，实现情景剧课程内容的年龄分层。比如，在设计"健康安全"主题的情景剧内容时，针对三个年龄段幼儿的思维与社会性发展特点进行考量：小班幼儿保留着直觉行动思维的痕迹，同时游戏以平行游戏为主；中班幼儿具体形象性思维凸显，以联合游戏为主，且有合作游戏的倾向；而大班出现了抽象逻辑思维的萌芽，且处于合作游戏的高峰期。基于此，小班的《康康不刷牙》以亲子微剧的形式开展，家长和幼儿一起准备形象逼真的道具材料，进而让康康娃在玩玩弄弄中完成剧目的表演；中班的《最后一只海豚》由幼儿联合进行，同时道具弱化逼真性，凸显形象；大班的健康活动《流感大人》不再拘泥于看得见、摸得着的身体器官，关注更为抽象的"细菌""流感"，最终以剧场展演的形式精彩收尾。

图4-3 小班《康康不刷牙》 图4-4 中班《最后一只海豚》 图4-5 大班《流感大人》

情景剧活动是康康娃自己的情景剧活动，情景剧活动的开展更是幼儿全方位参与生成的过程。3—6岁幼儿的建构活动常常是兴趣驱动，为此，情景剧内容须是康康娃感兴趣的。比如，中秋节系列活动中，康康娃对嫦娥奔月的故事百听不厌，故事中美丽动人的嫦娥、英勇果敢的后羿更是引发了幼儿在日常活动中的竞相模仿行为,据此演绎了经典的中班情景剧《嫦娥奔月》。

(四) 可表演性原则

情景剧活动是需要幼儿运用动作、表情、声音和装扮等方式雕塑情境,参与角色塑造的教育活动,为此,活动内容需要具有可表演的特点。

1. 丰富的场景描写

故事或绘本中包含各种不同的场景,这些场景能够为表演者提供丰富的舞台背景和道具的搭配选择。以《这片草地真美丽》为例,"这片草地真美丽,有一片绿油油的草地,小溪从中间穿过。鸭子在湖里游水。各种各样的小鸟儿和小动物生活在高高矮矮的树上。没有汽车也没有马路,没有灰扑扑的房屋,也没有臭烘烘的工厂啊,统统都没有,其他城里人也说,这里只有草地,这样的情形应该保持下去……"这个绘本的场景描写非常细致、有画面感,进而为后续的情境雕塑奠定了基础。

2. 生动的角色形象

故事或绘本中的角色形象鲜明,不同的角色之间有明确的冲突和关系,这使得表演者能够更好地诠释角色的特点和情绪。比如《白雪公主》中美丽善良的白雪公主、恶毒邪恶的皇后、互助友爱的小矮人个性鲜明,康康娃演绎时富有童趣。

3. 富有戏剧性的情节

故事或绘本的情节发展有起伏且高潮迭起,其中包含紧张、有趣和悬念等元素,使得表演者能够通过情节的推进来展现不同的动作和表情。例如《狮子王》中,狮子爸爸、叔叔和小狮子们是快乐的一家。一天,他们在森林里嬉戏,叔叔突然出现,欲与狮子爸爸争夺皇冠。在一场激烈的争斗后,爸爸脚一滑跌入山谷,叔叔后悔莫及。恰巧此时,猎人出现,一枪打中了叔叔,带走了受伤的叔叔。辛巴和弟弟妹妹们不知所措,为了先救谁而争论了起来。最终,在辛巴的带领下,兄弟姐妹和小动物们一起救出了山谷中的爸爸和囚牢里的叔叔,一家人突破重重困难,终于团聚。这个活动内容的情节环环相扣、十分紧凑。

4. 多样的对话和台词

故事或绘本中有丰富的对话和台词,这些对话和台词的内容和语气不同,能够为表演者提供不同的情绪体验和表达方式。比如,《危险的面包》中的对话和台词非常鲜活生动。

《危险的面包》中的人物对话

呆呆鼠是来买面包的,正好把一个长满了黑点的红豆圈夹到盘子里。

"上面有好多小黑点,是加了巧克力吗?"呆呆鼠奇怪地看着红豆圈。

躺在餐桌上,红豆圈兴奋极了:"没有被扔进黑箱子,真是太好了。"

呆呆鼠洗完手之后,拿起面包看都没看就大口地吃掉了。晚上,呆呆鼠发现鼠爸爸躺在床上,他关心地问:"爸爸您生病了吗?"爸爸虚弱地说:"是的,孩子,我不小心吃了过期的面包,肚子疼。"

呆呆鼠心想:过期的面包,跟妈妈说的发芽的土豆是不是一样危险呀? 那面包上也会发芽吗?

看着好奇的呆呆鼠,妈妈笑了笑说:"宝贝,过期的面包会因为变质长出霉斑,我们吃了就会生病,这是非常危险的。"

"啊? 糟了,妈妈!"呆呆鼠嚷了起来,"我刚刚吃的红豆圈上面也有黑点,我会不会生病,要不要打针啊?"

呆呆鼠情不自禁地哭了起来。而这时,鼠妈妈拿出了从面包店里买来的长着黑点的红豆圈说:"是不是这个面包啊? 看,它就是过期发霉的。傻孩子,你刚刚吃的是巧克力圈。"

(五) 情绪性原则

情绪性原则是指选择能够引起幼儿情感共鸣,并能够激发他们情绪表现和体验的材料或情节。这一原则的目的是通过情景剧活动,帮助康康娃表达自己的情绪,理解和处理情绪,促进心理发展和社交能力的提高。为此,情景剧活动的选材应该突出情绪冲突和转折点。情绪冲突和转折点是情景剧活动中展示情绪表现和体验的重要组成部分。通过选取具有情绪冲突的情节,幼儿可以深入体验和理解各种情绪,找到适当的方式来表达自己的思考和感受。

表 4‑2 康康娃的情景剧故事举例:《一代宗师》中丰富的情绪发展脉络①

设计思路	叶问身为一代宗师,实力强劲,他为人低调谦逊,从不主动找人麻烦,不恃强凌弱,在国家大义面前不贪生怕死,毅然捍卫了中国人的尊严。希望通过剧情的变化、舞台的展现、音乐的变化等方式,放大大班幼儿的情绪,帮助幼儿感受并调节情绪,重点发展幼儿的情绪察觉、情绪归因与情绪反应能力。	
	主要剧情	**情绪发展脉络**
第一幕	20世纪30年代,坏人入侵中国,烧杀抢掠,无恶不作,叶问和百姓准备逃走离开,但是却发现坏人作恶多端,让太多百姓无家可归。	叶问从一开始在家练拳的淡然,到得知家乡被侵占的惊讶,再到看到百姓流离失所的伤心愤怒。
	主要剧情	**情绪发展脉络**
第二幕	坏人欺压百姓,让百姓干各种体力活,却又不给饭吃,百姓们遭受坏人的各种毒打、压榨和欺凌。	运用多样化的表情表现与体验愤怒情绪。百姓被坏人欺凌,积怨已久,由此想要反抗并产生愤怒的情绪,孩子们通过大喊、踩脚、高举右手等动作丰富愤怒的情绪表现。
	主要剧情	**情绪发展脉络**
第三幕	百姓想到通过学习武功达到与坏人对抗的目的,练武让他们变得更加自信。但是坏人的强大给百姓们带来了巨大的冲击。面对坏人的威胁,叶问无惧生死,决定与三浦将军战斗。	了解情绪产生和变化的原因,运用多种方式进行回应。在愤怒的时候能采用深呼吸、大喊、踩脚等方式表达自己的情绪,通过走秀来表达内心的喜悦与自豪。
展演视频二维码	 一代宗师.mp4 **请扫描本书最后的二维码,观看视频。**	

---

① 《一代宗师》情景剧活动由康弘幼儿园唐士萍与李健老师指导。

二、情景剧活动的素材来源

（一）素材来源的三个主要渠道

依照上述五大原则，我们结合课程内容、生活事件、儿童读物等来选择适宜的情景剧活动素材。

1. 课程内容

课程内容指教师参考《学习活动》《生活活动》《游戏活动》等书中与主题内容相关的故事，根据幼儿各年龄段参考书中有价值的内容，选取符合幼儿身心发展、凸显情景冲突的、情绪表现明显的活动内容，通过情景剧活动促进幼儿主动探索自己与他人情绪的变化。

情景剧活动案例：《小兔乖乖》

情景剧《小兔乖乖》取自小班第一个学期的主题活动"小兔乖乖"。"小兔子"的萌趣、可爱深受康康娃的喜爱，对应的儿歌《小兔子乖乖》娃娃们也能熟练吟唱。结合故事内容，我们通过个别化学习、表演游戏、角色扮演等多种形式开展情景剧活动。情景剧中的一句经典台词"不开不开我不开，妈妈没回来，谁来也不开"也成了娃娃们的口头禅。

2. 生活事件

生活事件来源于幼儿的日常生活，是对幼儿日常生活片段的重现，通过剧情改编，幼儿的情绪经验得以迁移，进而实现情绪上的同感、认知上的共识、行动上的互动。

情景剧活动案例：《流感大人》

冬季是康康娃们流感的高发季节，孩子们对于得流感后流鼻涕、鼻塞、咳嗽、头疼、嗓子疼等症状都有切身体会。那么，流感究竟是怎样在我们身体内进行活动的？我们的身体又该如何预防和控制呢？听过，我忘记；看过，我记得；做过，我理解了——基于幼儿的这一认知特点，把抽象的安全自护知识转化为幼儿能够理解的《流感大人》情景剧体验，在活动中鼓励幼儿主动体验，促使其能以自己的想法、意愿等支配活动，从而认识保护自己的重要性，激发幼儿的自我保护意识，以形成积极的自我保护愿望。幼儿通过体验理解传染病知识，并能将其灵活迁移到自己的生活中，提高自我预防传染病的能力。

3. 儿童读物

儿童读物主要包括童话故事、传统故事、诗歌等，幼儿在生动形象、充满童趣的读物中，通过对角色的亲身体验，学会关注自己，识别他人，感受周围事物的情感。

情景剧活动案例：《大熊的拥抱节》

情景剧活动《大熊的拥抱节》来源于经典故事《大熊的拥抱节》。故事中大熊雄心勃勃地要跟100个朋友拥抱，结果先后被红狐狸、小白兔、小袋鼠拒绝，原来是因为大熊总是欺负它们，踩它们的尾巴，拔它们的胡萝卜，最后大熊也意识到了自己的错误，进而和好朋友快乐拥抱。这个温暖而感性的故事清晰地传递了朋友间的基本相处之道。因此，情景剧活动以拥抱为切入点，让幼儿切切实实地体验集体生活中互相友爱的感情，并通过感受故事中小动物的宽容和珍惜的情感，逐渐形成良好的品行和博大的胸怀。

表4－3　幼儿情景剧活动内容一览表

素材来源	课程内容	生活事件	儿童读物名称
小班	＊小小蛋儿把门开 ＊送大乌龟回家 ＊小猪去郊游 ＊小壁虎借尾巴	＊买礼貌 ＊康康上幼儿园 ＊有朋友真好 ＊康康不刷牙 ＊康康走丢了 ＊爱生气的小猫 ＊好吧！原谅你 ＊幼儿园奇妙夜	＊胖国王瘦身记 ＊花木兰 ＊年的故事 ＊汤姆，走丢了 ＊危险的面包 ＊小蓝和小黄 ＊大熊的拥抱节 ＊阿拉丁

续　表

素材来源	课程内容	生活事件	儿童读物名称
中班	＊三颗星星 ＊有趣的鞋店 ＊咕噜牛	＊滚蛋吧,感冒君 ＊手不是用来打人的 ＊是谁在门外 ＊我们和好了 ＊厨房小精灵 ＊不守信用的小猪 ＊寻找温暖的笑脸	＊汤姆,走丢了 ＊狼来了 ＊最后一只海豚 ＊哪吒闹海 ＊孔融让梨 ＊钱学森回中国 ＊嫦娥奔月
大班	＊螃蟹奇遇记 ＊没有牙齿的大老虎	＊流感大人 ＊成长别烦恼 ＊我可以跳舞吗	＊一起踢球吧 ＊赵一曼的故事 ＊寻找中国龙 ＊卖火柴的小女孩 ＊汤姆,走丢了

（二）三个路径素材的实施偏向与灵活整合

课程内容、生活事件和儿童读物作为情景剧活动素材的三种主要来源,在实施中常常以不同的情景剧形式展开:课程内容的情景剧素材往往有比较明确的目标,与幼儿当下的很多活动相关联;生活事件往往是偶发、零散的,在实施时更多以自由情景剧的形式展开;儿童读物相对有比较完整的故事结构,为此更容易形成经典情景剧,最终以剧场展演的方式进行。

此外,三种不同的素材来源也时常会灵活整合形成某一情景剧活动,比如班级幼儿的一个生活事件——班级幼儿报名舞蹈社团被拒绝,与儿童读物《大脚丫学跳芭蕾》连接贯通,最终形成了经典情景剧《我可以跳舞吗?》。

情景剧活动案例:《我可以跳舞吗?》

由于主人翁琪琪长得不够高而遭到舞蹈社团的拒绝,引发了系列问题,引出剧情,衍生出戏剧游戏、表演游戏、个别化学习、集体教学、剧场展演、亲子情景剧等活动。娃娃们自主参与,创编琪琪从遭到拒绝伤心难过,到得到歌唱社团的伙伴的鼓励和帮助,重拾信心,坚持不懈追逐梦想,最终登台表演舞蹈。娃娃们在这个过程中,观察和思考人物的情绪变化与发展,又不断发现与体验情绪冲突,师幼、家长共同沉浸其中,获得情绪经验的生长。

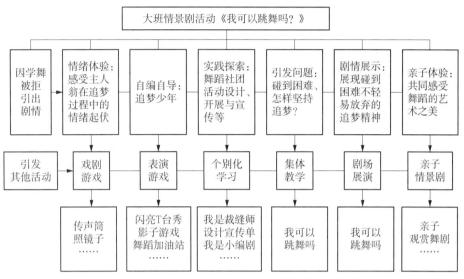

图 4-6 情景剧活动《我可以跳舞吗?》

三、情景剧活动的内容确立

有了多元、丰富的情景剧活动素材,那么该如何形成连贯、一致的情景活动内容呢? 这里用一个类比来诠释"素材"和"内容"的关系:"素材"就像是我们做饭的原材料,原汁原味、未曾加工;而"内容"就像是我们做饭后形成的配菜,不同的成分、不同的组合,最终可以形成各式各样不同的配菜。就像一个鸡蛋,我们可以剔除蛋黄,保留蛋清,成为蛋白沙拉、蛋白蒸饺、蛋白饼的原材料;也可以剥离蛋清,保留蛋黄,成为蛋黄酥、蛋黄蟹、蛋黄膏的经典配料;还可以跟其他不同的材料组合,比如米饭、煎饼、紫菜,进而变换出蛋炒饭、杂粮煎饼和紫菜蛋花汤。因此,从最初的素材到形成内容,需要结合情景剧活动主题及幼儿兴趣对素材进行选择、组合或增减。

在情景剧活动内容的确立过程中,从易于丰富幼儿情绪体验及幼儿感兴趣的素材着手。在情景剧的实施过程中，幼儿通过对角色的关注、观察和模仿，体验不同角色的情绪，在尝试自我表现的过程中丰富情绪体验。教师可以根据幼儿情绪理解发展目标，设计符合幼儿当前发展需求的情景剧活动内容。

（一）依据情绪线索，对情景剧活动内容进行改编

幼儿在对素材中角色产生的线索有一定的了解后，会自然而然地对素材中故事发展的结构、角色之间的关系、场景的变化进行改编创造。教师可以围绕幼儿兴趣点改变故事发展的结构，进行重点设计、共同创编不同版本的剧本。剧本的选材并不是单一的，素材内容可以多样化，教师可以结合幼儿年龄特点及班本实际情况，适当进行改编和创编。

情景剧活动案例：《危险的面包》

小班情景剧《危险的面包》中的主角原本是呆呆鼠，而一只呆呆鼠的角色很难表现出丰富的情绪，且幼儿对情绪的识别，如对高兴时的叫和害怕时的叫容易混淆。为了支持幼儿一同体验角色，师幼共同讨论后，决定增加为三只老鼠，幼儿共同体验、演绎从看到面包的开心，到看到厨师的紧张，以及吃到甜甜圈的快乐和后来发现自己吃了发霉的甜甜圈后的害怕。幼儿情绪经验通过同一角色的增加逐渐丰富，角色的增多能帮助小班幼儿通过观察同伴的表现后，根据小老鼠的情绪，表现出瑟瑟发抖、互相拥抱等的害怕情绪，小声踮脚走路、紧抱着脑袋等的紧张情绪。在此过程中，幼儿的情绪经验逐渐丰富。

借助同一角色人物的增多能促进小班幼儿互相模仿、创造，也能激发幼儿快速地了解剧情发展。并且，角色生长的过程有利于引发幼儿情绪发生，追踪情绪变化，预测情绪发展。

在情景剧活动中，幼儿往往会生成一些即兴的想法，生成新的情节，幼儿的情绪体验更加丰富和自如，情景更加生动有趣。即兴的创编，给了幼儿新的灵感，从而更好地关注、识别角色情绪，用多样化的言语表情、面部表情、体态表情等将情

绪推向高潮。

（二）依据幼儿兴趣,对情景剧活动内容进行创编

当某个素材作为情景剧活动内容,刚开始常常以戏剧游戏或表演游戏等自由情景剧的形式来开展。在这个过程中,教师会观察幼儿的活动兴趣和表现,由于活动的结构性低、开放度大,幼儿常常会创生或衍生更多的情节、经历更丰富的情绪,为了延续幼儿的这种活动经验和情绪体验,教师时常会继续推进情景剧活动,将自由情景剧演变为经典情景剧。

情景剧活动案例:《水调歌头》

情景剧活动《水调歌头》的素材来源于古诗词背后的故事,内容主要是苏轼从小和弟弟感情甚好,长大后,苏轼背井离乡当了官,因思念弟弟,乘船来到弟弟的所在地寻找,却发现弟弟早已离开此地。

起初,在讲这个故事时,孩子们对"乘船"这种出行方式很感兴趣,于是便自发开始"自制游船"的戏剧游戏活动,最初用凳子和积木搭建组合一艘船,客人可以坐,但却没法移动。后来孩子便用滑板车与泡沫板组合,这艘船便可以移动,船移动的方式最初是用绳子拉着,后来演变为杆子支撑移动,更像故事中船夫划船的场景。

当孩子造船、游船的兴趣满足后,他们又有了新的想法:苏轼下船后要做些什么呢? 有的孩子根据自己坐火车或飞机到站后要吃饭的生活经验认为:此时的苏轼肚子一定饿了,要去吃好吃的! 紧接着,他们便开始了"美食街"的角色扮演活动,在这里有茶铺、包子店、酒庄、糖葫芦,他们玩得不亦乐乎!

在某天美食街的角色游戏中，一个康康娃突然说："这个糖葫芦真好吃，我要给我的弟弟带一个，他小时候最喜欢吃糖葫芦啦！"这句话一下子就打开了康康娃们的记忆闸门，开启了他们的童年回忆："我妈妈说我小时候最喜欢吃奶了，一次可以喝一大瓶。""我奶奶说我小时候特别爱吃肉，而且只吃肥肉，不吃瘦肉，嘻嘻嘻，我还常把瘦肉吐到地上。""爸爸带我去南京吃的桂花糖藕，特别甜，好好吃啊，我现在好想再吃一大份啊。"……

看到孩子们的兴趣层出不穷，为此老师就倡议班级孩子一起筹备《水调歌头》的剧场展演，在剧场准备中既将孩子们玩到的游船、美食街、童年回忆这些零散的活动经验进行了整合，同时又增加了创作古诗词的经典场景——"但愿人长久，千里共婵娟"，苏轼奋笔疾书，写下《水调歌头》。此片段中，伴随着不同的语调、声音、节奏的吟诵，用翘首相盼的言语表情将思念的情绪推向高潮，同时伴有"和弟弟早日相见"的期待和对亲人的祝愿。

和《水调歌头》类似，每一个经典情景剧的最终形成，都时常融合了幼儿此前感兴趣的戏剧游戏、表演游戏、个别化学习等多种活动。

第二节　情景剧活动实施的多维路径

如果说前面的情景剧活动内容是配菜的过程，那么情景剧活动的实施就是烹饪制作的过程，就像一个鸡蛋既可以通过蒸、煮、煎、炒，从而形成我们餐桌上不同口感的蒸蛋、煮蛋、煎蛋和炒蛋，我们情景剧活动的实施渗透在幼儿园的一日生活各个环节，以游戏、学习、大活动、亲子活动等多种路径形式来开展。

一、戏剧游戏

戏剧游戏是情景剧活动中最基础的游戏活动，幼儿在由易到难、由简单到复杂、由慢到快的游戏中渐入佳境。戏剧游戏是开展情景剧活动的"得力助手"，为后续情景剧活动的开展做好充分的"热身"。

戏剧游戏的开展能引起幼儿参与情景剧活动的兴趣。幼儿在各类游戏中熟悉角色和情节，丰富表达表现，感知角色站位，体验情绪，锻炼专注力等。戏剧游戏的设计主要包括师幼共同（小班）、幼儿自主创编（中大班）等形式，主要围绕各班情景剧主题等设计游戏。

结合 3—6 岁幼儿的年龄特点，以及各类戏剧游戏对幼儿的具体发展作用，我们进行梳理和归类后，将戏剧游戏分为五大类：肢体游戏、节奏游戏、感知游戏、想象游戏和注意游戏。

（一）肢体游戏

肢体游戏是指完全或几乎不使用道具，主要通过体态变化来玩的游戏，用肢体塑造人或物的静止形态，可以单人表现，也可以多人合作。同时幼儿围绕不同情绪，调动四肢去塑造角色不同情绪的表现。游戏中模仿的不单单是物体或人物的外在，还需要深入内心感受此时的情绪情感变化，以便更贴合需要表现的事和物。

康康娃的情景剧故事 4 - 1

情景剧《一粒米的生长》借助肢体游戏呈现米粒的成长过程①

※游戏玩法

幼儿在田野里，想象自己是一颗小种子，根据不同的情境语言"微风""小雨""打雷""大雨"的变化，作出相应的情绪调整，并通过肢体的变化表现一粒米的成长过程。游戏中，幼儿用蜷缩身子表现一粒小种子；摇摇小脑袋，探出头儿看看外面热闹的世界；当天空电闪雷鸣，下起大雨时，抱紧身体保护小稻穗；太阳出来了，小稻穗们张开双手，放松身体，在田野中随风摇摆，等待着农民伯伯们的到来。

※教师观察录

在游戏中我们需要给予幼儿想象的空间。幼儿从一粒小种子慢慢长成一棵稻穗，在不同的情景中用自己的肢体改变形态，表现一粒米的生长过程。后期幼儿可以丰富故事内容，变换动作，用不同的肢体或语言来表现稻子的生长过程。

游戏场景要保持多样性。目前游戏中的场景是教师、亲子共同制作的，在摆放场景道具时较为烦琐，限制了幼儿的肢体表现，幼儿也可以尝试用肢体创设场景，例如，幼儿可模仿绿绿的田野，稻穗在田野里成长，增加同伴之间的互动。

---

① 该情景剧案例由康弘幼儿园童磊老师提供。

（二）节奏游戏

节奏游戏是指借助音乐或者乐器，用创造性的行动来表现情绪节奏。节奏游戏能够提高幼儿对节奏的认知和掌握，加强情景剧剧情节奏感，紧扣观赏者心弦。

节奏游戏不仅加强了情景剧剧情的节奏感，还能紧扣观赏者内心，从不同节奏中表现出角色情绪的变化。

康康娃的情景剧故事 4 - 2

情景剧《森林动物会》借助节奏游戏呈现动物多样情绪状态①

※ 游戏玩法

游戏从故事《我的情绪小怪兽》开启，故事中围绕一只由红色、黄色、蓝色、绿色和黑色混合的小怪兽展开。小怪兽感觉非常糟糕和混乱，就去向朋友求助。朋友告诉他应该先把各种颜色的情绪分开，于是它就变成了不同颜色的小怪兽。黄色代表快乐，蓝色代表忧伤，红色代表愤怒，绿色代表平静，黑

色代表害怕。因而我们将故事内容改编成戏剧游戏，幼儿变身森林中的各种动物，在听到快快的音乐时马上变成森林中令人害怕的动物，比如大黑熊、老虎等；在听到慢慢的音乐时变身成行动平静、缓慢的动物，比如乌龟、树懒等。

---

① 该情景剧案例由康弘幼儿园唐士萍老师提供。

※教师观察录

孩子们在游戏中，不仅体验到了音乐节奏的变化，也能通过不同颜色的灯光暗示来调整节奏：全暗时，节奏就是快的；绿灯时，节奏就要变慢；黄色时，就要变成自己喜欢的小动物等。节奏游戏不仅可以培养幼儿对音乐的兴趣，还能培养幼儿对音乐感知的能力，增强音乐记忆力和反应能力、创造能力。

（三）感知游戏

感知游戏是指在真实或虚构的情景中，调动视觉、听觉、嗅觉、味觉、触觉等多种感官感受周围的世界，可增强幼儿的感官意识，从而提升幼儿对认知实物的表现力。

康康娃的情景剧故事 4－3
感知游戏"重不重"①

※游戏玩法

许多幼儿围成一个圈，互相能够看到对方的表情和动作，每次一个小朋友走到中间拿起麻袋，通过语言、表情、动作向他人传递信息——他手中的麻袋究竟重不重。

---

① 该情景剧案例由康弘幼儿园钟燕萍老师提供。

因为麻袋的重量其实是不变的,但是孩子们不同的表现能够传达出不同的信息,通过他们的肢体、表情控制来表现他们感知到的重量,其他小朋友则通过中间孩子的表现,由此判断他手中麻袋的重量。这个游戏发展了孩子明确感知事物特征的能力。

※教师观察录

看着眼前的麻袋,孩子们觉得十分好奇,因为他们不知道一个麻袋也能进行游戏。在听到游戏规则后,大家都想要来试一试。第一个孩子到中间的时候,一下子就把麻袋给举了起来,还大喊:"这个袋子好轻啊!"钟老师问:"好,你们觉得他手中的麻袋重不重?"大家都说不重。然后钟老师引导道:"你们为什么觉得他手中的麻袋不重呢?"有的孩子回答道:"他一下子就举起来了,看上去就很轻。"有的说:"他自己说的呀,这个袋子很轻。"在与孩子交流的过程中,钟老师也会鼓励他们表达自己的感受和想法,幼儿可以更好地理解各种感知信息,并提高语言表达能力。游戏环境相对来说比较简单,干扰项较少。良好的环境可以帮助幼儿更好地集中注意力,提高感知效果,孩子们更容易沉浸在游戏和情景中。而且这个游戏的道具和形式比较新奇,孩子们一下子就投入其中,注意力十分专注。在玩演的过程中,孩子们努力地控制着自己的表情和动作,有的孩子表现得很重,跟跟跄跄;有的孩子一下子就把它举了起来,还转了好几圈。他们表现出的动作在一定程度上也反映了他们的生活经验。在自我感知特征和感知事物的过程中,孩子们逐渐理解了各种情绪产生的缘由,并用不同的方式表达出来,这有助于帮助他们控制自己的情绪,提升他们的情绪调节能力。

(四) 想象游戏

想象游戏是指幼儿通过调动自己已有的经验,联系新经验,进行加减、重组、转换,创造出新的情景、角色与故事情节。

康康娃的情景剧故事 4 - 4

想象游戏"小红帽"①

※游戏玩法

游戏开始时，娃娃们在大草原上自由活动。一旦大灰狼出现，娃娃们可以一起变化各种造型躲避大灰狼的抓捕，比如变成石头、大树等。游戏过程中，娃娃们可以不断地变化造型，以增加大灰狼的寻找难度。但是，如果大灰狼在一定时间内没有找到娃娃，那么就得离开现场。

※教师观察录

每周的阅读分享时光是娃娃们最喜欢的时间，因为可以听到老师讲的生动有趣的故事，更能和好朋友互相分享、交流自己最近听的新故事。在一次阅读时光中，一个娃娃讲起了她周末与爸爸妈妈共读《小红帽》的故事，生动曲折的故事情节吸引了其他小伙伴的注意，在听完故事后娃娃们意犹未尽，还想再听一遍……于是，讲故事的那个娃娃准备把家里的《小红帽》绘本带来幼儿园分享。娃娃们对故事中的角色很感兴趣，有好几个娃娃还尝试模仿小红帽采蘑菇的动作。原来他们不仅喜欢听童话故事，而且还有表演的想法。于是，追随着娃娃们的兴致，我们设计了一系列的戏剧游戏。

游戏初期，我们设计的是"森林趣事"，娃娃们一起去森林中玩，钻钻山洞、蹚过小河、下雨躲雨等，游戏中有一个娃娃说："哎呀！森林里有可恶的大灰狼，如果遇到它我们可怎么办呀？"娃娃们争先恐后地说："躲起来！""把大灰狼赶跑！"我们受到了启

---

① 该情景剧案例由康弘幼儿园徐依蔓老师提供。

发，一起设计了"小红帽"这个游戏，比如可以变成森林中不动的物体来迷惑大灰狼以逃过追捕。当大灰狼出场时，我们配上了相应的音效，娃娃的情绪出现了明显的转变，由开心的森林漫步转变为了对大灰狼的恐惧、害怕等，但是根据游戏规则只要变成其他物体躲避过大灰狼后都能调整自己的情绪融入游戏中。我们认为娃娃在游戏中要变换的造型应该让他们自己来选择。我们发现有些娃娃的想象力非常丰富，他们会尝试各种不同的造型，如变成石头、大树、蝴蝶等来躲避大灰狼。对于这些娃娃，应该给予足够的鼓励和赞扬，以激发他们的创造力和想象力。

我们观察到大部分娃娃都非常喜欢这个游戏，他们在游戏中充满了欢笑和活力，这也证明了这个游戏确实能够带给他们欢乐和成长。通过这个想象游戏，幼儿不仅能够锻炼自己的想象力、语言表达能力和团队合作能力，还能更好地理解这个经典的童话故事。

（五）注意游戏

注意游戏是指让身体感官与情绪状态、语言与思维聚焦于某一专门任务，以便于及时、灵敏地反应，有助于提高儿童的注意力，而注意力对情景剧活动的开展至关重要，且对幼儿的长期发展也有着深远的影响。

一个情景剧需要环环相扣的演绎，参与者不仅要对自己的角色和表演内容了如指掌，而且要时刻关注同伴的演绎，及时候场做准备，变化场景等。注意游戏能培养幼儿的专注力，从而进一步提升情景剧活动质效。

康康娃的情景剧故事 4 - 5
"注意，是什么灯"①

※游戏玩法

幼儿开着小汽车，听指令。听到红灯时，停下脚步；听到黄灯时，慢慢开车；听

---

① 该情景剧案例由康弘幼儿园张晓莉老师提供。

到绿灯的口令时，就开起小汽车。

※**教师观察录**

游戏从小司机的主题开始，在小司机主题开展的过程当中，我们的娃娃对开汽车很感兴趣，然后在玩开车游戏的时候就会开来开去，但是经常会撞在一起，这个时候被撞的娃娃就会有生气、愤怒的情绪。于是就有娃娃想到，撞在一起就是违反交通规则了，我们遵守信号灯的指令是不会撞车的，大家才会都开开心心的。之后有娃娃在和家长一起阅读《三颗星星》绘本故事的时候，发现这个故事的内容很适合分享给开汽车的小伙伴，于是我们一起分享了故事内容，娃娃们一起玩起戏剧游戏"注意，是什么灯"。

绿灯代表满足、快乐，我们可以快快开车，是良好的情绪反应。黄灯时，我们的情绪要进入微妙的"观察区"，慢慢开车。红灯时，我们要停下脚步，让情绪休息休息。同时幼儿在玩"红灯停，绿灯行"的过程中，可以学习生活中最常见的社会规范，养成初步的遵守规范的意识，同时

也能更好地调节情绪。情绪就像红绿灯，红灯停就像情绪遇到棘手的问题，绿灯行就像情绪顺畅一直向前。

我们通过搜集已有的儿童、成人的戏剧游戏，汇总成戏剧游戏库，其中囊括了数百个戏剧游戏内容。我们挖掘儿童读物、生活、幼儿兴趣中的相关情绪素材点，结合已有游戏内容，让师幼进行改编或创编。我们在游戏库中不断尝试师幼共玩，解读游戏内容、调整游戏玩法，逐步形成较优质的游戏内容（见下表4-4）。

表 4 - 4　戏剧游戏内容列举

游戏类型	游戏名称	年龄段举例
想象游戏	小金鱼吹泡泡	各年龄段开展戏剧游戏时,对于游戏的玩法、内容、针对的情绪等都可以和幼儿一起调整 小班:在开展想象游戏时,幼儿在教师的引导下分享自己的生活经验,如,"小金鱼吹泡泡"游戏中,教师引导幼儿模仿小金鱼圆圆的嘴巴,幼儿也可以想象自己是一条小金鱼,游来游去吐着泡泡 中班:中班幼儿在原有的游戏基础上和教师共同制定游戏规则,确定游戏内容等,如,"谁是狮子"的游戏中,幼儿不仅围绕起初的游戏内容,根据同伴的面部表情猜测,后来还增加了肢体动作的猜测,使游戏更加精彩和有趣,同时也提高了对情绪的理解 大班:大班幼儿对游戏会有新的想法和定义,他们与同伴共同调整游戏玩法、内容等,如,"小蚂蚁和巨人"游戏中,起初角色只有两个,孩子们玩了一段时间后,慢慢地增加了更多角色,小草、小鸟等,会想象小草遇到小蚂蚁难过的时候会有什么回应等,大班幼儿通过增加角色来体验更多的情绪
想象游戏	开车去旅行	
想象游戏	小蚂蚁和巨人	
想象游戏	大章鱼	
想象游戏	含羞草	
想象游戏	独木桥	
想象游戏	那片草地真美丽	
想象游戏	国王的新衣	
想象游戏	谁是狮子	
注意游戏	动物音乐团	
注意游戏	皮球碰一碰	
注意游戏	接龙	
注意游戏	旋转木马	
注意游戏	萝卜蹲	
注意游戏	我是侦探	
注意游戏	身体变变变	
注意游戏	突出重围	
肢体游戏	我学动物叫一叫	
肢体游戏	白云飘飘	
肢体游戏	起床操	
肢体游戏	我是一个小雪人	
肢体游戏	照镜子	
肢体游戏	做葱油饼	
肢体游戏	雨中奏鸣曲	
肢体游戏	甜甜圈	
肢体游戏	红军雕塑	
肢体游戏	猜拳拉力赛	

续　表

游戏类型	游戏名称	年龄段举例
	牵线木偶	
	身体魔方	
	风中杨柳	
节奏游戏	越敲越快的鼓	
	百变 T 台秀	
	洗水果	
	滴答滴答时间去哪了	
	咚咚咚	
	小手拍拍	
	小铃叮叮	
感知游戏	口口相传	
	我是谁谁谁	
	松鼠搭房子	
	王牌对王牌	
	谁在箱子里	

二、表演游戏

表演游戏是指学前儿童按照童话或故事中的情节扮演某一角色，用对话、独白、动作、表情等进行表演，再现文学作品内容的一种游戏形式。表演游戏的作品不仅包括故事、童话、儿歌等文学作品，也包括学前儿童自己续编、创编、改编等多种形式。

在情景剧活动中，幼儿以自身为媒介，通过玩表演游戏，调动言语、动作、表情再现特定的故事情景。这种再现的过程，有助于幼儿体验角色人物情绪情感波澜、塑造角色形象，幼儿内化故事内容，关注人物的情绪，识别人物的情绪，用自己的方式自主表达角色如何回应对方的情绪。同时，这也有助于发展幼儿的表达表现能力,带来积极的情绪体验,促进他们从感受语言美、艺术美逐步扩展到通过语言、动作去表现美、创造美,从而让幼儿潜移默化地受到艺术熏陶。

根据表演游戏中角色扮演形式的不同,表演游戏可划分为情景表演、桌面表演、影子戏、木偶戏等。在玩演过程中,可将场地划分为不同区域,幼儿根据兴趣选择伙伴以及游戏类型。

(一)情景表演

情景表演即幼儿自己以故事、童话、儿歌等文艺作品为蓝本,直接用肢体动作扮演人物角色进行表演的游戏活动。

情景剧活动案例:"种子的成长"①

表演游戏开始了,几个孩子凑在一块商量了一番,快速分配好角色,开始装扮和布置场景。萱萱和然然穿上农民的衣服,选择了道具——锄头;小种子们套上绿色为主的服装,随即从百宝箱里找出一块绿色的野餐布,铺在地上。

然然像导演一样挥了挥手说:"表演开始!"紧接着说:"小种子上场,小种子上场。"

小种子们在草地上蜷缩着身子,其中一个问道:"下面该干什么呀?"

然然便走过去对着她的耳朵说道:"你模仿种子长大呀,伸伸懒腰,挥挥手,表示风吹过后你在摆动。"

然然又喊道:"农夫呢,农夫出场,快给他们浇浇水,浇了水才能长大。"

农民萱萱一手叉腰、一手抬高作浇水状,弯着腰在小种子头上来回地转圈。喝到水的小种子们动了起来,有的张开双臂左右摇摆,有的直起了腰,有的点了点头。

导演然然接着提醒:"种子长大了,变成了一棵棵植物。"

顿时,大家都躺下了,有的坐在舞台上,一动不动,好一会儿都没有动静,表演中断了。

见此情形,我戴上翅膀,说道:"叽叽叽,我是小鸟,我可以吃掉植物身上的果

---

① 案例由上海市浦东新区康弘幼儿园张怡婷老师提供。

实,把它带到其他地方继续传播。"于是,我扑棱着翅膀在舞台这边飞一飞,那边飞一飞,"噗"的一声吐出了种子,种子在新的地方安家了。

孩子们看到有的小种子有了新家,高兴地欢呼道:"哇! 新家感觉好棒呀,我们也想去新家!"

小钰抢着说道:"我知道,要找新的家,种子要经过小河、大山、草原,我们怎么过去呀?"

茉茉说道:"大家跟着我,我有办法。"

说罢,她带着其他小种子们,来到了"河边",将身子慢慢转动,双手合起举过头顶,转啊转,就像在河里洗澡一样,偶尔伸伸懒腰发出开心的笑声。原来种子们借助河流将他们送到了更远的地方。小鸟也飞来了,叽叽喳喳地唱起了小曲儿,小种子们和鸟儿们打起了招呼……

(二) 桌面表演

桌面表演是指在桌面上用小玩具代替作品中的角色,幼儿以口头独白、对白和操弄玩具角色的动作来再现作品的内容。桌面表演对幼儿讲故事时的故事声调有一定的要求,要求他们在理解故事情节和体会角色情绪的基础上,能用不同的声调来表现角色的性格特征和情节的发展变化。由于小班幼儿的注意力比较

图 4-7　桌面表演手偶游戏"金斧头银斧头"

容易分散,教师可选择一些经典的故事片段游戏,激发幼儿参与桌面表演游戏的兴趣,并且根据幼儿口语发展的顺序,循序渐进地开展桌面表演游戏。

(三) 影子戏

幼儿玩的影子戏有头影、手影和皮影戏等,其中以手影游戏居多。比如影子戏《危险的面包》中,幼儿选择自己喜欢的人物进行皮影游戏,感受光与影的美。通过影子戏的演绎,幼儿对剧情更加了解,也能根据自己的理解来表现面包的害怕与担心,小老鼠的快乐、着急与害怕;影子戏《流感大人》中幼儿前期制作好病毒,用胶棒把病毒固定在竹筷上,成为皮影戏材料,利用幕布进行皮影表演。

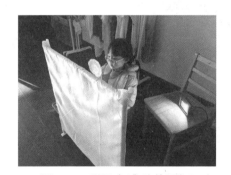 

图 4-8　影子戏《危险的面包》　　　　图 4-9　影子戏《流感大人》

随着幼儿在皮影表演游戏中经验的不断积累,他们对故事原文转化为表演对话或者拟声词,探索表演过程中的技能技巧等方面的兴趣与日俱增,这对于提高幼儿语言表达、探究尝试、同伴合作等综合能力都具有重要意义。

(四) 木偶戏

现代人把用各种材料制成的偶人都称为木偶。常见的木偶有手指木偶、布袋木偶、提线木偶和杖头木偶等几种,有一种重要的表演形式就是人偶同演。木偶戏可以让幼儿在木偶语言交谈中、在故事情节的变化中,习得新的语言经验并提升已有经验，在语言与人物对话的碰撞中相互学习，丰富情绪体验。

情景剧活动案例：《我可以跳舞吗？》

《大脚丫跳芭蕾》的故事中，贝琳达的大脚给小朋友们留下了深刻的印象。我们选了宜家的人偶道具，鼓励幼儿对于材料进行改造，为光秃秃的人偶穿上漂亮的裙子，放在桌面小剧场进行表演。当旁白的小朋友说道："因为贝琳达的脚很大，裁判们不喜欢她的表演，她很沮丧……"操作人偶的小朋友带着贝琳达离开了幕布前，进一步表现出了她在舞台上的窘迫。

图 4-10 木偶戏《我可以跳舞吗？》

通过十多年的实践积累，我们积淀了扎实丰富的表演游戏素材库（见下表 4-5）。

表 4-5 情景剧活动中表演游戏内容列举

表演形式	情景表演	桌面表演	影子戏	木偶戏
小班	《小猪去郊游》《买礼貌》《胖国王瘦身记》《大熊的拥抱节》	《彩虹色的花》《小壁虎借尾巴》	《亡羊补牢》《十二生肖》《拔苗助长》	《金斧头银斧头》《游子吟》《小蓝和小黄》
中班	《狼来了》《是谁在门外》《最后一只海豚》《厨房小精灵》	《三颗星星》《咕噜牛》《孔融让梨》	《哪吒闹海》《年的传说》《狼来了》	《寻找温暖的笑脸》《勇敢的他们》
大班	《我想踢足球》《大脚丫跳芭蕾》《汤姆，走丢了》	《我想踢足球》《我可以跳舞吗？》《汤姆，走丢了》	《流感大人》《大禹治水》《三打白骨精》	《雷锋的故事》《没有牙齿的大老虎》《大禹治水》

三、专门的学习活动

从广义上来说,幼儿在园的生活、游戏、运动都是一种学习,而从狭义角度来说,学习是指幼儿园内的个别化学习和集体教学两种形式。

(一) 个别化学习活动

个别化学习活动是师幼以个别操作或小组合作的形式,基于剧情、台词、服饰、音乐、道具等设计与制作的需要,自主选择与情景剧活动相关的活动区域,选用材料,运用情绪言语、肢体动作、美术表征等进行多元表达表现,丰富情景剧活动的内涵。个别化学习活动在整个情景剧活动中主要发挥创编剧本、设计制作和故事演绎三方面的功能:

◎**创编剧本**:尝试对情景剧主题做出自己的价值判断和思考,激发幼儿想象和描画角色外貌、行为特征、心理活动等各种可能,有选择性地对故事发展的结构、角色之间的关系、场景的变化进行改编、创造、优化,合理解决戏剧冲突,促进幼儿想象力发展,提高创编能力。

针对小班幼儿,教师可以用简单的图画、符号、语言等方式创编故事脚本,让幼儿初步了解故事概况。中大班幼儿融入情景,可将自己的情绪投射在新的情景与任务中,回想、体验及反省自己与他人的情绪,促进幼儿情绪理解的提升。

在创编情节中,教师还可以用各类书籍绘本或自制图书,创设与剧情相关的故事场景、故事背景图、微剧场等。孩子们在翻看多彩的画面,讲述有趣的故事情节,学一学好玩的对话的过程中,自己制作剧本故事书、创编情节、玩一玩剧中人物,体验角色情绪。

◎**设计制作**:幼儿根据角色特征和剧情内容,制作适宜的服装道具、妆容、配饰等,创设推动剧情发展的场景。道具制作是情境雕塑的关键。幼儿运用材料涂涂画画、剪剪贴贴……表演时的背景、道具、服装,甚至展演的妆容,通过孩子们的想象、创造就产生了,锻炼孩子们动手能力的同时还促使他们对情景剧进行更深入的解读。作品中融入了孩子们自己的想法，孩子们自己对情景剧的理解，真正把情景剧还给了孩子。

◎**故事演绎**：个别化学习中的故事演绎并非正式演出，而是以幼儿自主的玩、演为主。孩子们可以将美工区域中制作的场景、服装、道具等，音乐区的各种音效、情景剧中的游戏，语言区幼儿设计的剧本、台词等进行融合，在小舞台上随兴演出。

孩子们在玩和演的过程中，熟悉表演所需的基本动作、表情等，探索如何将动作、语言、音乐等整合起来，从而形成零星的故事片段，在此基础上逐渐形成情景剧展演活动的雏形。

下面以中班情景剧《董存瑞》为例来诠释个别化学习活动在整个情景剧中的开展。

表 4 - 6　中班情景剧《董存瑞》活动下的个别化学习活动

区域	活动名称	活动材料玩法
创编剧本区	传声筒：董存瑞的故事	材料提供： 1. 自制传声筒； 2.《董存瑞》绘本、笔、记录本等
		游戏玩法： 1. 观察绘本，把故事内容通过传声筒传递给同伴，同伴根据聆听的内容在记录纸上简单记录； 2. 体会董存瑞在战争中的不同情绪变化
	解密鸡毛信	材料提供： 1. 信箱、密码锁； 2. 鸡毛信若干
		游戏玩法： 1. 幼儿根据鸡毛信里的线索内容，通过推理运算得出密码； 2. 根据鸡毛信里的密码打开密码锁
	战争对抗	材料提供： 空旷场地、废旧材料等
		游戏玩法： 通过自主商讨，设置各自"大本营"，互相打对垒或者互相掩护等，体验战争中双方对决的台词对话及丰富情绪

续　表

区域	活动名称	活动材料玩法
设计 制作区	军车装潢部 	**材料提供:** 1. 军用武器图片和玩具实物; 2. 废旧材料(纸杯、纸筒、纸盘、报纸、冷饮木棍、纸筒芯)、透明胶、剪刀等
		玩法: 1. 幼儿通过观察图片和体验玩玩具,了解军用武器的基本构造; 2. 幼儿用废旧材料自制军用武器
	军装裁缝师 	**材料提供:** 1. 迷彩布料; 2. 剪刀、夹子、量尺、粉笔等
		游戏玩法: 1. 幼儿根据服装模特,利用迷彩布料设计并制作军装; 2. 对做好的服装进行简单的装饰
	砌堡垒 	**游戏材料:** 1. 水泥、砖块若干; 2. 垫板、刷子等
		游戏玩法: 1. 通过观察堡垒图片,感知堡垒的基本结构,运用水泥将砖块拼接; 2. 幼儿可通过不同的平铺方法,搭建造型各异的堡垒。
故事 演绎区	红军文艺团 	**材料提供:** 1. 红军服装若干; 2. 战场场景、背景音乐、乐器等
		游戏玩法: 1. 幼儿分配角色,把创编的故事内容根据背景音乐通过演绎的方式表现出来; 2. 幼儿通过演绎,体验战场中紧张、惊险、艰辛的情绪
	一起来打仗 	**材料提供:** 1. 红军服装若干; 2. 战场场景、背景音乐、乐器等
		游戏玩法: 1. 幼儿分配角色,把创编的故事内容根据背景音乐通过演绎的方式表现出来; 2. 幼儿通过演绎,体验战场中紧张、惊险、艰辛的情绪

（二）集体教学活动

在情景剧活动背景下,集体教学活动的设置也是多元的。集体教学通过师幼互动,帮助幼儿解决情景剧活动进程中的难点,满足认识方面的需要,引发幼儿强化情绪关注、识别和回应的能力,将情绪理解中的关键点通过提问、回应等方式进行引导。

情景剧活动案例:《花木兰》

《花木兰》是中班的经典情景剧活动,其素材来源于班级孩子观看的动画影片《花木兰》,剧中花木兰爽朗、坚毅的性格深受孩子们的喜欢,孩子们纷纷说要集体演绎影片故事。可是在演绎前,我们首先要解决一个集体难题——动画片信息量丰富,叙说方式跳脱,孩子们在观看时往往对某个情节印象比较深,并不能很好地理解整个故事结构。

于是我们就开展了一节语言活动"木兰从军记",从"国家征兵""家人告别"再到"军营训练""战场杀敌"以及最后的"凯旋归家",帮助幼儿梳理整个故事发展脉络,进而实现孩子们对故事情节的集体认知,从而确定了情景剧对应的剧幕结构。

紧接着,在情景剧讨论中,孩子们并不能很好地理解花木兰为什么要替父从军。有些男孩子会认为:因为打仗好玩,花木兰也想去玩一玩。考虑到当下时代环境中班级孩子关于"孝顺"这种情感讨论较少,为此,我们以"感恩"的情绪为切入,开展了"感恩的笑脸"社会活动。这个活动旨在帮助幼儿初步理解孝顺的含义,学习用多种方式孝顺妈妈,进而共情到剧中花木兰看到年迈父亲,不忍父亲在战场上吃苦受累,承受丧命风险,了解花木兰替父从军是感恩、尽孝的方式。

同时,老师还发现在观影后,孩子们会时常模仿影片中花木兰军营训练的动作,拿着木棍、积木等材料舞剑弄枪。孩子们的兴趣很高涨,但动作却不规范,甚至是错误的,比如孩子会拿着弓箭射向自己。为此,老师开展了"兵器玩家"的科探活动,让班级孩子了解古代兵器(弓、箭、矛、盾、棍、刀)的特征和用途,练习兵器的正确使用方法。结合活动后的操练,在最终剧目呈现中,班级孩子拿着兵器集体展演的情景甚是壮观、震撼！而孩子们学习、练习这些兵器的过程也正如花木兰在军营中的反复训练，通过亲历亲练来感受花木兰的吃苦耐劳与坚毅勇敢。

由此，借助语言、社会与科学的集体教学活动，班级孩子不仅对情景剧活动《花木兰》有了更深刻的认知，还提高了共情能力，发展了动作技能。

四、剧场展演

展演是整合了戏剧游戏、表演游戏和学习活动的相关经验之后，根据剧情内容，将所扮演角色需要表达的语言、动作、表情等，结合剧场的舞美、音效等展开表演的一种方式。剧场展演为幼儿创设并提供了一个多角度的玩演环境，幼儿通过多种渠道参与，系统体验剧中人物内心情绪的发展，在舞台上大胆地表达表现，在此过程中感受与体验。

剧场展演可以丰富和深化幼儿的情绪体验，而幼儿要通过肢体活动、面部表情、语言等方式扮演好自己的角色，必然需要充分关注并理解剧本中不同情景事件下，角色本身的内心情绪发展及变化。幼儿通过理解、识别的过程，将获得的经历和情绪体验内化为骨骼和肌肉的记忆，回到生活中遇到相似情景，就能自然而然地提取已有经验回应他人。总之，剧场展演促使幼儿提高对自己和他人各种情绪体验的理解和认知，优化自己对他人情绪的应对方式。

展演活动的方式有自主展演、师生共演和亲子共演。自主展演由幼儿在剧场中自主、自信地发挥，幼儿通过看、听、说、演等多元表现形式，在轻松的展演氛围中，用自己的方式探索表达，与同伴合作，体会剧情变化。由于幼儿年龄比较小，对一些角色把握还不够强，这时就会引入师幼共演和亲子共演，在共演过程中教师可以有意识地帮助幼儿了解角色，并引导幼儿体验人物特点。表演中成人的大胆表达表现也为幼儿起到了一个好榜样，让幼儿在情景中表达，在情景中体验，帮助其积累生活经验，习得表达表现的方法和能力，从而获得积极的情感体验。

图4-11　亲子共演《小蝌蚪找妈妈》　　　图4-12　师幼共演《亡羊补牢》

　　情景剧展演一般分为室内剧场和室外剧场。室内剧场是指在室内呈现情景剧，比如"大小剧场""音乐吧"等，是一种封闭式的活动剧场，通过提供灯光、音效、背景烘托剧中人物情绪变化，有利于幼儿感受剧中人物的情绪线索。室外剧场就是以真实的建筑、花草等作为舞台背景来表演，比如草地、操场等，是比较开放性的活动剧场，通过器材和自然场地营造出不同的氛围场景。真实场景更贴近幼儿生活，让幼儿回归自然，更有利于幼儿识别角色情绪并作出情绪反馈。

图4-13　康康娃们在户外草地上玩演《狼来啦》

五、亲子情景剧活动

　　亲子情景剧活动中的幼儿和家长是亲密伙伴。亲子既可以一起参与经典情景剧活动，通过共同商量来丰富剧情、塑造角色、制作服饰或道具，共同参加剧场展演等；也可以一起通过角色扮演来丰富生活体验，比如，互换生活中的角色，共同模拟舞台剧情,情景再现生活问题,创编情景微剧等;还可以是亲子同去剧院观赏,到社区参演等。在这里我们将重点介绍我们幼儿园的"亲子微剧"活动的开展。

考虑到托、小班幼儿表达表现能力比较受限,同时也为了调动与发挥家长在情景剧活动中的积极性,我们自 2020 年起又开启了家庭亲子微剧的实践探索活动。在亲子微剧中,家长同时拥有"情景剧的演出者"和"亲子活动的陪伴者"两个身份,借此家长与孩子之间也开拓了多条沟通的渠道。

首先,在亲子微剧中,家长不是游离在情景剧活动之外观摩的"旁观者",也不是只参与某个环节展演的"配角儿",而是全方位卷入情景剧活动全过程的"局内人"。作为"情景剧的参与者",家长在情景剧中主要有以下三个身份。

◎**情景剧活动的选择者**:家长在和孩子决定表演剧目之前,常常会和孩子交流很多的故事、讨论很多的话题,进而将高质量的、适合自己孩子的、与自己审美和价值观相符合的故事主题依次进行筛选。家长与孩子选择剧目、讨论剧目的过程也是家长向孩子传递自己价值观、审美观的过程,剧目搭建了一条隐形的亲子互动纽带。

◎**情景剧活动的准备者**:当剧情中出现需要通过与观众的互动的形式让观众进行剧情选择的环节时,孩子往往会根据自己的兴趣来选择,但在一部分逻辑性较强的选择中,由于儿童的年龄较小,他们往往会不经思考地随便选择,甚至有些调皮的孩子会故意给出"捣乱式"的回答。此时就需要家长们以一个"编剧"的身份,安抚孩子并引导孩子做出合理回答或选择,并在私下对各个选项或回答做出简要的介绍和梳理。

◎**情景剧活动的展演者**:家长与孩子同时获得演员身份,在表演过程中家长会仔细与孩子分析讲解剧情,帮助他们理解人物,使孩子可以做出更合逻辑的表演,并且家长也可以根据孩子的表现在表演和调度方面给出即时的建议反馈,通过提高表演的质量来帮助孩子获得更好的戏剧体验。

与此同时,情景剧的选择、准备和展演的过程也是家长和孩子作为亲子活动的展开过程,作为"亲子活动的陪伴者"的家长往往拥有以下两重身份:

◎**父母角色体验者**：亲子微剧为父母们提供了一个可以自主感知和学习"做父母"的活动平台。在这个活动平台中，家长与孩子处于同一起点，两者都抛去了固有的"父母"与"孩子"的角色限制，在同样陌生的戏剧情景中，双方获得了同样的"参与者"身份。通过参与同样的戏剧活动、感受同样的人物情感、经历同样的展演挑战，家长与孩子有了相同的体验、相通的情绪情感，并用这样类似的体验和情绪情感去反观真实的家庭亲子生活，从而增进双方的有效沟通。

同时，亲子微剧还可以让父母通过与其他亲子活动样态的对比来反观与审视自己的亲子观念与教育方式。比如，作为观察其他家庭的亲子互动方式，家长在父母沙龙工作坊聆听其他家庭的亲子教养风格，从而使亲子微剧成为各个家庭之间沟通交流的平台。

◎**全人教育的践行者**：在这场亲子共同推进的游戏活动中，家长不仅全程陪伴，还会参与到创作和宣传中，给孩子细致、精准、有针对的帮助。这种有目的、有计划、有组织推进的实践活动让家长近距离参与到孩子的全方位的成长之中——协助孩子的手工制作，见证孩子的思维灵光，感受孩子的情绪波动，拓展孩子的社交技能，增进孩子的个性完善。

图 4-14　亲子共演情景剧《雪孩子》

图 4-15　亲子共演情景剧《金斧头银斧头》

康康娃的情景剧故事 4 - 6①

	亲子微剧《王二小》活动方案			
康康说	王二小牺牲时才七岁,在敌人扫荡一条山沟的时候,为了掩护几千名老乡,他不顾自己的生命危险,把敌人带进了八路军的埋伏圈。气急败坏的敌人把王二小挑在枪尖摔死在大石头的上面。老乡们脱离了危险,小英雄王二小英勇牺牲了。 处于和平年代,幼儿对于这种困苦还是较难以理解的,此次活动将以线上微剧的形式开展,将这个英雄故事娓娓道来……故事中,王二小舍己救人的精神永远铭记在我们心中,为后人怀念。			

	人物	王二小、解放军、敌军、农夫、旁白	材料	沙发、靠枕、玩具枪、纸筒
剧幕	灯光	日光灯	音效	悬疑音效、煽情音乐

	场景	

剧情	设计意图
(王二小拿着短笛在放牛。一阵骚动声惊扰了他,他收起了笛子。) 敌军:还不给我跪下,问你村子怎么走你会不知道? 说不说? 不说毙了你! 村民:我真的不知道啊! 我就是一个路过的农夫。 (村民哆哆嗦嗦,双手被绑) (王二小收起了自己的笛子,在石头后面看着事情的经过。) 牛:哞—— 敌军:是谁? (王二小望着远方正躲在山头上的解放军,马上有了办法) 王二小:我认识前往村子的路,你们和我走吧! 放了那个爷爷! (敌军放了村民,一步一步来到了一个峡谷。) 敌军:怎么回事? 这么久了,还没到吗? 你怎么搞的,你小子是不是在使花招? 王二小:就在不远了。	共同创设峡谷的情境,和同伴互相体验角色。通过观察,了解情绪产生的原因,并简单描述,体现自主性。

---

① 亲子微剧《王二小》活动方案由康弘幼儿园陆怡菁老师提供。

续　表

剧情	设计意图
（突然，王二小吹响了短笛，准备朝着一块岩石躲去。） 　　解放军在山上发起了攻击，此时的敌人四散而逃。有一个敌人发现了王二小，一枪朝他挑去。 　　解放军：王二小！ 　　敌人全部都被歼灭了，王二小躺倒在了地上。 　　解放军匆匆下山抱起了浑身是血的王二小。 　　王二小（虚弱地说）：我的任务完成啦！请把这支短笛交给我的家人。 　　解放军流下了眼泪。	
剧照	

　　情景剧活动通过戏剧游戏、表演游戏、学习活动、剧场展演、亲子情景活动等途径组织实施，支持幼儿主动表达自己的想法和情感，增强关注、识别、回应自身或他人情绪表现的能力。幼儿体验戏剧游戏时，在模仿、造型、控制和想象等层面上自由地表达表现，丰富情绪情感。在玩演表演游戏的过程中，他们不断地续编、创编、改编，明晰文学作品中的情绪线索，提高表现能力。集体教学是幼儿解决情景剧活动进程中遇到的问题和难点，满足认知需要和情绪共鸣的有效途径。而个别化学习中，他们与多样化的材料积极互动，建构对情景剧的认知经验和情绪能力。最后在剧场表演时，幼儿借助积累的相关经验大胆地表现对剧中人物的理解，获得积极的情感体验。

第三节　情景剧活动环境的创设

　　环境创设是情景剧活动的重要组成部分，不同的环境对于情景剧活动产生不同的影响,接下来,我们主要从角色装扮、场景道具以及音效灯光角度诠释情景剧环境的关键要素。

一、角色装扮感受情绪状态

角色装扮是实用艺术与视觉艺术的结合体,作为视觉艺术,它通过直观的艺术外形和线面体块进行感官输出,影响着观众的情绪。其中服饰颜色、面料及妆容贯穿于设计的全过程,在这三个要素中"色彩"的情绪传递最为直接、强烈,不同的颜色可以引发不同的情绪和情感反应。

(一)常见服饰颜色的情绪隐喻

情景剧服饰颜色对于情绪表现具有重要的意义。不同的颜色可以传达出不同的情感和情绪,并进一步影响观众的情绪和态度,以下是一些常见服饰颜色的情绪隐喻:红色往往与激情、爱情、冒险和活力相关,它可以促使人们感到兴奋和充满活力,也可以激发热情和决心;蓝色通常与冷静、平静和安宁联系在一起,它具有镇静的效果,能够帮助人们放松身心,并产生平衡和冷静的情绪;绿色是大自然的颜色,常常与平和、和谐和自然联系在一起,它可以带来放松和宽慰的感觉,促进平衡和恢复;黄色通常与阳光、快乐和活力相关,它能够引起轻松和快乐的情绪,让人感到积极和充满活力;粉色通常与温柔、浪漫和幸福联系在一起,以及代表女性特质,它能够促进放松和舒适感,营造柔和的氛围;紫色通常与神秘、创造力和豪华联系在一起,它能够带给人们平静和神秘感,激发创造力和幻想。

王晓涵通过研究 154 名 3—6 岁幼儿在开心、伤心、生气、害怕这四种情绪的情境故事中如何将表情图片来与 11 种基本颜色进行配对,探究幼儿的颜色对情绪的隐喻作用。

表 4-7　不同情境故事下各种颜色对应不同情绪的频次汇总（N＝154）

情绪	年龄	颜色										
		黑	白	红	黄	蓝	绿	紫	粉	橙	灰	棕
开心	小班	0	4	15	7	2	2	4	15	0	1	0
	中班	1	6	10	5	8	2	5	15	0	0	0
	大班	2	3	12	7	2	2	0	17	3	0	0
伤心	小班	16	2	2	3	7	0	4	5	4	3	4
	中班	13	1	3	4	10	4	5	3	0	9	0
	大班	11	3	10	2	13	0	2	1	0	7	3
生气	小班	8	0	12	3	4	1	10	1	2	5	4
	中班	9	1	10	5	4	4	1	5	4	3	6
	大班	9	5	18	2	3	0	3	0	3	6	3
害怕	小班	11	4	3	1	6	1	4	2	3	10	5
	中班	9	10	5	1	4	3	4	4	2	7	3
	大班	9	12	5	4	5	1	2	1	3	6	4

通过上述表格可以看出，不同年龄段的幼儿都偏好选择鲜艳明快的颜色（如红色、黄色、粉色等）来表示开心的情绪，用比较暗淡的颜色来表示负面的情绪（如黑色等）。由上述表格可以看出，幼儿更喜欢用红、粉、黄来表示开心，用黑、蓝、灰来表示伤心，用红、黑、灰、紫来表示生气，用黑、白、灰来表达害怕的情绪。

（二）角色服饰面料的情绪信号

服饰面料与情绪之间也有着紧密的联系。不同的面料材质可以影响穿着者的情绪和触感体验。

首先，服饰面料的质地和触感可以影响个人的情绪。柔软、舒适的面料能够给人带来一种安心和放松的感觉，从而提升情绪状态。例如，穿着柔软的棉质面料可能会让人感到温暖和舒适，面料的触感可以传递出一种亲切和安心的情绪。

其次，服饰面料的款式和纹理也能在视觉上激发情绪。某些面料的纹理和图案可以给人一种独特和有趣的感觉。例如，花纹和印花的面料可能会让人感到欢快和愉悦,而纹理丰富的面料则可以带来一种复杂和高贵的情绪。

最后,面料的透气性和适应性对个人情绪也有重要影响。适应性好的面料可以使人感到自信和愉悦,因为它们能够适应不同温度下的身体需求,并使穿着者感到舒适。相反,不透气的面料可能会引起不适和抑郁的情绪。

康康娃的情景剧故事 4 - 7
《康康走丢了》的服装设计

情景剧《康康走丢了》,服装的设计与制作首先考虑了剧情发展的需要。故事讲述的是一位小男孩康康在游乐园与自己的妈妈走失了,又通过自己有趣的方法找到了妈妈。不难发现康康是主角,他的服装颜色选择是有别于其他的小朋友的。有些小朋友通过戏剧手法雕塑的方式变成旋转木马、云霄飞车、大门、滑滑梯等。雕塑情景的小朋友是统一的黄色和红色背带裤,白色的内衬,主要是为了情节的需要,所以并不需要夸大他们的亮点,只需要色调和谐亲近的颜色就可以凸显情景剧的效果。

其次应该考虑角色性格的需要,康康遇事冷静,性格活泼,纯白色、柠檬黄、红色比较适合康康,最后配合舞台效果,康康选择了白色衬衣红色领结黑色裤子,成为舞台上最醒目又能凸显角色性格的中心角。

再者考虑季节因素,故事发展在春天,万物复苏的季节,一派生机盎然,这时候为了显示季节的需要,黄绿色以及红色是最适宜的。情境雕塑除了考虑剧情发展需要以外,还考虑到了季节的影响,服装颜色考虑得越细致越能有点睛效果。

最后，我们都认为游乐场是一个充满童趣的地方，在一个有童趣的地方要配上符合情景的服饰与妆容等，所以我们最后选择了富有童趣的背带裤，以跳跃色黄色与粉色作为主要的色彩。

（三）角色妆容的情绪表现

在情景剧中，适宜的妆容可以帮助幼儿表达情绪、塑造角色，从而更好地展示他们的情绪和角色特点。

首先，妆容可以通过颜色和表达方式来反映幼儿的情绪。例如，明亮的颜色和简单的线条可以使幼儿的妆容看起来快乐、活跃。而深色和复杂的妆容可能会给人一种沉重或忧郁的感觉。幼儿可以通过深化或轻化妆容来表达不同的情绪，以适应角色的心境和情节的需要。

其次，妆容还可以通过特殊的装饰或细节来展现幼儿的角色特点。比如，通过使用假发、面具、彩带等来增加幼儿角色的可爱性、奇特性或玩笑性。幼儿也可以根据剧情需要，选择相应的造型和妆容，来塑造角色的特点。

图 4-16　情景剧《赵一曼》中的角色妆容

此外，幼儿的妆容还可以根据剧情发展和角色的变化而改变。当幼儿角色经历情绪上的转变时，他们的妆容可以相应地调整，以更好地表达角色的内心变化。例如，从害羞到勇敢的角色可能会通过改变妆容——从圆滑和柔弱的妆容转变为明亮和自信的妆容，展示出角色的成长和变化。

二、场景道具唤醒情绪经验

情景剧场景和情景剧道具是情景剧中两个不同的概念。情景剧场景是指情景剧中设定的具体背景环境和场所,它描述了故事发生的地点或环境。场景可以是一个房间、一条街道、一所学校等。它提供了情节发展和角色行为的背景,同时也能够让观众与情景中的人物产生共鸣的情绪和体验。

情景剧道具是指情景剧中使用的物品或工具,以补充和增强特定场景的真实感和效果。道具可以是家具、装饰物、工具、服装等。它们可以帮助演员在表演中更好地呈现角色的行为和情感,同时也可以为观众提供更具体和真实的视觉体验。

由此可见,场景是更广义的概念,它包括了场地、环境和背景,而道具是在这个场景中使用的具体物品。场景是营造整个故事情境的基础,而道具是在场景中为角色的行为和情绪增添细节和真实感的辅助工具。

康康娃的情景剧故事 4 - 8
《那片草地真美丽》中道具的巧妙转换

故事中有一片美丽的草地,鸟语花香,满山绿树成荫,但是由于不断地被破坏,环境慢慢变得乌烟瘴气,没有了新鲜的空气,没有了成群的绿树。在展演转换中利用了 4 棵大树,大树的一面是绿油油的树叶,但是当剧情转化成遇到砍伐树木的伐木工后,这 4 棵树就变成了各种工厂。

在表演中,4 棵大树是跟着情节的变化在不断改变的,刚开始这 4 棵大树呈现的是一片美丽的树林,但是根据情节的变化,在不断被砍伐的过程中,大树不见了,美丽的树林变成了一幢幢高楼大厦和乌烟瘴气的化学工厂。建筑工人根据剧情发展转换着道具,所以场景道具的巧妙使用也是对整部剧的升华。

三、音效灯光烘托情绪变化

(一) 音效的烘托

音效的烘托在情景剧中起着画龙点睛的作用。在情景剧活动中，音效包括环境音效、背景音效、对话等，根据情节的发展，制造效果，增进情节的真实感、烘托了情景的气氛。音效的加入让幼儿更能深入剧情中，反应角色内心活动，表达角色内心情感，烘托情节气氛。

比如中班的情景剧《滚蛋吧，感冒君》以音乐为线索，串起了整个剧情。一开始，欢快的音乐伴着孩子们快乐地游戏，然后孩子被感冒病毒传染时采用了悲伤的音乐，送到医院，医生与病毒斗争又用了紧张激烈的音乐，到最终战胜病毒，又回到和谐的音乐。音效就像是分隔符一样，自然而然地把剧情划分成四幕，同时在整个剧目推动中又起到指南针的导向作用。医生与病毒斗争的动态的情境中，把所有的观众都带入其中,大家不约而同地帮助医生加油。

在《滚蛋吧,感冒君》个别化学习活动中,教师充分利用多媒体材料,和孩子共同选择音效、熟悉音效。音乐区还可以投放各种音乐器材,如铃鼓、响板等;各种低结构材料如豆子、纸扇等,通过敲打模仿各种自然界的声音;各种瓶瓶罐罐制成的打击乐器等。通过对各类音乐器材的摆弄,探索寻找适合情景剧的音效,如大自然打雷的声音可以用自制乐器装豆子的盒子来模仿。

再如小班《小雨人儿》表演的是下雨时小池塘如烟如雾的唯美场景,剧中大量地采用了节奏乐器,通过敲敲打打刻画了下雨时的情景。在个别化学习中,教师使用大量的节奏乐器,幼儿通过摆玩各类乐器,辨别感受不同的音乐效果。

图 4-17 《小雨人儿》运用乐器创设下雨情景

(二) 灯光的烘托

根据情节的发展,对人物以及所需的特定场景开展全方位的视觉环境设计,运用舞台灯光设备和技术手段,以光色及其变化,显示环境,渲染气氛,突出主题,创造舞台空间感和时间感。

在我园,灯光渲染是每一位老师的必修课,通常情景剧的冷光和暖光交替使用是最常用的方式之一。比如在情景剧《小黑鱼》中,在大鲨鱼出现之前几乎都用了感染力比较温和的暖光,暖光颜色是橘色偏嫩黄,大鲨鱼出现后,一下子整个气氛都被吊起来了,由暖光一下子跳跃到冷光,并且其余多余的灯光一下子被关闭。灯光的渲染需要考虑剧情的需要以及剧情情节转换的需要。

灵活运用灯光色彩,结合表演情景,让不同色彩的灯光互相融合、交织,从而营造良好的舞台效果,也可以让观众更加深刻地了解故事的发展。

康康娃的情景剧故事 4 - 9

《我可以跳舞吗?》巧用追光灯

琪琪在收到宣传单后,默默地低下了头,这时舞台灯光全部暗下,在一片黑暗中,追光灯慢慢亮起主人公的位置,悲伤的音乐响起,能感觉到这时的琪琪是多么的纠结,她是多么的难过。

合适的舞台灯光有助于塑造人物的形象,将人物内心的矛盾和感情更顺畅地展现出来,这里的灯光渲染让故事的情节更加真实,让观众投入到表演中去,更好地感受到当时的主题。

综合以上多重因素,我们最终会形成如下一份情景剧的活动环境创设方案。

表 4 - 8　幼儿情景剧活动环境创设方案

主要剧情介绍				
角色性格				
情景剧主题				
整体美术风格	服装	角色		
		色彩		
		材料		
		造型		

续　表

	场景创设	场景			
		色彩			
		材料			
		造型			
	道具创设	道具			
		色彩			
		材料			
		造型			
	音效设计	名称			
		效果			
	灯光设计	名称			
		效果			

第五章

情景剧活动中幼儿情绪理解发展的支持策略

幼儿情景剧活动课程综合性强、灵活性高,新手家长和教师在刚刚起步时难免会感到些许的无助和吃力。而将幼儿情绪理解的发展渗透和贯穿于情景活动的全过程,更是考验我们家长和教师的教育智慧和应对机智。

前人栽树,后人乘凉,尽吾所知、毫无保留,在这一章我们会将幼儿园十余年所探索出来的教师在情景剧活动中的支持策略和盘托出。阅读后,您将会习得:

➢ 如何使用情节生长、角色塑造、情境雕塑策略?

➢ 怎样借助自主分享策略来推动幼儿对情绪关注、识别、回应的分享?

➢ 怎样使用情绪迁移贯通情景剧与生活?

➢ 如何用情景剧活动来化解幼儿生气、害怕、伤心与困惑的成长烦恼?

第一节　剧情优化策略

剧情优化策略是指在情节生长、角色塑造和情境雕塑的过程中，师幼关注剧中人物的情绪状态，通过生活体验和互动交流增进对剧中人物情绪的感受和了解，并创造性地表达。剧情优化包括情节生长优化、角色塑造优化和情境雕塑优化，帮助幼儿在原有的基础上更好理解剧情发展，关注角色情绪状态并给予回应。

一、情节生长优化情绪线索

情节是指幼儿在情景剧活动中大胆想象，创编情节、调整角色和场景道具，丰富情景剧内容。情节生长策略包括剧情、角色、场景的生长，使情景剧活动更加立体化、可视化、具身化。当剧情随着情绪线索的变化而发生改变时，为了能够提升幼儿对于多变情绪的体验，在情绪线索中让幼儿自主设计情节，由此生长出能够表达该情绪的新情节。

幼儿的情景剧是以幼儿的参与、教师的支持以及家长的智慧三个层面相互融通，共同推进情景剧情节成长，呈现出一个螺旋式上升的过程。而在情节生长过程中，教师所扮演的角色是支持者，把幼儿的金点子实施在情景剧中，让幼儿成为情景剧的导演、编剧、舞美等。《幼儿园教育指导纲要（试行）》组织与实施中也明确指出："教师在教学过程中应与学生积极互动、共同发展，要处理好传授知识与培养能力的关系，注重培养学生的独立性和自主性，引导学生质疑、调查、探究，在实践中学习，促进学生在教师指导下主动地、富有个性地学习。"

幼儿不满足于教师的预设或是故事中原本的剧情，他们会对教师原先的设计或是原本的故事提出新的想法。当孩子发现剧情"不合理"、对剧情"不认同"时，教师应支持幼儿从自己的生活经验、情绪感受和问题冲突等产生新的想法，生长出新的剧情，使得剧情随着情绪线索的变化而发生改变，增进幼儿对剧情和角色情绪的理解,进而真正做到我的情景剧我做主!

康康娃的情景剧故事 5－1
《这片草地真美丽》的情节生长串联整个情绪线索

《这片草地真美丽》是幼儿园大班的环保启蒙绘本,在演绎这个绘本时,我们教师和孩子便就多处采用了情节生长策略:

（一）调整新角色,呈现对立情绪

在情景剧《这片草地真美丽》中,原先的主要角色只有小鸟,教师预设的是由于小鸟的贪玩破坏了自己的家园。然而一名扮演小鸟的女孩子则提出:"老师,只有光头强才砍树,我才不要做坏人呢。""对,老师,我也不要做坏人。"女孩子提出的坏人或许能成为整个剧的重要人物之一,一旁的男孩自告奋勇地说:"不是的,不是的,光头强是为了赚钱才砍树的,他不坏的,我来当光头强。"当下,我侧耳听到几个男生说:"对,我也要当光头强。"经过幼儿的质疑,教师的及时梳理,剧中出现了一个新的角色建筑工人,大部分的男孩充当了这一角色。幼儿在情节中自主地增加了新角色,小鸟与建筑工人这两个鲜明角色之间的冲突成了本剧最大的亮点。

（二）增加新台词,凸显悲伤情绪

"洪水、雾霾、龙卷风、地震,我们的家园怎么变成这样了,我只是想数星星、看月亮,和伙伴们在草地上唱歌跳舞。"这是情景剧《这片草地真美丽》中一只小鸟的独白。一群原本无忧无虑的小鸟,在看见自己的家园被破坏后,内心无比悲伤,此时,看似角色内心波澜是由现有环境所造成的,但其实又是一种冲突,他向往曾经美丽的环境,渴望回到原有的绿色家园。通过幼儿表情、音乐渲染、场景变换,角色的内心与现有环境形成一股冲击力量,形成巨大冲突。

（三）演绎新结局,实现情绪化解

在情景剧《这片草地真美丽》中,美丽的家园很快就被建筑工人给破坏了,面对这样的窘境,"小鸟们你们应该怎么做?""你们有什么办法吗?"教师将问题抛给幼儿,尝试让幼儿自己想办法解决冲突,"我们应该去阻止建筑工人。""对,我们可以团结起来困住建筑工人!"于是,教师提出"可是我们的家园已经被破坏了,而且身为小鸟,我们的力量太小,真的能去阻止建筑工人吗?"此时,有幼儿提出"我们可以重建家园。""我们可以去种树、浇水、种花……"这几句简单的话语就成了情景剧中的台词。最终,小鸟们通过自己的努力,让家园得到了重建。所以在这一冲突中,小鸟与建筑工人并没有正面交锋,而是通过自己想到的办法解决冲突,面对冲突的情境,他们做出了判断和选择,学会尝试运用自己的办法去解决问题。教师合理的引导不仅能调动幼儿主动思考,也培养了幼儿相互协商与合作的能力。

二、角色塑造优化情绪表现

角色是情景剧活动中的主要元素之一,情景剧需要角色扮演来支撑,不同角色间发生的矛盾冲突,能推动剧情的发展与延伸。角色塑造是通过语言、动作、表情等各种手段表现各种角色的特征,灵活塑造有艺术气质的角色,以增强戏剧表演效果的一种方式,能让幼儿获得角色带来的积极的、生动的体验。

角色塑造是情景剧表演的核心。表演者从角色的内心情感出发,找出角色的性格、形象、情感和心理变化等,并运用艺术的形式或技能,串联整个剧情,使剧情环环相扣,达到高潮,实现悦耳、悦目的表演,给人以美的体验和感受。在情景剧活动中，幼儿通过倾听、观察、感受不同角色的语音、语调、动作、表情等表现自己的理解，能找出肢体表情、面部表情、装扮等的变化，同时用夸张形象的手法来优化角色，增强表演的影响力。

通过角色塑造优化，我们期望能帮助幼儿思考自己所储存的情绪记忆，再从同伴互动中习得更多情绪经验，从中找到角色的情绪线索，塑造属于自己的角色。

根据剧情发展，在角色的理解上，可以采用生长新角色，帮助幼儿通过关注同一角色不同的表现方式或者同一角色衍生出的分身，识别角色的情绪，并尝试回应。中大班幼儿逻辑思维初步发展，可以根据剧情需要增加角色，如执法者、黑衣人等，甚至有时转过来是角色人物，转回去是场景。而小班幼儿对比较复杂的故事情节难以理解，可以适当减少一些配角，增加相同角色的人数。

康康娃的情景剧故事5－2
情景剧《狮子王》多重角色塑造优化情绪表现

《狮子王》是中班的一个情景剧故事，在该剧的准备及演绎中，我们运用多重的角色塑造策略来优化幼儿在剧中的情绪表现。

（一）晨间游戏进行角色体验，走进角色的情绪世界

幼儿在扮演角色的过程中，加深对角色特点、角色所表达的情感等的认识，体验角色在剧中的具体做法、情感变化和积极的价值观，这样，幼儿能快速走近角色，理解角色，产生共鸣，最终在情景剧中自然地表达与表现。

在《狮子王》片段中，幼儿通过"晨间游戏"模仿动物们在森林里醒来的情景。模仿前，幼儿集体观看了《动物世界》视频，在观察和感知后，与同伴、老师讨论动物醒来后的姿态、动作等。

游戏中，老师以旁白身份为幼儿提供信息，让幼儿投入情境，尝试扮演各种动物角色。如：清晨，森林里真热闹，大象甩起长鼻子，猛吸小河水，仰起头，长鼻子变喷泉；"喷泉"叫醒小动物，小狮子伸懒腰、踢踢腿、抖抖身子，真精神；树上小猴子，挠挠身子打哈欠……幼儿在旁白提示下，高度投入，自由表现，轻松的氛围使他们的模仿活灵活现。

游戏前,师幼共同观看了相关视频,教师引导幼儿回忆经验,交流动物的特征和习性,并积极调动幼儿爱模仿的天性,鼓励幼儿结伴讨论,通过肢体动作模仿动物。接着,幼儿两两交换角色,重复模仿,互相评价。在此基础上,教师组织幼儿玩演戏剧游戏,幼儿在教师口述的情境中,迁移经验,模仿各种动物,雕塑森林里欣欣向荣的情景和轻松活泼的气息,为《狮子王》第一幕提供了有价值的情节参考,便于幼儿在情景剧中表演。

戏剧游戏是情景剧主要的表现形式之一,游戏开展需在一定的情景中,根据剧情的需要选取片段设计戏剧游戏内容,幼儿在情景中调动各感官自由组织、表达表现。戏剧游戏穿插在整个剧情中,适宜幼儿的表达表现。适当的戏剧游戏有助于增强情景剧玩演的生动性和趣味性,提高幼儿玩中演、玩中学的效率。

(二)戏剧游戏进行多样角色演绎,展现角色丰富情绪

情景剧《狮子王》中有很多动物的角色,这些动物各有特点,如,走路的声音不同、步调不同、姿势不同。为了发挥幼儿的主体地位,我们设计了"听声音猜动物"的游戏,旨在通过这个游戏鼓励幼儿大胆地联想和创造,模仿和再造出有趣且生动的动物形象。

幼儿先听声音,再猜测,接着想象和表演,比如:出示鼓声:"X — X —|X — X —||"(声音缓慢且笨重)幼儿:"大象来了!""熊来了!""恐龙来了!"……有的幼儿伸直双臂,双手紧握,做长鼻子状,不停地甩大象鼻子,身子还跟着鼓点摇摆;有的幼儿弓起背,高举双臂,双手做熊爪状,趴在地上"X — X —"地走来;有的幼儿一只手放在头顶上,做犄角状,一只手放在臀部做甩动的尾巴,在鼓声中高兴地走来。出示鼓声:"XXX|XXX|XXX|XXX||"(声音轻快有节奏)幼儿:"梅花鹿来了!""小狗来了!""小松鼠来了!"……幼儿兴奋地踩着鼓点欢快地扮演着各自想象的动物。

游戏中，鼓声从头至尾调动了幼儿的感官，幼儿主动把鼓声当成了动物的脚步声，在老师的引导下模仿和再造森林里各种动物的形象，神态各异，栩栩如生。戏剧游戏的教育功能不仅仅是为了提高表演能力，更重要的是帮助幼儿积累经验、体验情绪情感。

（三）叠加矛盾制造角色冲突，强化矛盾情绪感受

在剧中设计两难情景等，在层层叠加的矛盾冲突中把剧情推向高潮，充分体现角色在剧中的情感、态度和价值观，这样容易反映社会现象或现实生活，具有深刻的影响力。

比如《狮子王》中狮子爸爸、叔叔和小狮子们是快乐的一家。一天，他们在森林里嬉戏，叔叔突然出现，欲与狮子爸爸争夺起皇冠来，在一场激烈的争斗后，爸爸脚一滑跌入山谷，叔叔后悔莫及。恰巧此时，猎人出现，一枪打中了叔叔，并带走了受伤的叔叔。辛巴和弟弟妹妹们不知所措，为了先救谁而争论了起来。最终，在辛巴的带领下，兄弟姐妹们和小动物一起救出了山谷中的爸爸和囚牢里的叔叔，一家人突破重重困难，终于团聚。

（四）增加角色互动提问，唤醒观众情绪共鸣

角色适时地在演绎过程中提问参与者或观众，引发全体思考问题或情绪斗争。如静静的模式：鼓励参与者平静地反思，而不是情绪激动地讨论；闪电论坛模式：就问题快速讨论。

情景剧活动案例：《狮子王》剧本片段一

辛巴：弟弟妹妹，爸爸掉到山下去了。

狮子妹妹：叔叔被猎人抓走了。

小狮子们：我们该怎么办呀？

辛巴：弟弟妹妹，我们先去救爸爸吧。

弟弟妹妹：那我们该怎么救呢？

辛巴：问问小朋友们吧！小朋友们，我们该怎么救呢？

辛巴：对了，我去找根绳子来。（辛巴找来了绳子。）

辛巴：我们一起喊："爸爸，爸爸，我们来救你啦！"

小狮子们：嘿咻嘿咻嘿咻……

（五）反应游戏拓展角色经验，积累应激情绪反应

在《狮子王》情景剧活动中，组织反应游戏，雕塑角色在遇到一定的刺激时做出的反应。我们从基本心情开始，引导幼儿做出"开心、兴奋、难过、愤怒、激动、紧张……"的表情，再引导幼儿做一些贴近生活的反应（表情或动作），如，吃汉堡、上厕所、推、拉、扯、翻滚、小跑、速跑等。接着，全体幼儿分成两组扮演狮子爸爸和刀疤叔叔，"爸爸"组手脚进攻，"叔叔"组则手脚后退。教师仔细观察每一个幼儿的动作与表情，给予及时鼓励，并请幼儿示范经典动作，通过生生互动，提升幼儿的表演能力。

通过玩反应游戏，幼儿逐渐了解了狮子爸爸与刀疤叔叔在打斗中激烈的情绪变化而造成的应激反应，进一步体验角色的内心和情感赋予肢体的生命，积累了一定的肢体表现经验，如，反复地你退我进，你攻我守，营造轰动、紧张的场面。

三、情境雕塑优化情绪情景

（一）什么是情境雕塑

情境雕塑是一种艺术形式，通过创造特定的情景和环境，营造出一种独特的感知体验。它利用空间、声音、光线、材料等元素，将观众从现实世界带入虚拟的情景之中。情境雕塑与传统的雕塑艺术不同，它注重观众的主体感知和情绪参与，使观众能够沉浸其中，与作品深度互动。情境雕塑的目的是通过创造特定的情境，激发观众的情感和思考。它可以创造出令人惊奇、宁静、激动、恐惧等多种情绪，使观众在作品中体验到情绪的变化和流动。观众在情境雕塑中不再是被动的观看者，而是能够主动地感受和体验艺术作品所传达的情感和意义。

同时，情境雕塑的体验是独特而个人化的。每个观众对作品的感知和理解都是不同的，因为每个人的情绪和经历都不相同。情境雕塑通过创造出多层次的体验，使观众能够根据自身的情感和认知来解读和感受。这种个性化的体验使观众能够与作品建立起更为深刻和持久的联系，从而产生更加丰富和有意义的体验。

总而言之，情境雕塑是一种以创造特定情境和环境为核心的艺术形式。它通过利用空间、声音、光线、材料等元素，营造出一种独特的感知体验，使观众能够沉浸其中，与作品深度互动，使其能够通过个性化的体验与作品建立起深刻的联系。

（二）情境雕塑运用的方式

在情景剧活动中，情境雕塑的方式一般有以下几种：

1. 肢体动作

肢体动作指通过头、眼、手、肘、臂、身、胯、足等人体部位的协调活动来表现塑造的人或物的思想，是形象地表情达意的一种沟通方法。不同角色下的肢体动作也不大相同，丰富准确的肢体动作能更好地诠释不同的角色，并能够将个人的情感充分地表达出来。

在情景剧活动中，我们通常会运用身体的某一部位或者姿态、表情等表现出需要雕塑的事物或人物，主要包括动作、姿势、表情等，表达出角色的情感。肢体动作作为一种表达方式，无时无刻不存在于个体行为中。

康康娃的情景剧故事 5 - 3
《康康走丢了》用肢体动作演绎木马形态

※康康娃的肢体动作

在活动中与孩子一起商量关于旋转木马的形态时，有的孩子说旋转木马是有翅膀的，像小鸟一样的翅膀，有的说旋转木马是一辆马车，可以一个人扮演马，一个人扮演座椅等。最后和孩子们商量后，我们进行了角色的演绎，孩子们围成了一个大圆圈，音乐一响起，孩子们运用肢体动作，将木马的状态表演出来，有的孩子张开手臂，仰起头，扮演了一只想要飞翔的小马，有的孩子两人一组，趴在地上，蜷缩着身子，扮演着一辆马车，还有的孩子一个个搭着前面小朋友的肩膀准备旋转。

※教师观察录

情景剧活动案例中，孩子们通过对旋转木马的了解，运用自身的肢体动作，去演绎旋转木马不同的形态。孩子们采用肢体语言的表达方式,获取了更好的效果,简单的动作、细微的表情等都能雕塑出当时的情境。

2. 语音语调

语音语调是塑造人物形象的重要手段,可以通过节奏、音调、音量和语速等方面来表现情绪。表5-1中是一些常见的情绪表现方式。

表5-1 不同语音语调的情绪表现

情绪	语音	语调
愤怒	语音可能会变得急促、高亢,音量可能增大	语调可能变得尖锐或变化频繁
悲伤	语音可能会变得低沉、缓慢,音量可能减小	语调可能变低或带有哭泣的抑扬顿挫
高兴	语音可能会变得轻快、快乐,音量可能增大	语调可能变高或升腾
惊讶	语音可能会突然变化,音量可能增大或减小	语调可能升高或降低
恐惧	语音可能会变得紧张、颤抖,音量可能减小	语调可能高低起伏或急速跳变
焦虑	语音可能会变得紧张、快速,音量可能增大	语调可能高低起伏或快速变化

需要注意的是,情绪的表现可能因个人差异而有所不同,同时也受到语言和文化背景的影响。此外,情绪也可以通过语言内容、词汇选择和句子结构等方面来表现。因此,语音语调只是情绪表现的一部分,结合语言内容,才能更准确地传达情感。

《寻找声音的耳朵》中的旁白描述

故事中,由于乡下老房子要拆迁,小聃和爸爸妈妈一起搬到了大城市生活。但是大城市的生活并没有想象的那么完美,每当小聃回到儿时的地方,他总回想起小时候,脑海里也时不时浮现出许许多多美好的画面,"看,那里有蝴蝶,快来快来,哈哈,哈哈,睡在稻田里,看着天空,真是一件惬意的事情啊!"

情景剧活动案例中小聃通过对家乡的回忆,在没有画面的情况下,用语言生动地描述着小时候的故事,和伙伴在田野里飞奔,在稻田里玩耍等,语言表达时的声音时而低沉,时而响亮,时而兴奋,时而失落,仿佛带着观众身临其境。

3. 音效灯光

情景剧中的音效可以通过声音的音调、节奏、音量和效果等来表现情绪，并增强剧情的氛围；而不同的灯光设计可以通过颜色、强度、方向和变化等来表现情绪，并帮助创造特定的氛围。表5-2中是一些常见情绪的音效与灯光表现方式。

表5-2　不同情绪的音效灯光表现

情绪	音效	灯光
高亢激动	使用高音调和快速的节奏，如高亢的音乐、拍打声或快速的脚步声	使用明亮、鲜艳和温暖的色彩，如橙色、黄色或红色，以及强烈而均匀的光线
悲伤哀怨	使用低沉的音调和缓慢的节奏，如哀伤的音乐、悲伤的人声或轻柔的吟唱声	使用暗淡、柔和和冷色调，如蓝色、灰色或紫色，以及弱或散乱的光线
惊讶震撼	使用突然的音效，如巨大的爆炸声、尖锐的尖叫声或突变的音乐	使用突然的、强烈的闪光灯或射灯效果，可以是白色或其他鲜艳的颜色
紧张焦虑	使用快速而杂乱的音效，如快速的脉冲声、心跳声或急促的呼吸声	快速的闪光或突然的光线变化，使用冷色调，如蓝色或绿色，来营造紧张焦虑的情绪
恐惧惊恐	使用低沉音效或紧张的音调，如恐怖片中的响声、嘶嘶声或嗥叫声	使用明亮、多彩和变化多端的灯光，如彩虹色、闪烁的灯光或移动的光束
幽默搞笑	使用夸张和滑稽的音效，如嘻哈音乐、滑稽的笑声或夸张的声音效果	使用明亮、多彩和变化多端的灯光，如彩虹色、闪烁的灯光或移动的光束

除了以上的表现方式，灯光的变化还可以通过调整亮度和阴影来创造不同的情绪效果。同时，可以通过使用不同的灯光效果，如聚光灯、背景灯和柔光灯等，来突出特定的场景和角色，增强情感的表现。灯光的设计需要与剧情、演员表演和舞台布置相结合，以达到整体的视觉效果和情绪的传递。

4. 道具设计

在情境剧中，道具可以通过不同的方式来表现不同的情绪。以下是一些常见道具设计的情绪表现方式：

◎**符号象征**：道具可以作为符号来代表情绪或意义。例如，一朵鲜花可以代表爱情、温暖和希望;一把尖刀可以代表危险和紧张。通过选择具有象征意义的道具,可以直接把情绪传达给观众。

◎**道具特性:**道具本身的特性可以通过与情境的结合来传达情绪。例如,一个摇摆不定的闹钟可以表现紧张和焦虑;一个漏水的水龙头可以表现不安和痛苦。通过道具的特性,与角色、场景的衔接,呈现情绪的效果。

◎**颜色和外观:**道具的颜色和外观设计也可以传达情绪。例如,明亮鲜艳的颜色、丰富多彩的外观可以表现喜悦和活力;暗淡阴沉的颜色、破旧破损的外观可以表现沮丧和困境。

◎**变化和转化:**道具的变化和转化可以创造出戏剧性的情绪效果。例如,一个干枯的植物突然变得繁茂可以表现希望和成长;一个破碗突然变成整洁的瓷器可以表现转折和重生。

◎**动作互动:**通过演员与道具的互动使用,可以表现情绪。例如,演员抚摸一只毛绒玩具熊可以表现关爱和温暖;演员抓住一把剑可以表现力量和决心。道具成为情境中的延伸,通过互动动作来增强情绪的表现。

通过精心选择和使用道具,结合剧情和角色的发展,可以有效地表现不同的情绪,增强情景剧的感染力和戏剧效果。剧中情绪的变化应注意通过场景和道具相结合来丰满情节发展,支持幼儿从灯光的明暗转换、音乐的不同感受等方面理解情绪。

表 5-3　常见道具名称的情绪隐喻

序号	道具名称	情绪隐喻
1	鲜花	爱情、浪漫、喜悦等情绪
3	蜡烛	温馨、浪漫、祈祷等情绪
3	手表	时间、紧迫感等情绪
4	镜子	反省、自我认知等情绪
5	包裹	神秘、期待、惊喜等情绪
6	玩具	童真、好奇、愉悦等情绪

康康娃的情景剧故事 5 - 4

《黑猫警长》

在中班情景剧《黑猫警长》中，幼儿在玩演时自己讨论情节，商定角色，"我是黑猫警长，我最帅，我是白猫探员，我很厉害……"可见，幼儿对角色的初步认定就是这两个角色都是很英勇、神气的，却没有具体的认知。对此，教师问幼儿："黑猫警长和白猫探员他们都那么厉害，那么他们身上有什么装扮让你们觉得很厉害？"由此，幼儿观察到警长和探员的手枪、标志性的制服、警帽和对讲机等装扮。又发现"他们没有摩托车怎么办？""那我们就自己变。"黑猫警长和白猫探员在《黑猫警长》的音乐中出场，两名警员合作，前面一名做开摩托车状，后面一警员弯腰抱住前面警员的腰部，使用肢体的组合变化出摩托车，变成骑车巡逻，同时发出"呜哇——呜哇"的警车声，两人都显得兴高采烈。两人合体，发生了角色人物到物件的变化，肢体动作变成道具，进行了动态的情境雕塑。两人分开，又变成黑猫警长和白猫探员两个独立的个体。幼儿在这一过程中，体验到了被同伴、老师认可，尝试后成功的喜悦。幼儿的情绪得到了充分释放，还会加入自己的情绪状态，同时也增强了对剧中角色的情绪理解。

第二节　自主分享策略

自主分享策略是指幼儿将对自己及他人的情绪关注、识别、回应分享给同伴，将内隐的情绪通过面部、言语、体态表情等方式进行分享，包括情绪关注的分享、情绪识别的分享和情绪回应的分享。

一、情绪关注的分享

在对剧中任一元素,如剧情、角色、场景等产生困惑时,幼儿能自主分享自己的困惑,与教师、同伴等互动讨论。基于此,幼儿能丰富生活经验,提升角色认知,身临其境地理解情景剧中角色情绪的变化。

康康娃的情景剧故事 5－5

《大熊的拥抱节》①

——有效增进康康娃的情绪关注能力

※故事背景

小班幼儿年龄虽小,但他们内心渴望与同伴交朋友,又因受到年龄特点和语言发展的限制,在人际交往方面缺少经验,经常会产生一些不太友好的互动。具体表现为:当中大班的哥哥姐姐与小班幼儿热情打招呼时,小班幼儿略显"冷漠",有的不理不睬,有的抬眼看看却不回应;当与同伴发生矛盾时,小班幼儿会以自我为中心只考虑自己,容易激动和情绪化,而且激动起来后情绪就难以控制,他们的认识主要受外界事物和自己的情绪支配。

为了培养幼儿对情绪的认识,尝试自我情绪管理,我们选择了从绘本故事入手,通过一个个鲜明的故事角色形象,让幼儿判断行为的好坏,知道哪些行为是不友好、不可以做的,进而将故事中的友好行为迁移到日常与小朋友相处的模式中。其中《大卫,不可以》《有礼貌的朵拉》和《大熊的拥抱节》等绘本故事特别受幼儿喜欢,尤其喜欢《大熊的拥抱节》。故事讲述的是一头长相凶猛的大熊,希望在"拥抱节"上交到好朋友,可是动物们因为他的外形而感到害怕,都不愿意和他成为朋友,倍受打击的大熊在仙女的帮助下,戴着面具寻求大家的拥抱,最后大熊感动了动物朋友,用真诚交到了许多好朋友。

---

① 《大熊的拥抱节》案例由康弘幼儿园朱春梅提供。

为了帮助幼儿更好地感受情绪，我们将《大熊的拥抱节》改编成了情景剧，抓住小班幼儿是在模仿中学习、成长的特点，让幼儿模仿故事中友好的行为。从而逐步锻炼幼儿在生活中与同伴交往时，不再害羞，不再胆怯，能以多样化的形式与同伴友好交往。在情景剧中充分运用互动感受策略让幼儿感受朋友之间相互拥抱而获得的温暖，从而达到提升幼儿情绪理解能力的目的。

※故事过程

☑ 关注表情和肢体语言，感受大熊从开心到难过的情绪变化

开始时幼儿模仿大熊在找朋友之前眉开眼笑、满怀期待、蹦蹦跳跳的状态；第一次碰到袋鼠时，幼儿模仿大熊张开手臂准备拥抱，可是却被袋鼠拒绝："不要不要，我才不要和你做朋友，我很忙的！"说完走开了。大熊自我安慰："没关系，还有很多次拥抱机会。"然后继续满怀期待地往前走。第二次碰到了兔子，幼儿再次模仿大熊张开手臂准备拥抱，兔子也拒绝了大熊："不要不要，我不要和你做朋友。你看起来太可怕了！"说完也走开了。这时幼儿已经体会到大熊心里的难过。第三次遇到了红狐狸，红狐狸拒绝大熊道："不要不要，我不要和你做朋友，哼！"说完也跑开了。连续三次都被拒绝，大熊难过地哭了起来。幼儿模仿大熊把张开的手臂放下来，然后边哭边自言自语道："为什么大家都不跟我拥抱，都不和我做朋友？"

☑ 关注大熊的语音语调，感受其情绪变化——从紧张忐忑到满怀期待

当大熊用面具遮住了自己的脸，第一次紧张求问："小朋友们，戴上面具会有朋友愿意拥抱我吗？"这时很多坐在场下的小朋友马上回答："会的会的"，大熊继续问："真的吗？大家愿意和我做朋友吗？"小朋友们回答："愿意"！大熊再问："如果是你，你愿

意做我的朋友吗?"小朋友们继续回答:"愿意"。于是大熊满怀期待地走向动物朋友们。

☑ 关注音效变化,觉察大熊的情绪新发展——从忐忑、期待到快乐。

(紧张的音效)大熊戴上面具后心情忐忑,他来到了动物朋友当中,当周围的动物朋友们都在小心翼翼地议论着这位戴着面具的朋友是谁时,仙女出现了。(仙女出场音效)仙女对大熊说:"让我来拥抱你吧,你的拥抱真温暖,真温柔。"其他动物都不再害怕,尝试与戴着面具的大熊拥抱,大熊真心对待每一位动物朋友。(舒缓轻柔的音乐)对白如下——大熊问袋鼠:"你好袋鼠,你愿意做我的朋友吗?"袋鼠回答:"当然愿意,我的朋友!"于是大熊和袋鼠拥抱在了一起(响起欢呼的音效)。大熊问兔子:"你好兔子,你愿意做我的朋友吗?"兔子回答:"当然愿意,我的朋友!"于是大熊和兔子拥抱在了一起(响起欢呼的音效)。大熊问红狐狸:"你好红狐狸,你愿意做我的朋友吗?"红狐狸回答:"当然愿意,我的朋友!"于是大熊和红狐狸拥抱在了一起(响起欢呼的音效)。

这时大熊摘下了面具后,动物朋友们发现摘下面具的大熊一点都不可怕,是真心想和大家交朋友,大熊也表示以后一定会和朋友们好好相处。

※教师观察录

在情景剧的玩演过程中,幼儿们在关注、识别他人的言语、表情、肢体动作中感受角色情绪的变化,通过肢体互动,对于情绪理解起到了十分重要的作用。同时将这样的方式运用到实际生活中,让幼儿的经验得以迁移。幼儿理解了不同情境下的肢体互动,可以感受到对方的情绪变化。

二、情绪识别的分享

幼儿通过表情等情绪识别线索,场景、灯光、音效、装扮等的变化,判断自身或他人的不同情绪表现,尝试解释情绪产生的原因,与他人分享自己的认识以及对此情绪的直观感受。

幼儿在与他人分享识别情绪的过程中习得情绪识别的方法，观察到了角色的面部表情、肢体表情、言语表情等情绪线索的不同，情绪识别越准确精细，个体就越能理解自己和他人的情绪，应对日常生活中的压力和冲突。

康康娃的情景剧故事 5 - 6
《宝莲灯之沉香救母》①
——有效增强康康娃的情绪识别能力

※故事背景

动画片《宝莲灯》成为一代人心中的经典记忆，为中国动画开启了一扇大门。其故事情节为三圣母与刘彦昌成婚，生下沉香，后被二郎神拆散。为了救出被压在华山的母亲，沉香勤学苦练，用宝莲灯战胜二郎神，获劈山之斧救出三圣母最终一家团圆。这部并不是简简单单要表现儿子历经千难万险去救母，更多的是一个过程、一种品质。在完整观赏动画片之后，老师组织幼儿回忆故事主要剧情，通过谈话讨论，发现主人公随着故事情节的发展而产生不同的情绪表现，最终加以识别和归因，进一步感受动画片情节的跌宕起伏，体会主人公沉香的不同情绪以及心理变化。剧中沉香的情绪变化为：母亲离开的伤心难过—母亲被压华山脚下的思念和痛苦—与二郎神对战时的愤怒—最后和母亲重逢的兴奋。此外，对母亲的思念之情也是层层递进的，他由一开始知道母亲被关押时的疑惑，到中间的愤怒，再到最后的极致思念，其实都是有一个过程的。于是，有了以下老师和孩子们的对话。

※故事过程

师："孩子们，还记得之前说过的宝莲灯的故事吗？谁来说说，故事中沉香的心情分别是怎样的？小沉香知道妈妈被抓走了，心情怎么样？"

幼："沉香的妈妈被二郎神抓走了，他肯定很伤心。"

幼："沉香变成一个人了，爸爸妈妈都离开他了，这该有多难受啊，要是我肯定哭了。"

---

① 《宝莲灯之沉香救母》案例由康弘幼儿园陆雨程提供。

幼:"他肯定不希望妈妈离开,应该每天都会很想很想他的妈妈。"

师:"妈妈被关押在华山脚下,这时候沉香的心情是怎么样的?"

幼:"要是他知道妈妈被压在山底下,会难过吧。"

幼:"那么重的山压在妈妈身上,动弹不得,沉香知道了会痛苦的。"

幼:"沉香肯定很想救他妈妈,应该会很讨厌二郎神。"

幼:"沉香拿着斧子去跟二郎神搏斗的时候,心里肯定怒气冲冲的。"

幼:"我要是沉香,生气极了,杀了二郎神!"

师:"最后,沉香劈开了华山,终于救出了妈妈,这么多年没见到妈妈,你们想想,沉香见到妈妈会做些什么,说些什么呢? 与妈妈相见了,心情又是怎么样的?"

幼:"终于见到妈妈啦,肯定很开心!"

幼:"我看到沉香还哭了。"

师:"是啊,既然那么高兴,为什么沉香的眼里还有眼泪呢?"

幼:"好几年不见了,沉香看到妈妈所以感动哭了。"

幼:"心情肯定很激动,要是我就紧紧抱着妈妈,再也不让她离开了!"

就这样,孩子们你一言我一语地对剧中沉香的情绪变化展开了讨论,进一步感受动画片情节的跌宕起伏,体会主人公沉香的不同情绪以及心理变化。

※**教师观察录**

想准确识别他人的情绪,可能需要考虑到不同的影响因素。根据情绪的传递过程,可以将情绪识别的影响因素分为情绪发出者、情绪接收者及情境三种。

从发出者来看,同一种情绪由不同的人表达,可能会有不同的表现形式。比如,面对被关押在华山的母亲时,沉香的愤怒可能表现为瞪着眼睛、化悲愤为勤学苦练,二郎神的愤怒可能表现为跺脚挥拳、对抗沉香,而从这种差别中,我们又能体会到角色的期望与担心。再者,同一个情绪发出者的状态、想法有所不同时,表现形式也会不一样。例如,同样表达思念之情,沉香在看到妈妈之后,大声呼唤、痛哭失声,强烈地表达了自己的想念,但对母亲而言,同样面对多年未见的沉香,她可能也会强压思念,面带笑容地说"没事"。这两种不同的表达方式会影响别人对他情绪的判断。

从接收者来看,我们自身的情感状态是情绪识别最重要的影响因素。作家萨克雷说过："生活是一面镜子，你对它笑，它就对你笑；你对它哭，它也对你哭。"我们高兴的时候，会认为天空都是明媚的，别人的高兴和愉悦看起来都十分真实，而悲伤难过的时候，就会觉得今天燥热难忍，别人的微笑可能看起来像讥讽和嘲笑。我们自己当下的情绪，也塑造和影响着我们对别人情绪的认识。

从情境来看，我们身处的环境、环境中其他人的情绪对我们识别情绪也有影响。比如，当沉香最终劈山救母，母子团圆相拥时，非常开心，每个人脸上都洋溢着笑容，周围的氛围也是热闹和谐的，包括周围的灯光、音效。此时，你也能正确判断出，大家的内心是十分高兴且替沉香骄傲的。

三、情绪回应的分享

在情节创编的过程中，教师根据情节抛出问题，及时帮助幼儿分享彼此情感的经验感受和想法，增强幼儿之间情绪回应的能力。

康康娃的情景剧故事 5‑7

《害怕的小老鼠》①

——有效丰富康康娃的情绪回应方式

※故事背景

幼儿的发展最有效的途径就是积累生活经验，经验的积累是个体的亲身经

---

① 《害怕的小老鼠》案例由康弘幼儿园陆雨程老师提供。

历,强调的是对事物的直接感知、参与活动和生活积累,因为只有亲力亲为,才能形成一定的经验。在教育实践中,我们以情景剧为载体,关注幼儿活动过程中的种种体验,充分发挥幼儿自我发展的能动作用,丰富幼儿的生活经验,促进其社会性发展。

※故事描述

小猫在森林中四处寻找着食物,肚子不时地发出"咕噜咕噜"的声响。这时,情绪低落的小猫看到两只小老鼠向他走来,两只眼睛不由得亮了起来,口水也忍不住流了出来,兴奋地躲在树后⋯⋯当孩子们将此时小猫的情绪线索定为:低落——兴奋后,发现小猫的老鼠会有怎样的回应方式引起了孩子们的兴趣,他们兴致勃勃地讨论了起来。

"小老鼠看到小猫都在流口水了,心里肯定很害怕,如果是我,我转身就会逃跑了。"另一面幼儿又说:"换我我也会立刻跑,然后会缩成一团躲在草丛里,让猫找不到我。""我觉得不一定,记得上次我和妈妈、妹妹一起去游泳的时候,妹妹游泳圈都还没套好,直接就跳到泳池沉下去了,妈妈看到立刻就跟着跳下去把妹妹抱了起来,而我直接就呆住了,根本就不知道该怎么做,直到妹妹被妈妈抱上来后才反应过来。"朵朵不赞同地说道:"所以我觉得小老鼠发现躲起来的小猫时可能就整个身体都一动不动的,直直地愣在那,根本不知道该怎么办。""原来看到兴奋的猫咪准备偷袭自己时,小老鼠可能会转身就跑,可能会躲藏起来,可能会愣在原地⋯⋯他们的回应有很多种可能,如果你是这只小老鼠,可能还会有怎样的回应呢?"我询问道。"我想小老鼠有可能直接吓哭了,边哭边逃跑。""可能会一边逃一边喊救命,看谁能救自己。""可能⋯⋯"

※教师观察录

在讨论中发现,幼儿往往不满足于故事中原本的剧情,他们会对原先的设计或是原本的故事提出新的想法,不同的儿童就能产生不同的剧本。情景剧活动案例中,幼儿从自身的经验迁移,通过动作、语言、表情回应他人的不同情绪表现,习得多种多样的情绪回应方式,增强幼儿情绪回应的能力。

　　每一次自主分享对于幼儿来说都是创编剧本的过程,幼儿也能彼此找到更多的情绪交流,让幼儿学习了解、回应自身及他人的情绪。

　　需要注意的是尽管从大约3岁开始,儿童已经开始能识别情绪和引发情绪的情景。但5岁儿童对混合情绪的理解仍然有困难。到了6岁,才知道同一客体可以引发两种以上的情绪。尤其在混合情绪中的两难情绪对6岁儿童来说是比较难以理解的。因此,教师在引导幼儿分享情绪时,要关注到年龄特点,比如小班主要以单一情绪为主的分享,中大班可以逐步探索从同一情绪到两种以上情绪变化的分享交流。此外,面对不同情景下的分享,情绪关注、识别与回应的分享可以整合使用,支持幼儿大胆表达自己的想法,对角色或他人表现的不同情绪做出反应,开启言语肢体交流,针对片段线索互动回应,与同伴分享交流。

第三节　情绪迁移策略

　　情绪迁移策略是指幼儿关注、识别与回应不同情景中的情绪或同一情景中的不同情绪,将现实生活或虚拟生活中情绪理解的经历互相迁移。具体包括从生活到情景剧、从情景剧到另一情景剧、从情景剧到生活三种形式的迁移。

一、将生活中的烦恼迁移到情景剧

根据生活经验探讨面部表情、言语表情、肢体表情等反映出的不同情绪,幼儿将已习得的情绪理解经验,通过互动、游戏等形式,迁移至情景剧中,同时也是将已有经验再次运用的过程。

情景剧活动案例:大熊的拥抱节

小班情景剧《大熊的拥抱节》中,幼儿通过关注大熊的表情和肢体语言,感受它从开心到沮丧的情绪变化。大熊在找朋友之前眉开眼笑、满怀期待、蹦蹦跳跳;被朋友频频拒绝后哭泣、难过。一开始,表演大熊的孩子被拒绝后,还是表现出开心、哈哈大笑的样子,其他角色看到后也是笑嘻嘻的。对小班幼儿来说,情绪转变的关注比较难以理解,此时,教师就提出:"如果是你,不愿意和别人做朋友你会怎么说?"幼儿:"不要,不要,我不要和你做朋友。"教师又问:"那别人不愿意和你做朋友你又会怎么样?"幼儿:"我会不开心,还会哭。""除了哭,还会怎样?"有的幼儿做低下头、噘嘴巴不开心状;有的跺脚,有的做哭的样子……于是,再回到情景中,被朋友拒绝后,也能自然而然地关注到大熊不开心的表情、动作等,有的还能上前安慰大熊,表达和大熊做朋友的意愿。通过师幼互动,帮助幼儿运用生活经验,在生活情景中体会大熊遭受拒绝后情绪的变化。

二、将情景剧中的情绪理解方式迁移到另一情景剧

在情景剧活动中习得某一情景的情绪经验,通过相似情景的联想,迁移至另一部剧中。通过情景剧活动的学习,幼儿的情绪迁移能力得到了良好的锻炼,进而习得了情绪迁移策略。

情景剧活动案例：超人波波熊

大班情景剧《超人波波熊》中，波波熊觉得自己不能唱歌后是不开心、沮丧的。教师询问幼儿："你是怎么知道波波熊很失落的？"幼儿说："它好像看上去是不开心的样子，它的嘴巴和眉毛都是下拉的。"教师追问："你怎么知道这样就是失落、难过呢？"幼儿答："上次我演董存瑞遭到敌人封锁的时候也是这样，嘴巴下弯，眉毛下拉。"另一幼儿作答："是啊，周围的人也是一副唉声叹气的样子。""灯光都暗了，音乐也是很沉重呢！"通过情绪经验的获得，幼儿便既能从角色自身观察，如波波熊嘴巴弧度向下、眉头皱紧，也能从环境中发现角色情绪，如场景中灯光灰暗，音乐低沉等；波波熊获得别人肯定后的开心与自豪，也能从其上扬的嘴角、飞扬的红色斗篷，其他角色崇拜的目光等发现。幼儿其实一开始对波波熊的情绪认知更多始于故事的讲述，而对它表演后不被接受的失落情绪有所忽略，教师及时捕捉到幼儿对情绪关注的情况，支持幼儿借助前期的经验架构，发现幼儿对波波熊情绪的认知能力加强，能讨论运用相应的面部表情、言语表情和体态表情来表现并自主决定角色的情绪状态、情绪表现和情绪变化。

幼儿从曾经欣赏、演绎过的情景剧中累积情绪理解经验迁移至新剧中，尝试观察人物的面部表情、肢体表情、言语表情等，捕捉所有角色表情、肢体动作、表情变化、态度以及场景明暗、音效等环境因素，辨别角色情绪变化的过程并加以回应。

三、将情景剧中的情绪经验运用到生活

幼儿在情景剧中互相交换意见、观点、情绪或情感，认同和体悟自己和他人的情绪，将其内化，迁移至生活经验中。

情景剧活动案例：一起踢球吧

大班情景剧活动《一起来踢球》中，当幼儿识别出小黑、小胖、高个、眼镜、瘦子等角色的情绪后，对他们分别进行了鼓励，推动他们去争取展示的机会。生活中，

不乏小黑、小胖、高个这样的真实角色。幼儿刚入园时,有的想交朋友,但又不知道或不敢与他人交朋友;开展活动时,有的幼儿想上台,但又羞于表演,等等。对于此类情况,我们发现在情景剧活动中,常常会通过移情,引导幼儿分析角色,塑造生活中的小黑或小胖,如:不敢交朋友的孩子或不敢表演的孩子,感受他们的内心世界和情绪状态。进入类似情景后,幼儿会开始思考和交流,提出自己的想法或做法,如:告诉别人自己最喜欢的玩具、用交换玩具的办法交朋友、主动和别人打招呼做朋友等;在舞台上讲自己最喜欢的故事、唱会唱的歌曲、找朋友一起表演,等等。幼儿不仅能将自己在剧中习得的经验用在生活中,而且能从人物的情绪中习得面部、言语、肢体等表情变化的经验,并予以多样回应。

通过多途径的情绪经验迁移,幼儿了解到更多的情绪词汇并加以运用。同时,情绪理解能力逐渐增强,能根据场景、灯光、音效、装扮等的细微变化,通过动作、语言、表情回应自身或他人的不同情绪表现,如高兴、生气、伤心、害怕等,用表情、言语和肢体做出相应的回应。

值得注意的是,通过情景迁移策略来发挥旧经验在新经验中的铺垫作用需利用已有的经验去影响新经验习得的过程,借此产生更为新鲜、深刻的情绪体验,将情绪回应的方法留在骨骼和肌肉中。并且,剧中经验要迁移到生活中,教师要注意关注分析情绪的行为表现与幼儿日常生活中情绪外显的一致性。另外,在情景剧创编表演中更多地将生活实景体现在情景剧中,从而营造真实的表现。在此过程中,幼儿将获得的经历体验内化,到生活中遇到相似情景时自然而然地提取已有经验并尝试应用。

第四节　情景剧活动化解幼儿烦恼的实例解析

结合前面阐述的情景剧活动内容、活动方式、环境创设及教师的支持策略,在本节我们将通过幼儿园四个情景剧活动实例的呈现,来展示情景剧活动完整的实践样貌。

幼儿成长中会遭遇不同的烦恼——对他人的生气不满,对某些事物的恐惧害怕,对特定经历的伤心难过,对一些事情的困惑不解,而这些成长的烦恼在多姿多彩的情景剧活动中可以得到较好的化解、转化与升华。不同的情景剧活动结合幼儿年龄特点及活动内容本身的特质在实践方式上也常常有所偏重:比如《我不生气了》的情景剧活动由于情绪本身主要指向家长,同时,小班幼儿更宜通过游戏的方式来开展活动,因此,戏剧游戏和亲子情景剧活动是其主要的情景剧实践路径;中班《汤姆走丢了》课程内容中涉及很多安全教育知识与安全教育策略,为此学习活动成分较多;而大班《我可以跳舞吗?》体裁本身涉及很多表演活动,为此表演游戏成为情景剧活动开展的"顶梁柱";最后的大班《中国龙》主题宏大、视野开阔、素材丰富,较为全面地运用了多种实施路径。

表 5 - 4   情景剧活动实例的主情绪与实施路径

情景剧活动	主情绪	实施方式				
		戏剧游戏	表演游戏	学习活动	剧场展演	亲子情景剧活动
小班《我不生气了》	怒	★★★★	★★	★	★★	★★★
中班《汤姆走丢了》	惧	★	★	★★★★	★★★	★★
大班《我可以跳舞吗?》	哀	★★	★★★★	★	★★★	★
大班《中国龙》	喜	★★	★★	★★★	★★★★	★★

实例 1:康康娃的烦恼——爸妈总是玩手机,我好生气!

一、情景剧背景

在一次小班《菲菲生气了》绘本阅读活动中,和孩子们共读完绘本后,老师问孩子们:生活中有什么事儿会让你特别生气呢?

小番茄说:小伙伴抢我玩具的时候!

栋栋说:奶奶让我穿很多衣服的时候,我都已经成大胖熊啦,还穿!

木耳说:我胳膊都举酸了,老师还不请我回答问题。

增增说:爸爸妈妈每次在家里都玩手机,不陪我玩! ……

增增一说完,就引起了班级小朋友的连连应和! 班级一时像炸开了锅:"我爸爸上厕所的时候还看手机,真烦人!""我妈妈经常在吃饭前拿着手机拍拍拍!""真气人,爸妈不允许我们吃饭的时候看电视,但是他们自己却一直看手机!""我每次让爸爸陪我玩,他都说忙,可他明明就是在拿着手机玩游戏,爸爸骗人!"……班级孩子对爸妈玩手机的强烈气愤给老师留下了深刻印象。

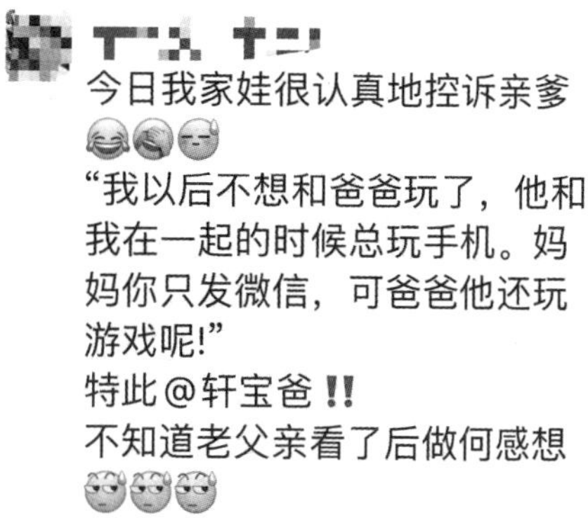

今日我家娃很认真地控诉亲爹😂😂😂

"我以后不想和爸爸玩了,他和我在一起的时候总玩手机。妈妈你只发微信,可爸爸他还玩游戏呢!"
特此@轩宝爸‼️
不知道老父亲看了后做何感想👿👿👿

图 5 - 1　某家长朋友圈截图

"世界上最遥远的距离是,我在你身边,你却在玩手机。"在愈发壮大的"低头族"中,不乏为人父母者。

"我以后不想和爸爸玩了,他和我在一起的时候总玩手机。妈妈你只发微信,可爸爸他还玩游戏呢!"班级内一位妈妈在自己的微信朋友圈公开了自己与 3 岁儿子的对话。

在一档综艺节目《少年说》里,有一个小男孩向自己的爸爸喊话道:"我想让你陪我讲话的时候,你在玩手机。我想让你陪我走一走的时候,你在玩手机。我不是你的孩子,手机才是你的孩子。"

在一项亲子陪伴状况的实证调研里,选取了 60 个家庭,其中调研对象有 46 个(60%)母亲,31 个(40%)父亲、37 个(53%)男孩、33 个(47%)女孩,在 36 分钟的亲子陪伴时光里,79%的父母至少使用过一次移动设备,在每个家庭平均 36 分钟的观察中,陪孩子的父母平均拿出手机 6 次,每次拿出手机停留 2 到 4 分钟,单人平均使用手机时间为 11 分钟(活动总时长的 31%)。父母最常在手机上打字和滑动屏幕,其次是给孩子拍照。

时下,很多家长虽然看似陪着孩子,但总是情不自禁地刷微博、朋友圈或者玩游戏。在和班级家长的随机沟通中,大部分家长都坦言,回到家后虽然和孩子在一起,却几乎手机或平板电脑不离手,每隔几分钟就想刷新一下朋友圈……国内首份《家庭亲子关系报告》显示,近七成父母在陪孩子时玩手机,手机等移动设备已然成为影响亲子互动乃至引发亲子冲突的重要因素。

因为父母迷恋手机，孩子自然也会有情绪。需要父母的陪伴和关注，但父母却不以为然。没有注意到孩子们的情绪困扰，也没有分享孩子玩耍时的成就感和喜悦感。相反，一些家长只会通过大声提醒来遥控指挥"注意安全"，然后继续玩自己的手机。更有甚者，当孩子呼喊自己时，父母会找理由搪塞推诿，诸如"等一会，就过来，你先自己玩""好的宝贝，我来了（其实还是在玩手机）"等等，这些虚假的应和会让孩子感到无奈，兴趣全无。在他们眼里，父母只有手机，没有自己……生气、愤怒、无奈、失落等负面情绪接踵而至！

那么，如何化解孩子因为父母沉迷手机而不陪伴自己的生气情绪？如何让园内家长直观、鲜活地看到孩子对于自己玩手机的强烈不满，进而调整自己的陪娃方式？

带着这样的思考，我们小（三）班开启了《我不生气了》情景剧活动的创编之路……

二、情景剧活动方案

（一）《我不生气了》情景剧活动方案整体架构

设计者：张文婷

班级	（葵）小（三）班	素材来源	生活故事
康康说	1. 反映生活中父母的教养方式对孩子的重要性。 2. 尝试用动作、语言、声音、情绪来展现不同角色的形象，提高表演能力、自信心、语言表达与交往合作等能力。 3. 感受情景剧中音效对剧情的推动，愿意参与表演活动，感受情景剧表演所带来的满足感和快乐。 4. 家长通过参与情景环境创设、服装制作等，对情景剧有进一步的了解。		
活动主题	现代快节奏的生活，父母的工作都很繁忙，往往会忽视孩子，此剧改编自真实故事，旨在告诉父母对孩子的影响是非常大的。		
实施过程	戏剧游戏	角色游戏	亲子展演活动
	1. 老狼老狼几点了 2. 捉迷藏 3. 变大变小 4. 好朋友 5. 爱我你就亲亲我	1. 娃娃家（爸爸、妈妈、宝宝） 2. 唱唱跳跳欢乐多	详见剧本
	其他	1. 家园合作：班本课题研究、研讨。 2. 环境互动：亲子制作装饰完成半成品森林背景，如草丛、花丛等；亲子共同制作剧中的服装、道具、场景。	

续　表

活动提示	1. 组织讨论：你会生气吗？生气的时候你会怎么做？怎么做才能不生气？ 2. 愿意用动作、语言、声音、情绪来表达。 3. 尝试运用表情、动作、语言等方式表现宝宝生气时的样子。							
环境	角色			道具			场景	
	宝宝	爸爸	妈妈	太阳	月亮	树	幼儿园	家
色彩	白色 咖啡色	黑色	卡其色	黄色	黄色	绿色	绿色、 黄色	白色
材料	不织布	布料	布料	不织布、棉花	不织布、棉花、亮片	像素纸、kt 板	kt 板	kt 板
造型	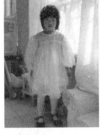							

（二）过程中开展的戏剧游戏活动

	名称	老狼老狼几点了	
游戏一	材料	大灰狼头饰	
	玩法	参加游戏的幼儿在横线后站成一横排，请一个幼儿当老狼，站在横线前。游戏开始时幼儿与扮老狼的人一起往前走，并齐声问："老狼老狼几点了？"老狼回答说："一点了。"然后又问："老狼老狼几点了？"老狼回答说："两点了。"这样继续下去，直到老狼答"天黑了"或"12点了"时，幼儿就转身向横线跑，老狼转身追捕，但不能超过横线，在横线前被拍到的为被抓到者。	
游戏二	名称	捉迷藏	
	材料	动物头饰	
	玩法	扮演兔子和孩子们，一个人在前面数6个数，其他人躲在自己选择的地方，等前面的人数完后开始找躲藏的人，全部找到后，再选一个寻找的人，重新开始游戏。	
游戏三	名称	变大变小	
	材料	背景音乐	
	玩法	音乐提示："我变变变变变变，变成大巨人，我变变变变变变，变成小矮人。"孩子们根据音乐做动作，肢体表达表现尽量夸张，在变变变的过程中帮助幼儿感受游戏的快乐。	
游戏四	名称	好朋友	
	材料	动物头饰、服装	
	玩法	幼儿选择自己喜欢的服装、头饰来装扮，在森林里自由游戏，当《找朋友》的音乐响起时，找到与自己服装、头饰相匹配的朋友。	
游戏五	名称	爱我你就抱抱我（音乐）	
	材料	歌曲音乐、锅碗瓢盆等	
	玩法	边敲边打，唱唱《爱我你就抱抱我》的歌曲。	

（三）表演游戏

活动一	活动名称	娃娃家	
	活动材料	沙发、小床、各类服饰	
	活动玩法	幼儿通过装扮、体会感受爸爸妈妈的人物特点。	
活动二	活动名称	唱唱跳跳欢乐多	
	活动材料	各类装扮、头饰、乐器	
	活动玩法	幼儿自主选择服饰、头饰跟着音乐表达表现。	

（四）亲子展演活动

活动名称	爱我你就陪陪我			
剧情概览	大圣宝宝是家里的独子,爸爸妈妈常年忙于工作,没空陪他玩,他每天放学回家后,就是一个人玩,他也提出过要爸爸妈妈陪他玩,可是遭到了一次次的拒绝,久而久之,大圣宝宝的内心开始抗拒集体,喜欢独处,不和朋友们一起玩,脾气也开始暴躁起来……			
第一幕	时间	晚上	地点	家里
	场景	饭后宝宝独自玩玩具,爸爸妈妈忙于工作	音效	舒缓的音乐
	人物	爸爸、妈妈、宝宝		
	剧情			剧照
	宝宝:爸爸,陪我一起搭积木吧! 爸爸:爸爸好忙! 你找妈妈去吧。 宝宝:妈妈,和我一起看书讲故事吧! 妈妈:妈妈有很多工作要做,自己看好吗? (宝宝内心独白:哼! 一个人玩就一个人玩! 我才不需要你们!)			
第二幕	时间	第二天	地点	幼儿园
	场景	自由活动时	音效	Oh baby 音乐
	人物	宝宝、班级其他朋友们		

续　表

剧情	剧照
（自由活动时间小朋友们都自己找好朋友结对玩游戏，有的搭积木，有的玩游戏，有的看书，不亦乐乎，只有宝宝一个人独自坐在椅子上玩他的玩具小汽车……） 幼儿a：宝宝，跟我们一起搭积木吧！ 宝宝：哼！走开走开，我忙着玩小汽车呢！ 朋友b：宝宝，跟我们一起玩"老狼老狼几点了"吧！ 宝宝：哼！走开走开，我才不要玩呢！ 朋友c：宝宝，跟我们一起看书吧！ 宝宝：哼！走开走开，我才不喜欢看书呢！ 朋友们：唉，宝宝每天都不跟我们玩，真没劲。 宝宝：走开走开，我才不需要你们！哼！ （老师看到这一幕，拿起手机给宝宝的妈妈打了个电话。） 老师：大圣妈妈，有个情况想要和你聊一聊……	

	时间	晚上	地点	家里
	场景	宝宝入睡	音效	月光宝贝、大灰狼出场音效、爱的华尔兹舞曲
	人物	爸爸、妈妈、宝宝、月亮精灵、小兔子、动物朋友们、大灰狼		

	剧情	剧照
第三幕	（这天晚上宝宝做了一个梦，宝宝变成了一只小白兔……） 宝宝：咦？我怎么变成了一只兔子？ 动物们：小兔子和我们一起玩捉迷藏吧！ 宝宝：走开走开，我才不要和你们玩呢！ （就在这个时候，暗中观察的大灰狼来了……） 大灰狼自言自语：哦吼吼！这里有一只落单的小白兔，正好给我抓回家做苦工！ 大灰狼：小白兔！哈哈哈，我要把你抓回家！ 宝宝：不要不要，谁来救救我呀！ 大灰狼：你瞧瞧，你都没有朋友，谁会来救你！ （宝宝梦中哭醒，爸爸妈妈来了，宝宝将梦告诉了爸爸妈妈……） 爸爸妈妈相视一望，摸着宝宝的头说：宝贝，都怪爸爸妈妈平常工作太忙了，陪你的时间太少，让你习惯了一个人独来独往，都是爸爸妈妈不好。 宝宝：那爸爸妈妈以后会陪我一起玩，一起做游戏吗？ 爸爸妈妈：爸爸妈妈保证以后每天都会抽出时间来陪你。	

续　表

剧情	剧照
宝宝：太好啦，我爱你们！ （亲子共跳《爱的华尔兹》舞曲）	

三、情景剧活动的开展反思

（一）对于家长，是一个"温柔而又有力"的提醒

情景剧活动的演出首先是给家长们提了个醒！观摩结束后，好多家长都在感慨：原来自己平时习以为常地玩手机会引起孩子这么大的反感，更没有想到会影响自己孩子在幼儿园里的正常游戏和同伴交往。觉察即改变的开始，有了这份提醒，不少家长回家后都会刻意减少玩手机的次数。一些家庭还设置了面向父母的《手机公约》，约定在亲子阅读、家庭晚餐时不碰手机。一些康康娃也得意地和老师分享："婷婷老师，我爸爸现在会跟我玩游戏啦，我好喜欢我的'新'爸爸啊！"

（二）对于孩子，是一个"有趣而又有效"的转化

演剧的过程也是孩子们发泄自我负面情绪，与剧中人物情绪共鸣，尝试建立新的情绪反应的过程。在亲子、师幼共演情景剧《我不生气了》的过程中，幼儿通过言语、体态、面部表情，体验角色明显的情绪，通过面部表情判断角色的情绪表现。幼儿对自己和他人的情绪识别方面有了进一步提升，许多与"大圣宝宝"有相似经历的幼儿在实践体验后，能够根据情景中的角色，理解角色间的对话和情绪，对自我情绪理解能力也有了较好的感知。而在面对冲突情景或不如意事件时，也可将剧中大圣化解情绪烦恼的经验迁移到实际生活中，遇到让自己生气的事情，不只是生闷气、流眼泪，还可以找老师诉说，也可以向爸爸妈妈表达。

实例 2：康康娃的烦恼——出去玩时，好担心自己走丢啊！

一、情景剧开展背景

《3—6 岁儿童学习与发展指南》在健康领域的生活习惯与生活能力部分指出，幼儿应具备基本的安全知识和自我保护能力的目标，即在公共场所走失时，能向警察或有关人员说出自己和家长的名字、电话号码等简单信息……知道简单的求助方式。希望幼儿习得简单的自救和求救的方法，一旦走失时知道向成人求助，并能提供必要信息。

在生活中，父母无论在任何地方最放心不下的就是孩子，但是带孩子出去总是在所难免的，如果真的遇到和汤姆一样的事情，我们要怎么做？孩子要怎么做呢？在平时谈论时，孩子们会说得头头是道，但实际中，这仍是一个头疼的问题。当遇到真实问题时，成年人与幼儿都会紧张，会害怕。在一次班级幼儿情绪调研中，我们发现班级里 60％的孩子对于"走丢"充满着深深的恐惧，仅有 20％的孩子在走丢后经成人安抚后可以调节害怕情绪。

为此，我们准备开展相关主题活动，期待通过情景剧活动，让孩子知道外出时要紧跟大人，不能乱跑；不小心走丢时，要学会自救和求救；感受故事中美好的情感，懂得保护好自己是对自己的负责，也是对父母的爱。

二、情景剧活动方案

（一）《汤姆走丢了》情景剧活动方案

设计者：杨阳、唐士萍

班级	（葵）中(五)班	素材来源	绘本中的故事	核心道德品质	自护
活动目标	1. 感受汤姆在走丢后、面对坏人、找到妈妈三个阶段的情绪变化。 2. 尝试用语言、动作和辅助道具等表现汤姆、玩具宝宝、保安叔叔、坏人等角色的特征。 3. 知道面对陌生人不能随便跟他们走，有初步的防范意识。 4. 在成人的支持下，乐于与同伴共同演绎故事内容，自主建构自我保护的方法。				

续　表

	活动类型		活动内容	设计意图
实施过程	戏剧游戏		1. 小火车跑跑跑 2. 旋转木马	扮演小火车及旋转木马的动态造型,体现游乐场欢快的场景及凸显幼儿丰富的肢体表现。
	表演游戏		1. 游乐场 2. 走丢了不害怕	通过音乐渲染,让幼儿与同伴初步合作扮演游乐设备,懂得保护好自己是对自己的负责。
	集体教学		1. 找妈妈(以科探—数学领域为主) 2. 汤姆走丢了(以语言领域为主)	理解故事内容,大胆创编情节,表达剧中角色的情绪,习得自救和求救的多种方法。
	个别化学习		1. 摩天轮 2. 寻找汤姆	师生共同设计汤姆游玩的场景和寻找妈妈的路线。
	剧场展演		汤姆走丢了	体会剧中人物的情绪变化与原因,学习自我保护的多种方法。
	其他	环境互动	以幼儿的肢体表演塑造场景	通过体态、面部和言语表情,结合幼儿的经验,刻画走丢到发现过程中角色的不同情绪,学会自救和求救。

活动提示	1. 与同伴一起交流分享生活中,怎样的情景下容易和爸爸妈妈走散? 2. 与同伴共同商讨走丢了可以怎么自救,自救的方法有哪些? 3. 除了自救,探讨更多获救的方法?

环境	角色装扮			物件、场景			活动环境		
	汤姆	汤姆妈妈		旋转木马	小火车	碰碰车	旋转木马	摩天轮	旋转木马
色彩	黑色、灰色	花色		黄绿、藕粉	黄绿、藕粉	黄绿、藕粉	黄绿、玫红	黄绿、玫红	黄绿、藕粉
材料	棉布	棉		棉布	棉布	棉布	纸板、布	纸板、PVC管	棉布
造型									

（二）戏剧游戏

	游戏名称	小火车跑跑跑	活动照片
活动一	游戏材料	红绿灯指示牌	
	游戏玩法	幼儿排成一列小火车，一名幼儿扮演红绿灯来指示，一名幼儿扮演交警进行指挥。但小火车开到红绿灯、交警身边时要按照指示停或前进。	
	观察反思	幼儿投入度高，凸显中班活泼的特点，根据商量的规则创编和表现，知道外出时要紧跟大人，不能乱跑。	
活动二	游戏名称	旋转木马	活动照片
	游戏材料	空旷场地	
	游戏玩法	幼儿围成旋转木马状，报数1、2、1、2……当音乐响起时，大家朝着一个方向走，然后听到轻轻的音乐声，报数"1"的小朋友蹲下，听到重重的音乐声，报数"2"的小朋友蹲下，或者做其他动作，看谁的耳朵最灵。	
	观察反思	通过游戏，幼儿知道公共场所不贪玩，跟随大人，懂得自我保护。	

（三）集体教学

活动一	找妈妈（以科探——数学领域为主）
活动目标	1. 尝试运用推理和筛选的方法，按人物特征找出妈妈。 2. 知道在公共场合不远离成人的视线单独活动。
活动准备	1. 经验准备:看过绘本《汤姆走丢了》。 2. 物质准备:大图书《找妈妈》、幼儿操作人物若干个、操作背景板一块、操作板人手一份。
活动过程	**一、引出主题——找找不同的妈妈** 　　导入:今天汤姆带我们去一个地方，看看这是哪里?（商场）你觉得汤姆碰到什么麻烦了(走丢)（出示大图书 p1） 　　提问:这是谁呀? 有几个妈妈? 　　追问:这几个妈妈都长得一样吗? 哪里不一样? 　　小结:原来这几位妈妈的身上有这么多地方不一样，穿的衣服颜色不一样;配饰不一样,如背的包;头发的长短也不一样。 　　提问:今天汤姆碰到麻烦了,他在商场里走丢了,找不到妈妈了。你们愿意帮帮汤姆吗?

续　表

	过渡:(出示大图书 p2)汤姆的妈妈长什么样,你们看得懂吗? 让我们根据汤姆给的图片,一步一步找。 　　**二、猜测判断——根据提示找妈妈** 　　1. 第一次判断(出示大图书 p3) 　　提问:图片告诉我们汤姆的妈妈长什么样子? (穿着黄衣服)哪几位妈妈穿了黄色的衣服呢? (幼儿找出穿黄色衣服的妈妈) 　　小结:刚刚我们根据第一张图片的提示,把穿黄色衣服的妈妈找了出来。她们都是汤姆的妈妈吗? 那我们接着往下找。 　　2. 第二次判断(出示大图书 p4) 　　提问:你能看懂这张图片吗? 　　(幼儿观察妈妈的发型,找出梳马尾辫的妈妈) 　　小结:汤姆的妈妈不仅穿着黄衣服,还梳了马尾辫。 　　过渡:现在还剩下两张图片信息,好着急哦! 到底哪位才是汤姆的妈妈呢? 我们再去找一找。 　　**三、操作验证——寻找真正的妈妈** 　　1. 自主操作 　　提问:操作板上面有两张图片,从图片中,你可以看出汤姆的妈妈还有哪些特征吗? (幼儿根据找到的特征,筛选汤姆的妈妈) 　　2. 集体验证 　　(出示大图书 p5,大图书操作验证) 　　(出示大图书 p6) 　　小结:汤姆的妈妈有四个明显的特征,她穿着黄色的衣服、扎着马尾辫、背着红色圆点的背包、穿着黑色的平底鞋。原来根据妈妈的特征一步一步地找,我们就能快速、准确地帮助汤姆找到妈妈。 　　**四、活动延伸** 　　提问:在公共场所走丢可是件危险的事,你们有什么话对汤姆说吗? 　　追问:你有没有不走丢的好方法? 　　小结:谢谢你们的好方法,现在汤姆记住了,下次在商场里不能再随便离开妈妈的视线了。
活动二	汤姆走丢了(以语言领域为主)
活动目标	1. 理解故事情节,感受汤姆与妈妈走丢、面对坏人、找到妈妈三个阶段的情绪变化。 2. 知道走丢后的求助方式,有初步的自我保护意识。
活动准备	经验准备:有参观过商场的经验 物质准备:《汤姆走丢了》PPT
活动过程	**一、绘本导入,引起欣赏兴趣** 　　出示小兔汤姆和兔妈妈的图片 　　提问:你看到了什么? 　　(引导幼儿观察画面信息。如:人物、衣着特征等) 　　小结:今天,我们的故事就跟汤姆有关,它要和穿着黄衣服的妈妈一起去逛商场(出示商场图片)。

续　表

	二、理解故事，感受情绪变化
	（一）汤姆与妈妈走丢 1. 完整讲述故事第一部分 提问：发生了什么事情，他怎么会和妈妈走丢的呢？此时，汤姆的心情会是怎样的？ 小结：汤姆看着看着，就越走越远，最后找不到妈妈了，心里又伤心又着急。 提问：如果你们是妈妈你们的心情会怎么样？ 小结：妈妈找不到小汤姆，心急如焚，不知所措。 2. 播放视频，体会丢孩子后焦急的心情 提问：那走丢后该怎么办呢？你们帮他想想办法，可以和旁边的好朋友说一说。 小结：走丢后及时求助成人（警察）、拨打110、寻找广播台等都是求助的好方法。 **（二）怪叔叔出场** 提问：怪叔叔长什么样？ 小结：怪叔叔长着一张陌生的脸。 提问：汤姆为什么跑开呢？ 小结：汤姆不认识怪叔叔，所以他知道不能跟陌生人走。 **三、游戏互动** 情景游戏：自救场景演绎 提问：在不同场所走丢后，你还有什么好方法自救或者求救吗？ 情景1：动物园 情景2：游乐场 情景3：超市 小结：不管遇到什么样的场景，走丢后我们都可以学会自救和求助的方法，比如不跟陌生人走；找警察叔叔帮忙；记住爸爸妈妈的电话号码、家庭地址，等等。 **四、活动延伸** 在区角投放自救和求助的绘本、视频、装扮材料，说说、演演故事情节。

（四）个别化学习

	活动名称	摩天轮	活动照片
活动一	活动材料	纸箱、记号笔、丙烯颜料、毛笔、蜡笔、剪刀等	
	活动玩法	幼儿在摩天轮的圆圈上画上人物，并涂上颜色。	
	观察反思	制作过程中幼儿思考时间较久，可以事先让幼儿设计草图，用绘画的方式记录下来。在设计过程中让幼儿体验成功。	

续　表

活动二	活动名称	寻找汤姆	活动照片
	活动材料	若干不同的汤姆、线索牌	
	活动玩法	幼儿根据线索一步步找出符合条件的汤姆。	
	观察反思	在寻找汤姆的过程中让幼儿体验完成任务的喜悦。知道走丢的严重性。	

（五）剧场展演

剧情概览	汤姆和妈妈来到热闹的游乐园游玩,汤姆一看到旋转木马、碰碰车、小火车等,就放开妈妈的手跑开了,妈妈一转身就找不到汤姆了。汤姆从一开始感到害怕,逐渐冷静下来,回忆来时的路,从原路返回找到妈妈……

第一幕	时间	2分钟		人物	汤姆、汤姆妈妈
	灯光	柔和		音效	欢快
	场景				
		剧情		设计意图	
		妈妈带汤姆去游乐场玩 汤姆妈妈:汤姆,今天天气真好,妈妈带你去游乐场玩好吗? 汤姆:好啊好啊! 汤姆妈妈:汤姆,游乐场人很多,千万别乱跑,如果走丢了记得在游乐场门口等我哦!		关注欢乐的情绪,第一幕通过面部表情——微笑;肢体动作——跳跃的步伐。	
	策略	**剧情优化策略之角色优化** 　　创设"游乐场"的情境,先是广播主持人宣布游乐场开门,后配以欢快的背景音乐,幼儿可通过倾听、观察、感受角色的语音、语调、动作、表情等表现自己的理解,吸引幼儿自然地融入游乐场这个情境里,体验玩演的乐趣,同时帮助走失幼儿。			
	剧照				

续 表

	时间	3分钟	人物	汤姆
	灯光	柔光	音效	快乐的音乐

	场景	

	剧情	设计意图
	汤姆：妈妈妈妈！我要玩碰碰车。碰碰车真好玩，看！还有滑滑梯。哇！旋转木马耶，真漂亮啊，真漂亮。真开心，快看！那里还有跷跷板，可是人太多了，我还是去玩小火车吧。	关注玩游戏的快乐情绪。通过面部表情，表现开心的笑；通过肢体动作扮演游乐场的设施设备；语言表达惊喜连连。惊叹词：哇！看！

第二幕	策略	**剧情优化策略之场景优化** 根据剧情的发展，将游乐设备搬上舞台，通过音效、灯光、道具等形式烘托情绪发展轨迹，增强感官感受，在浓郁的氛围中促进幼儿更好地关注、识别剧中人物的情绪变化，通过简单的肢体动作改变，幼儿变成小木马、碰碰车、小火车创设真实情境。表现出汤姆玩得非常开心这一剧情内容。
	剧照	

续　表

时间	5分钟	人物	汤姆、汤姆妈妈
灯光	蓝色灯光	音效	难过的音乐

<table>
<tr><td rowspan="5">第三幕</td><td>场景</td><td colspan="3" align="center"></td></tr>
</table>

剧情	设计意图
汤姆：好累啊！妈妈，我要喝水。咦，我的妈妈呢？我该怎么去找我的妈妈？ 　旁白：汤姆想一想，妈妈和你说过什么？ 　汤姆：让我想一想。对了，妈妈说过了，如果走丢了，就去游乐场的门口等她。可是我应该怎么去游乐场的门口呢？ 　【请小朋友回答，互动】 　旁白：汤姆，想想你经过了哪些地方，往回走就能找到了。 　汤姆：对了，我最后玩的是小火车，接下来看到了跷跷板，我又玩了旋转木马，还有滑滑梯，咦，我第一个玩的是什么？ 　【请小朋友回答，互动】 　汤姆：让我去找一找，找到小火车了，终于到门口了。	共同创编汤姆回忆游玩路线，找到妈妈的方法。关注发现与妈妈走散后的害怕情绪以及冷静下来后找到方法的喜悦情绪。 　通过面部表情——哭泣、慌张表现发现与家人走散后害怕的情绪。肢体动作——表现回想起经过了哪些地方的高兴情绪。

策略	**1. 情节生长策略之剧情的生长** 　当剧情随着情绪线索的变化而发生改变，为了能够提升幼儿对于多变情绪的体验，将通过语言、动作、表情等表现手段将汤姆发现与家人走散后的害怕情绪以及经过冷静找到自救方法这两段呈现出来，激发幼儿兴趣，引发幼儿回忆游玩路线。 　**2. 自主分享策略之情绪关注的分享** 　通过旁白的提问，幼儿能自主分享自己的疑惑，引发台下观众的回应，调动观众的参与性，帮助幼儿加深对游玩路线的印象，从而解决问题。

剧照	

续 表

	时间	2分钟		人物	汤姆、汤姆妈妈、旁白
	灯光	柔光		音效	《庆祝》
第四幕	场景				
		剧情			设计意图
		汤姆妈妈：汤姆汤姆，终于找到你了，下次别再乱跑了！ 汤姆：知道了妈妈。 旁白：小朋友们如果去人多的地方可以和爸爸妈妈先约定一个地方，走丢了就去约定的地方等爸爸妈妈。			关注汤姆与妈妈重逢的快乐情绪，通过肢体动作——与妈妈拥抱，表现找到妈妈后的快乐情绪。
	策略	**1. 剧情优化策略之角色优化** 　　幼儿通过倾听、观察、感受角色的语音、语调、动作、表情等表现自己的理解，比如当找到孩子的时候，妈妈激动地跑向孩子，通过语言动作，表演一位遭遇孩子走失非常焦急的妈妈。 　　**2. 家园合作策略之共商、共演法** 　　在活动最后，全体幼儿一起将创编的"走丢了不害怕"儿歌，以"图＋动作"的形式呈现给观众观看。这首儿歌内容由幼儿发起，家长梳理，最后形成一段走丢自护儿歌，于结尾处，成功升华主题。			
	剧照				
展演视频二维码		 请扫描本书最后的二维码，观看视频。			

三、情景剧活动开展的反思

我们对情景剧活动前后班级中的 30 名幼儿进行了一对一的访谈问询。借此,我们可以看出《汤姆走丢了》情景剧活动取得了如下成效。

(一)化解了幼儿对于"走丢"的"害怕""担心""恐惧"的大烦恼

在情景剧活动开始前,班级中 60% 的孩子对于"走丢"充满着深深的恐惧,仅有 20% 的孩子在走丢后经成人安抚可以调节害怕情绪。而在筹备这个情景剧的过程中,我们带领幼儿一次又一次地讨论直面走丢后的丰富情绪,让幼儿感受到他们所经历的担心、害怕并不是无法应对;同时又借助"小火车跑跑跑""旋转木马"等游戏活动以及舞台展演,孩子们以此来释放心中的恐惧。正如精神分析学派代表人物弗洛伊德所指出的:"正因为儿童的本我在现实中常受到超我的挫败,所以在儿童的生活中也常常有许多痛苦的体验,如恐惧、伤心、愤怒、焦虑等。为了控制、排解这些痛苦的体验,儿童便在游戏中通过重复那些引起痛苦体验的创伤性事件的各个环节,将痛苦的体验转嫁到同伴、娃娃或一个假想的对象身上,从被动的承受者变为主动的执行者,从而使痛苦的体验转化为愉快的体验。"最终,班级内超过 70% 的幼儿能够借助成人安抚,自我调节害怕情绪,25% 以上的孩子能自我调节走丢了的害怕情绪。

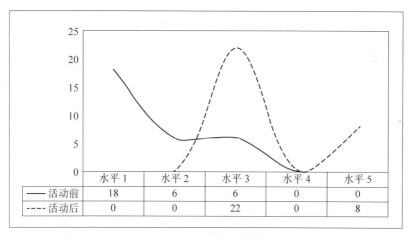

图 5 - 2　康康娃对于走丢后的"害怕"情绪调节水平分布

（二）增强了班级康康娃"助人"的亲社会性行为意向

情景剧活动中班级康康娃对于走丢的共情能力明显提升。康康娃们更能够感受到他人在走丢后着急、无助、恐慌的情绪，进而对其提供帮助。与此同时，在情景剧活动中，幼儿也习得了更多的办法在走丢后进行自救——借游乐场工作人员的手机给妈妈打电话；请工作人员在广播里播报寻人启事；固定地点等待；原路返回；戴电话手表……孩子在玩剧、演剧、创剧的过程中，收获了扎扎实实的发展、真真切切的成长！

表 5-5　《汤姆走丢了》幼儿情景剧活动评价表（活动前）

活动名称	汤姆走丢了		核心品质	自护	
序号	关键提问	行为描述			行为水平统计
		水平 1	水平 3	水平 5	
1	和家里人走散了，害怕吗？	表现出害怕的情绪。	有少许害怕情绪，在成人安抚下能控制。	对走丢了害怕的情绪能自我调节。	水平1:18人 水平2:6人 水平3:6人
2	你愿意帮助汤姆吗？	用剧中的方法帮助汤姆。	用自己了解的方法帮助汤姆。	找更多的方法帮助汤姆。	水平1:6人 水平2:4人 水平3:18人 水平5:2人
3	汤姆为什么会走丢？除了剧中的方法，还有哪些方法找妈妈？	了解剧中走丢的原因，能说出1—2种找妈妈的方法。	了解多种场所可能会走丢的情况，能说出2—4种自救或他救的方法，并能讲出理由。	知道不同场所下容易走丢的情况，了解走丢的起因；能说出多种自救和他救的方法，并能梳理救护过程中的正确顺序。	水平1:8人 水平2:16人 水平3:6人 水平5:2人
4	喜欢和老师、朋友一起创编汤姆走丢了的情景剧吗？	愿意跟同伴互相交流剧中的角色跟剧情。	有持续表演情景剧的热情，与同伴一起塑造汤姆走丢了的角色对话。	热衷情景剧观演，能联系生活经验，设计改编汤姆寻找妈妈的路线。	水平1:20人 水平2:4人 水平3:6人

续　表

总体情况	本次前测人数为30人,通过对数据的统计,本班幼儿对于"自护"品质的测评较多的是"水平1和水平3",在"水平5"这块还只是个位数,说明在开展《汤姆走丢了》情景剧前,本班幼儿对于与家人走散后,如何自我保护的经验不够丰富,较多幼儿说得出2—4种走丢后该怎么做的方法,但都是停留在表面的认知,如:知道要给警察打电话、向他人求助,但是都没有自救的方法;幼儿对绘本中在商场走丢找广播求救的方法已经很清楚了,但如果走丢场景发生变化后要如何自救,要怎么解决还需要进一步梳理与引导。

备注:"行为水平"呈现幼儿不同阶段的发展状态,参考"行为描述"填写,如介于"水平1"与"水平3"之间,则行为水平为2。

表5－6　《汤姆走丢了》幼儿情景剧活动评价表(活动后)

活动名称	汤姆走丢了	核心品质		自护	
序号	关键提问	行为描述			行为水平统计
		水平1	水平3	水平5	
1	和家里人走散了,害怕吗?	表现出害怕的情绪。	有少许害怕情绪,在成人安抚下能控制。	对走丢了害怕的情绪能自我调节。	水平3:22人 水平5:8人
2	你愿意帮助汤姆吗?	用剧中的方法帮助汤姆。	用自己了解的方法帮助汤姆。	找更多的方法帮助汤姆。	水平3:2人 水平4:6人 水平5:22人
3	汤姆为什么会走丢? 除了剧中的方法,还有哪些方法能找到妈妈?	了解剧中走丢的原因,能说出1—2种找妈妈的方法。	了解多种场所可能会走丢的情况,能说出2—4种自救或他救的方法,并能讲出理由。	知道不同场所下容易走丢的情况,了解走丢起因;能说出多种自救和他救的方法,并能梳理救护过程中的正确顺序。	水平3:2人 水平4:22人 水平5:6人
4	喜欢和老师、朋友一起创编汤姆走丢了的情景剧吗?	愿意跟同伴互相交流剧中的角色跟剧情。	有持续表演情景剧的热情,与同伴一起塑造汤姆走丢了的角色对话。	热衷情景剧观演,能联系生活经验,设计改编汤姆寻找妈妈的路线。	水平3:16人 水平4:8人 水平5:6人

续　表

总体情况	开展情景剧《汤姆走丢了》后,对孩子又针对性地开展了后测,从数据统计上可以看出,前测和后测有明显区别,对于"自护"品质的后测数据各方面都有明显的提升。 　　在前测中孩子们停留于向他人求救的方法,通过情景剧系列活动,孩子们学会了梳理不同场景下走丢后自救的方法,同时也从情景中了解到,走丢了不害怕,开动脑筋想一想,好方法在眼前,自救的方法有很多,我们可以的。

备注:"行为水平"呈现幼儿不同阶段的发展状态,参考"行为描述"填写,如介于"水平1"与"水平3"之间,则行为水平为2。

情景剧活动案例3:康康娃的烦恼——失败了,真难受!

一、情景剧开展活动背景

在幼儿园教育活动中时常会出现如下的情景:

◎在游戏比赛中,比如接力跑运球或者抢椅子比赛,失败的一方时常有康康娃会吵闹,甚至有一次一个孩子非常恼火地朝老师胸口打了一拳,大嚷着说:"裁判错了,应该是我们赢!"

◎在个别化游戏中,面对新投放的材料,玩了一会儿没学会,部分康康娃便望而却步,不去挑战,回去反复玩自己会玩、擅长玩的材料。

◎在折纸等美工活动中,比如折小天鹅、涂鸦青花瓷、装扮小动物,线条、颜色或者图案没做好时,部分康康娃会中途放弃,转身去做其他活动!

除此之外,我们通过和家长的沟通发现在家中也时常出现类似的现象:

◎和爸爸一起下跳棋,只能是自己赢,如果是爸爸赢了,就会掀倒棋盘,然后大吼大叫吵着说:"我不玩啦!"

◎在兴趣班学跳舞时,课前的热身时常会比较辛苦,有时也会压疼腿,于是就嫌学跳舞太难,不要上课。

◎学弹琴时,遇到容易的曲子会兴致特别高,但凡遇到难一点儿,需要反复练习的就会发脾气、乱弹,吵着嚷着说:"我学不会,我学不会!"

以上种种,反映了我们康康娃成长过程中的一大烦恼——害怕困难,害怕失败,失败后的伤心、难过情绪反应比较激烈!究其更深层次的原因则是康康娃的心理弹性弱,抗逆力不强!

《幼儿园教育指导纲要(试行)》(2001)中明确提出要"培养幼儿坚强、勇敢、不怕困难的意志品质和主动、乐观、合作的态度"。《3—6岁儿童学习与发展指南》在社会领域亦指出,幼儿应具备"社会适应"能力,喜欢并适应群体生活、遵守基本的行为规范。这些政策指向的都是幼儿的抗逆力。提升幼儿抗逆力对心理健康问题的减少和积极心理品质的培养都会产生重要的影响。

面对竞争日趋激烈的未来社会,每个人都需要在竞争中求生存、求发展,坚韧的意志品质和克服困难的毅力信心是人生途中不可或缺的助力。因此,有目的地培养幼儿抗逆力是发展健康人格的重要内容之一,父母教师要有挫折与独立意识,抗逆力的培育与心理承受能力的增强有利于学前儿童身心健康发展与健康成长。

二、情景剧活动方案架构

(一)《我可以跳舞吗?》情景剧活动方案整体架构

设计者:唐士萍、马蕴仪

班级	(葵)大(四)班	素材来源	绘本中的故事	核心道德品质	乐学
设计思路	结合日常活动观察,发现班中幼儿经常稍不顺心就会哭闹不停。基于幼儿受挫能力较差,遇到困难常常逃避的现状,我们和孩子共同设计了情景剧《我可以跳舞吗?》。此剧源于绘本《大脚丫跳芭蕾》,故事主人公贝琳达因为一双大脚得不到评委对她舞姿的肯定。但她积极面对,坚持不懈,终于用优美的舞姿深深吸引了指挥家、评委和观众。情景剧根据此绘本故事改编而成,改编后的故事情节为主人公"琪琪"在舞蹈社团招募中因为个子矮没有被录取,无奈加入了音乐组,但琪琪的心中还是忘不了最爱的舞蹈,在同伴的鼓励和自我肯定的过程中重拾信心,最终成为了舞蹈社优秀的一员。 本剧围绕"琪琪"失落、难过、委屈的情绪表现,及当她努力坚持舞蹈时,乐观、自信、喜悦的情绪表现,凸显"琪琪"情绪的变化。"琪琪"在逆境中不断努力,坚持不懈,成功圆梦的过程,帮助幼儿学会勇于面对困难与挫折,并能够关注、理解及回应自身情绪,在鼓励和自我调节中慢慢走出失落的情绪,懂得面对失败不放弃,坚持梦想的道理。				
活动目标	1. 尝试用丰富的面部表情、肢体动作、语言等方式表达角色的情绪或心境,与剧中人物产生情感共鸣。 2. 理解剧中的情景冲突和坚持自己的梦想不放弃的信念,体会角色间的情感交流。 3. 在情景剧活动中,能与同伴合作参与。 4. 在生活中尝试情景迁移,体验成功的喜悦。				

续　表

	活动类型	活动内容	设计意图
实施过程	表演游戏	舞蹈特长班	根据剧情创编,感受角色情绪,塑造角色性格,感受不同的情绪。
		舞蹈加油站	通过服装配以合适的音乐渲染,幼儿更积极、自信表演,乐于展示自己所学的才艺。
		超级模仿秀	让幼儿喜欢互相模仿、学习他人的面部表情、语言、动作等。
		影子游戏	激发幼儿观察、探究的学习兴趣。
		我是裁缝师	在学习体验中发展幼儿设计、创造的能力。
		社团竞选	为发展幼儿自主设计的能力,组织开展社团活动宣传单设计,喜欢参加社团活动。
	剧场展演	我可以跳舞吗?	倾听、观察、感受不同角色的语音、语调,肢体表情,面部表情、装扮等变化。
	其他 环境互动	各社团场景布置、物件设计与制作	在情境演绎中能够关注场景、灯光、音效等的转换,渲染角色坚持梦想不放弃的氛围。

活动提示	1. 剧中的扇子是有寓意的,是代表女性情绪心理的外化物。通过探索扇子的开、合、抖,等等,了解构造及玩法,最终共同编排扇子舞。 2. 琪琪情绪的前后变化可以用音乐来烘托。

环境	角色装扮			物件、场景			活动环境	
	琪琪	男生	女生	扇子	镜子	背景板	招募场地	茉莉花
色彩	黄绿	绿白	黄白	粉、绿	银	绿、银	绿、银	绿、白、棕
材料	棉、纱	棉	棉、纱	木制	PVC	PVC、纸板	PVC、纸板	PVC、纸板

造型	

续　表

（二）表演游戏

	游戏名称	舞蹈班	活动照片
活动一	游戏材料	音乐、铃鼓、三角铁等乐器、服装等	
	游戏玩法	根据绘本故事，进行剧情表演或创编，感受、表现多种情绪，并配合适宜的乐器，共同表演。	
	观察反思	幼儿投入度高，凸显大班合作特点，根据剧情表演、创编，塑造鲜明的角色，突出了乐学的品质。	
活动二	游戏名称	舞蹈加油站	活动照片
	游戏材料	垫子、音乐、适宜的服装	
	观察反思	幼儿分组演绎"社团落选"后失落以及重树自信后的喜悦，适宜的服装配以合适的音乐渲染，让幼儿更积极、自信表演，展示自己的才艺。	
活动三	游戏名称	超级模仿秀	活动照片
	游戏材料	自制计划书、镜子、地毯、音乐等	
	观察反思	幼儿投入度高、兴趣佳，两人或三人合作组合"事物"，表演兴趣佳。	

续　表

活动四	游戏名称	影子游戏	活动照片
	游戏材料	皮影戏架、投影灯、音乐、木偶等	
	观察反思	幼儿投入度高,合作意识凸显,体会投影近、远成像的乐趣。	
活动五	活动名称	我是裁缝师	活动照片
	活动材料	各种布料、报纸、毛线、夹子等	
	活动玩法	幼儿自由创意,利用各种布料、报纸等设计并制作表演服。	
	观察反思	制作过程中幼儿思考时间较久,可以事先让幼儿设计服装,用绘画的方式记录下来。	
活动六	活动名称	社团竞选	活动照片
	活动材料	各色彩纸、剪刀、记号笔等	
	观察反思	幼儿制作的宣传单容易缺少时间、地点等重要因素,可适当提供宣传单样式给幼儿参考。	

(三) 剧场展演

剧情概览	琪琪在舞蹈社团招募中因为个子矮小,没有被舞蹈社选中,最后加入了音乐组,但是琪琪的心中还是忘不了舞蹈,在同伴的鼓励和自我肯定的过程中重拾信心,最后成为了舞蹈社的一员。			
第一幕	时间	2分钟	人物	各社团成员和琪琪
	灯光	柔和	音效	欢快
	场景			

续　表

剧情		设计意图
游戏:传声筒 　　主持社:大家好! 我们是主持社,别看我们年纪小,我们的嘴皮子可溜了,请欣赏快板。(八百标兵奔北坡……) 　　武术社:哼,主持有什么了不起,看看我们武术社。 　　琪琪:大家好,我叫琪琪,可喜欢跳舞了,所以我要加入舞蹈社。 　　提示语:面带微笑,眼神有光,轻盈的步伐。 　　舞蹈社:你要加入我们吗? 　　琪琪:对啊! 　　舞蹈社:可是你的身高……你的腿……我们舞蹈社的人都是腿长长、长得高高,你不行,还是去加入其他社吧! 不和你说了,我要去练舞了。		关注欢乐和自信的情绪: 　　第一幕通过面部表情——微笑、眼神;动作表情——轻盈的步伐及优美的舞姿;言语表情——主动介绍、大方交谈等方式,体现琪琪对自己的肯定和对舞蹈的热爱以及同伴们自信的表现。

策略	**剧情优化策略之场景优化** 　　在"社团招募"的场景中,根据幼儿真实情境来改编,针对幼儿在"社团招募"的舞蹈社落选的一幕,运用音效、灯光等多元通道烘托情绪轨迹,关注剧中人物情绪,更好地关注、识别情景中琪琪快乐、自信的情绪变化,并予以多样回应。
剧照	

第二幕	时间	5分钟	人物	琪琪和音乐社成员
	灯光	追光——柔光	音效	失落、伤心
	场景			

剧情	设计意图
(聚光灯) 　　琪琪:你还没看我跳舞,怎么就知道我跳不出优美的舞蹈呢? 唉! 　　(戏剧游戏——我与宣传单) 　　三种不同情绪表现	关注被否定后失落、难过的情绪: 　　通过面部表情——愁眉苦脸、低下头,目不转睛地看着舞蹈社的宣传单。表现对

续　表

		音乐社：只要你喜欢音乐，就快来加入我们吧！你要来加入我们吗？ 琪琪：既然去不了舞蹈社，那我就参加音乐社吧！ 音乐社：琪琪，你来打节奏吧！ 琪琪：好的！ （叮铃铃） 音乐社：下课咯下课咯！琪琪早点回去哦！ 琪琪：好的，我把教室整理一下。 （琪琪边跳着舞，边整理着教室，面对镜子里的自己，打着节奏，仿佛看到了自己翩翩起舞的样子，想去触摸却触摸不到。）		舞蹈的渴望却又望而却步、恋恋不舍夹杂着无奈的情绪。 　　此时运用情节生长策略，通过肢体表情，渲染想跳舞又无法实现的伤心、失落情绪。
	策略	**情节生长策略之角色生长法** 　　幼儿大胆想象，运用肢体表现的方式，面对镜子中的自己，一边是打着节奏的自己，一边是翩翩起舞的自己。关注琪琪矛盾、复合的情绪表现，也是角色衍生出的分身。运用动作的表现加上音乐和灯效的烘托，突出了琪琪心中的舞蹈梦并没有消失，她还是在默默坚持。		
	剧照	 		
第三幕	时间	5分钟	人物	所有同伴
	灯光	柔和	音效	少年、茉莉花
	场景	 		
		剧情		设计意图
		（叮铃铃） 音乐社：琪琪早。 琪琪：早上好，我们继续排练吧！ （舞蹈社排练了，琪琪心不在焉地打着节奏，身体不由自主地跟着舞蹈社翩翩起舞。） 音乐社：琪琪，你在干什么？ 琪琪：没什么，没什么，我们继续吧！		关注同伴鼓励时的情绪及琪琪重拾自信的情绪： 　　动作表情——低下头、不停摸衣角、后退；言语表情——结结巴巴、低声细语表现

	（琪琪又跟着翩翩起舞） 　　音乐社：琪琪，既然你这么喜欢跳舞，为什么不去参加舞蹈社。 　　琪琪：因为他们说我没有长长的腿，高高的个子，跳不出优美的舞蹈。 　　音乐社：谁说没有长长的腿，高高的个子就不能跳舞了。 　　音乐社：对啊，你要相信自己，你可以的。 　　琪琪：不行不行，我肯定跳不出优美的舞蹈。 　　音乐社：你要相信自己，我们把所有的人都叫来看你跳舞，让大家来说说，你到底能不能跳出优美的舞蹈。 　　琪琪：我……我……真的不行。 　　音乐社：不要紧张，我们会帮你伴奏，音乐起。 　　合：琪琪，你跳得太棒了。 　　琪琪：我真的可以吗？ 　　合：当然可以啦！谁还不是那个追梦少年呢！ 　　歌曲《少年》集体表演 　　琪琪：谢谢大家的鼓励！ 　　舞蹈社：舞蹈社要演出啦！ 　　（歌曲《茉莉花》舞蹈社表演）	出心中的胆怯和不自信。 　　言语表情——在坚持梦想的道路上，会遇到很多困难。不自信的时候，你说话的速度、连贯度都会体现此时的情绪。 　　通过同伴提名，关注琪琪的情绪，运用语言、肢体、表情等不断鼓励，帮忙琪琪想办法，最终找回自信，重登舞台。
策略	**1. 家园合作策略之共商法** 　　通过亲子间不断的创编和调整，关注琪琪的情绪变化，共同帮助琪琪建立自信，重拾梦想。 　　**2. 情节生长策略之场景道具生长法** 　　通过场景道具的调整，动静态情境的转换，结合环境创设的内容，提升观剧的氛围和演员的投入度。运用音乐的烘托（茉莉花），茉莉花是优美的象征，就像讽刺着招募成员时琪琪被否定跳不出优美舞蹈的场景，成功利用结尾升华主题。	
剧照		
展演视频 二维码	 《我可以跳舞吗？》.MP4 请扫描本书最后的二维码，观看视频。	

三、情景剧活动成效

在开展《我可以跳舞吗?》情景剧活动中,我们借助集体教学、个别化学习、表演游戏、剧场展演多种形式的优化组织促进幼儿的情绪理解能力,帮助幼儿积极应对失败情绪。

（一）多样情景剧活动实施路径的系统、灵活、有效运用

在集体教学活动中,师幼共同观察和理解贝琳达情绪的变化,探讨情绪变化的原因;通过感受贝琳达积极面对挫折,勇于挑战,坚持跳舞的决心,使幼儿懂得坚持的意义。在活动中,教师启发幼儿联系生活经验,如:当自己受到挫折后该如何面对;当同伴遇到挫折时,我们可以怎么做;怎样坚持自己的梦想等,展开热烈的讨论,由此理解主人翁的情绪状态和情绪的变化及其原因,感悟坚持不懈的精神,体会积极面对生活的态度。

在个别化学习中,聚焦剧情,我们分设"贝琳达的故事""贝琳达的服饰""测量大脚丫""贝琳达的舞台"等若干区域。我们设计活动内容,收集投放不同材料,让幼儿自主选择,进一步走近贝琳达。在"贝琳达的故事"创编区,一段时间后,孩子们创编的故事出现了好几个版本,通过分组交流的形式,最终将改编的不同版本的剧情在小舞台上演出。在"贝琳达的舞台"区域中,幼儿将自己喜欢的社团表演活动制作成社团宣传单,通过讨论,决定使用不同色彩的纸张制作宣传单,更利于区分与使用,并最终运用到剧场演出之中。

在表演游戏中,在听赏故事的基础上,幼儿结合自己的生活经验自主展开游戏,游戏情节时有变化。比如,围绕同一主题"心仪的社团没有被选上,你的心情是怎样的?"A小组中琪琪落选后心里很难过,通过面部表情、肢体、言语等方面表现出落选的失落情绪,时间久了,她通过转移注意力慢慢走出了落选的阴影;B小组在表演时,主要凸显了同伴的关爱,他们通过言语安慰琪琪、邀请她参加其他的社团等举措帮助琪琪走出失落情绪。有趣的是,不同小组幼儿都关注到了主人翁的情绪线索及变化。在戏剧游戏中,孩子们戏剧化地将自己变身剧中人物,体验及记忆自身或同伴面对失落情绪的不同理解及表现,再通过同伴互动塑造更多形象鲜明的角色,感受多样的情绪体验。

最终,剧场展演,系统体验剧中人物内心情绪发展。剧场展演为幼儿创设并提供了一个多角度的玩演环境,幼儿通过多种渠道参与,有机会在舞台上大胆地表达表现,在此过程中感受与体验。本剧最终以一曲《茉莉花》收获掌声与梦想,告诉大家其实只要坚持,不断努力,终究会成功。

（二）康康娃对失败更加积极、正向的情绪反应

而通过图5－3和图5－4对比可以看出,借助情景剧活动康康娃对"失败"有了更积极的情绪反应。情景剧活动前50％的康康娃都表示在失败后会呈现出比较伤心难过的情绪,仅有16.6％的康康娃能够对失败进行归因,正视失败的原因。而情景剧活动后,超过60％的康康娃能对失败进行归因,虽然心中有难过,但能自己鼓励自己,正视失败的原因。在情景剧中,康康娃的情绪理解发展看得见,康康娃的成长烦恼化解看得见……

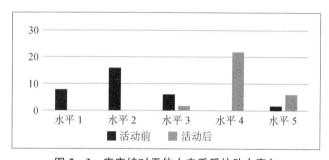

图5－3　康康娃对于他人走丢后的助人意向

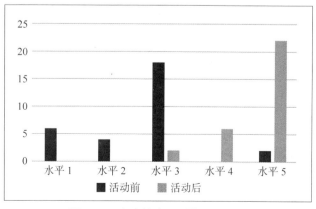

图5－4　康康娃走丢后的自救方法

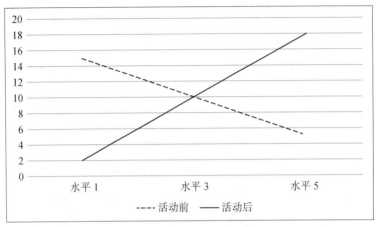

图 5-5 康康娃面对失败的情绪反应

表 5-7 《我可以跳舞吗?》幼儿情景剧活动评价表(活动前)

活动名称	我可以跳舞吗?		核心品质	乐学	
序号	关键提问	行为描述			行为水平统计
		水平 1	水平 3	水平 5	
1	面对失败,你心情是怎么样的?	表现比较伤心难过的情绪。	能说出心里的伤心,并在同伴、老师、家人的帮助下调节情绪。	对失败进行归因,虽然心中有难过,但能自己鼓励自己,正视失败的原因。	水平1:15人 水平3:10人 水平5:5人
2	实现梦想需要做哪些?	能说出剧中琪琪实现梦想的过程。	除了知道要坚持不懈,还了解一些简单的道理。	知道实现梦想是一件不容易的事情,能针对自己的梦想梳理一些好方法。	水平1:19人 水平3:9人 水平5:2人
3	为什么要有梦想?	知道每个人都有自己的梦想。	了解梦想的起源以及梦想给人们带来的快乐。	懂得梦想是非常珍贵的,要朝着梦想勇往直前,才能越来越好。	水平1:21人 水平3:7人 水平5:2人
4	如果你是琪琪,你会怎样实现梦想?	知道要坚持做一件事情。	了解在实现梦想的道路上遇到困难要不放弃,勇敢面对。	懂得实现梦想要坚持,并能梳理实现不同梦想的有效方法。	水平1:12人 水平3:15人 水平5:3人

续　表

总体情况	本次前测人数为 30 人，通过对数据的统计，本班幼儿对于"乐学"品质的测评较多的是"水平 1 和水平 3"，在"水平 5"这块还只是个位数，说明在开展《我可以跳舞吗？》情景剧前，本班幼儿对于追求梦想的毅力和实现梦想的过程中经验不够丰富，较多幼儿讲不出行之有效的实现途径和方法，都是停留于表面的认知，如：知道要坚持做一件事情才能实现，但是并没有梳理过自己在实现梦想的道路上会遇到什么困难，要怎么解决，等等，同时在情感上对于梦想没有成功，失败后的情绪调节也是不够自主。

备注："行为水平"呈现幼儿不同阶段的发展状态，参考"行为描述"填写，如介于"水平 1"与"水平 3"之间，则
　　　行为水平为 2。

表 5-8　《我可以跳舞吗？》幼儿情景剧活动评价表（活动后）

活动名称	我可以跳舞吗？			核心品质	乐学
序号	关键提问	行为描述			行为水平统计
		水平 1	水平 3	水平 5	
1	面对失败，你心情是怎么样的？	表现比较伤心难过的情绪。	能说出心里的伤心，并在同伴、老师、家人的帮助下调节情绪。	对失败进行归因，虽然心中有难过，但能自己鼓励自己，正视失败的原因。	水平 1：2 人水平 3：10 人水平 5：18 人
2	实现梦想需要做哪些？	能说出剧中琪琪实现梦想的过程。	除了知道要坚持不懈，还了解一些简单的道理。	知道实现梦想是一件不容易的事情，能针对自己的梦想梳理一些好方法。	水平 1：2 人水平 3：8 人水平 5：20 人
3	为什么要有梦想？	知道每个人都有自己的梦想。	了解梦想的起源以及梦想给人们带来的快乐。	懂得梦想是非常珍贵的，要朝着梦想勇往直前，才能越来越好。	水平 1：1 人水平 3：4 人水平 5：25 人
4	如果你是琪琪，你会怎样实现梦想？	知道要坚持做一件事情。	了解在实现梦想的道路上遇到困难要不放弃，勇敢面对。	懂得实现梦想要坚持，能梳理针对不同梦想的一些有效方法。	水平 1：1 人水平 3：15 人水平 5：14 人
总体情况	开展情景剧《我可以跳舞吗？》后，对孩子又针对性地开展了后测，从数据统计上可以看出，前测和后测明显的区别，对于"乐学"品质的后测较多集中在"水平 5"，也有小部分为"水平 3"，极个别停留于"水平 1"。 　　在前测中孩子们停留于表面"知道做一件事要坚持才能实现梦想"，通过情景剧系列活动，孩子们学会了梳理实现不同梦想的有效方法，同时也从剧中了解到面对失败寻找原因，及时改正，换一种快乐的学习方式，调节好自己的心态，梦想可能就在眼前。				

备注："行为水平"呈现幼儿不同阶段的发展状态，参考"行为描述"填写，如介于"水平 1"与"水平 3"之间，则
　　　行为水平为 2。

实例 4：康康娃的烦恼——为什么说我们是"龙的传人"？

一、情景剧开展活动背景

爱祖国，爱家乡的教育是幼儿园思想品德教育的重要组成部分，也是幼儿高级情感发展的重要组成部分。根据《幼儿园教育指导纲要（试行）》要求，结合幼儿的年龄和身心发展的特点，从情感教育入手，选择适合幼儿学习并能直接产生情感的教育内容和活动形式，有计划、有步骤地引导幼儿认识祖国的大好河山，培养幼儿对祖国的热爱和情感。

在一次《大中国》的音乐活动集体课中，一个孩子问："潘老师，为什么我们是龙的传人啊？"这个话题一时引起了班内幼儿的热烈讨论：

东东说：因为长城那么长，就像一条龙啊！

妮妮说：因为我们都是喝黄河水、长江水的，他们在地图上看起来就像是一条龙！

仔仔说：因为龙是我们的吉祥物啊，只有中国人才会有龙！

孩子们众说纷纭，这时嘟嘟的一个疑问——"那外国人是龙的传人么？"又推动了娃娃们的激烈讨论。

包子说：当然啦，全世界的人都是龙的传人！

轩明说：不是，只有中国人才是龙的传人！只有生活在中国的人才是中国人！

毛毛说：不对的，有些外国人生活在中国他们也不是中国人，比如皮肤很黑很黑的人，他们不是龙的传人！

丫丫说：我爷爷和我奶奶晒得都很黑，可他们是中国人啊，他们会讲中国话的！……

孩子们关于"龙的传人"的争论不休，而这些争论也包含了他们懵懂的"对祖国认知"及"祖国情感"初步认识，为此我们借助幼儿会议、幼儿绘画、幼儿访谈的方式开启了系列实地小调研……

（一）康康娃的祖国认知小调研

国家是一个人从出生开始就贴在个人身上的标签。个体的国家意识影响着个体形成稳定的国家认同。幼儿阶段是个体国家观念和意识产生的初始阶段。我们借助幼儿绘画和儿童会议来了解康康娃心目中"祖国是什么"。

有些康康娃关于什么是祖国的理解,往往将能够代表祖国的具体标志等同于祖国"祖国就是五星红旗,她是红色的!""我最喜欢的部分是天安门,因为它是祖国的国家""祖国就住在天安门的这个房子里,所以祖国在天安门这里""祖国就是长城,他喜欢在长城里待着!"5—6岁幼儿对祖国的理解,还处于比较具象的朦胧状态,不能够像成人一样从民族、政治的角度给祖国一个抽象化的定义,在皮亚杰看来,这一时期的幼儿对应的认知发展阶段是前运算阶段,此时的儿童凭借表象性图式在头脑中进行表象性思维,所以频繁地用表象符一号来代替外界事物。同时,他们的思维还具有不可逆性和刻板性①,幼儿对国家概念的理解也反映出这一点,即他们只能根据具体的直观的国家标志性事物来解释祖国的概念。

还有些康康娃关于祖国概念的理解,将祖国理解为一个能够说话的、能感受到我们情感的人。在不少大班幼儿的眼中,祖国就是和自己一样的,有各种感知觉和情感的人。幼儿主要认为祖国是妈妈、祖国是和自己距离较远的没有见面的人、祖国是很爱自己的一个人——"祖国妈妈非常漂亮,而且祖国妈妈对我很好!""祖国是妈妈,因为妈妈很漂亮,我妈妈和祖国妈妈长得不一样,我没见过祖国妈妈,但是老师打开电脑给我们看过,祖国妈妈对我好,在家里对我好,我的妈妈和祖国妈妈都对我很好!""祖国也是一个小女孩,喜欢穿红衣服!""祖国对我好,有一天祖国还买了贴画给我,我还谢谢她了!""我说祖国我爱你,祖国你自己到底是什么样子的? 你能不能发个短信给我?"在很多康康娃看来,祖国是一个神秘的有具体社会角色的人,这个人物的神秘主要因为幼儿没有见过这个名字叫做"祖国"的人。幼儿还认为自己之所以没有见过她,是因为这个人离自己太远,但是这并不影响祖国"这个人"对自己的好,因此,在幼儿眼中,祖国是一个神秘的人物,这一点也让幼儿对祖国到底是什么产生了更多的兴趣。

---

① 肖建民. 形象思维:评价儿童青少年思维发展的一个重要标尺[J].上海大学学报(社会科学版),2003,(04):85—89.

（二）康康娃的祖国情感小调研

情绪和情感都是个体在对客体认识基础上形成的态度，但情绪是短暂的、情境性更强的；而情感相对而言是持久的，其倾向于客体是否满足了个体的社会需求。该调查中康康娃对祖国的情感调研既包含着幼儿对祖国社会性高级感情的情感部分，也包含了幼儿对祖国相关事物的态度体验，这种态度体验就是以幼儿的个体愿望和需要为依据而产生的情绪。通过观察班级康康娃在绘画、访谈及幼儿会议中的参与过程，我们能够感受到康康对祖国的情感主要有"感恩"和"骄傲"。

在康康娃看来，对祖国的感恩之情来源于祖国人民的辛苦付出从而自己的安全感需要得到了满足。"谢谢祖国，祖国辛苦了。谢谢祖国给我们的爱，永远保护我们！""中国还有警察可以保护我们，可以打仗。谢谢祖国保护我们！"尤其是在重大的安全事件发生后，康康娃的这种感恩之情表现得尤为明显，"我要感谢祖国，多亏了祖国杀死病毒，祖国保护了我们！"在康康娃对祖国的感激之情，主要源于康康娃对社会重大安全事件的认知，尤其是事件积极结果的认知，而这一积极结果与康康娃自身的安全感需要是分不开的，这种感情中饱含着归宿、依恋和保护的情感，而对祖国的爱就是这些情感的高度浓缩和提炼。①

访谈中，康康娃骄傲感的产生，主要来源于中国在应对疫情时所采取的成功举措以及在奥运会、亚运会中国取得很多冠军奖牌，如："中国人特别大方，把我们打败病毒的方法告诉了其他国家！""我们游泳和乒乓球是全世界最厉害的国家，亚运会中国取得的奖牌最多啦！"……

带着对祖国更全面、深刻的认知并深化和升华幼儿对祖国的积极情感，我们开启了《寻找中国龙》的情景剧活动……

① 雷英.幼儿园爱国主义教育活动调查研究[D].贵州民族大学，2023.DOI：10.27807/d.cnki.cgzmz.2023.000380.

二、情景剧活动方案架构

（一）《寻找中国龙》情景剧活动方案

设计者：潘亮亮、郁金婷

班级	（葵）大（三）班	素材来源	绘本中的故事	核心道德品质	爱国

设计思路	《寻找中国龙》是一个关于爱国的故事，幸运小姐和朋友们在美术馆看到了龙的画作，十分震撼，之后来了一场说走就走的旅行。据百事通小姐分析，龙在中国表示吉祥如意，所以幸运小姐带领着莽撞先生、噪音先生、颤抖先生和其他朋友们来到了中国开启了一场特别的寻龙之旅
活动目标	1. 理解故事内容，了解龙文化，为自己是中国人感到骄傲和自豪 2. 观察角色面部、言语及肢体表情，体会角色情绪变化 3. 运用肢体、语言等方式对他人表现的不同情绪进行识别和回应。初步理解剧中角色性格和情绪状态 4. 家园收集中国各地代表性的景点，了解中国历史文化

实施过程	活动类型	活动内容	设计意图
	戏剧游戏	1. 挠痒痒 2. 翻山越岭	收集中国各地代表性的景点，认识祖国的大好河山
	表演游戏	1. 手偶表演 2. 故宫寻宝	通过表演，根据剧情了解中国历史文化
	集体教学	漂亮的龙扇 （以艺术—美术领域为主）	通过了解不同扇子的外形，了解我国的扇文化
	个别化学习	1. 纸艺中国龙 2. 中国旅行棋	运用各种材料激发幼儿自豪的爱国情感
	剧场展演	寻找中国龙	用故事的方式，让幼儿了解中国龙在什么地方会出现
	其他　环境互动	美术馆、故宫环境布置、物件设计与制作	还原幼儿的相关经验，展演时能够让幼儿产生共鸣，为自己是中国人感到骄傲和自豪

活动提示	1. 场景道具制作"百变性"，通过简单地组合、反转道具，实现场景的转换 2. 在整个过程中适当地增加幼儿生活教育和常识，例如莽撞先生不小心摔跤时、挠痒痒先生在参观兵马俑的时候等 3. 剧中角色情绪变化可用音乐及灯光进行渲染烘托，营造震撼、开心的情绪情感体验 4. 亲子阅读绘本《寻找中国龙》，收集旅行照片，制作属于自己的中国龙绘本

续　表

环境	角色装扮			物件、场景			活动环境		
	幸运小姐	士兵	仙女	美术馆	宫殿		美术馆	故宫	河流
色彩	粉色黄色	银色	粉色	白色	红色		白色	红色	蓝色
材料	纱布	棉布	棉布	kt板	kt板		kt板	kt板	纱布
造型									

（二）戏剧游戏

游戏名称	挠痒痒	活动照片
游戏材料	欢快的音乐	
游戏玩法	一位幼儿做挠痒痒的人，游戏开始，被挠痒痒的幼儿要屏住不动，左右两边的两位幼儿可以想象自己被挠痒痒了，注意观察自己身边的朋友是否被挠痒痒了。还可以进行第二轮，被挠痒痒的幼儿左右两边各两位幼儿表演，游戏难度以此类推	
观察反思	观察到同伴的情绪表现，尝试理解情绪产生的原因。有的幼儿的肢体动作表现得不够明显	

续　表

游戏名称	翻山越岭	活动照片	
游戏材料	轻松的音乐		
游戏玩法	幼儿听教师口令,做出相应的表情和动作:看到了震撼的美术作品、在故宫摔了一跤、吃到好吃的食物、爬长城爬累了、被突然水里跳出来的鱼吓了一跳,等等		
观察反思	活动中幼儿收集中国各地代表性的景点,认识祖国的大好河山		

（三）表演游戏

	游戏名称	手偶表演	活动照片	
活动一	游戏材料	各种手偶、场景		
	观察反思	幼儿在进行手偶表演的时候,不会根据剧情调整言语、肢体动作等。通过表演,根据剧情了解中国历史文化		
活动二	游戏名称	故宫寻宝	活动照片	
	游戏材料	扇子		
	观察反思	在表演游戏中让幼儿去了解我国悠久的历史文化,模仿古人的动作,从而萌发自豪的爱国情感		

（四）集体教学

活动名称	漂亮的龙扇(以艺术—美术领域为主)
活动目标	1. 通过观察,了解扇子不同的外形特征。 2. 尝试用各种线条装饰龙,了解我国的扇文化
活动准备	1. 经验准备:看到过传统古扇 2. 物质准备:不同类型的扇子,记号笔、胶棒
活动过程	**一、谜语导入,引发兴趣** 　出示谜语:举处随时消暑热,动来常伴有清风 　小结:扇子在我国已有三四千年的历史,经过这么多年的历史,扇子也有很多的种类 **二、分组观察,引发思考** 　分组观察不同的扇子的形状和颜色,扇子的花纹等

续　表

活动过程	小结：扇子的形状有圆形和半圆形，有纸、布、羽毛、竹子等各种材料的，扇子上的花纹也是多种多样的。 **三、动手绘制，感受体验** 过渡：那我们有什么办法可以把扇子打扮漂亮呢？在我们的情景剧《寻找中国龙》中，仙女们跳舞时正好也拿了龙纹的扇子，今天我们就一起来制作龙纹的扇子吧。 作品要求： 1. 挑选自己喜欢的扇子的形状 2. 在纸上绘制花纹，用剪刀剪下来 3. 正反贴在扇面上 **四、分享交流，提升经验** 提问：你们喜欢自己画的作品吗？都来说一说你画的扇子的花纹是什么样子的？你喜欢谁画的扇子呢，为什么？ 小结：不同形状的扇子贴上美丽的花纹、画上美丽的图案，扇子就变得更加好看。 **五、活动延伸** 1. 举办扇子展览会，欣赏各式各样的扇子 2. 在小舞台中演一演扇子舞

（五）个别化学习

<table>
<tr><td rowspan="4">活动一</td><td>活动名称</td><td>纸艺中国龙</td><td>活动照片</td></tr>
<tr><td>游戏材料</td><td>彩纸、胶棒、竹筷</td><td rowspan="3"></td></tr>
<tr><td>活动玩法</td><td>幼儿利用胶棒制作纸艺龙进行舞龙表演</td></tr>
<tr><td>观察反思</td><td>观察幼儿在动手操作的时候材料的难易程度，及时调整材料的层次性。通过操作，感受中国的龙文化</td></tr>
<tr><td rowspan="4">活动二</td><td>活动名称</td><td>中国旅行棋</td><td>活动照片</td></tr>
<tr><td>游戏材料</td><td>棋谱、骰子</td><td rowspan="3"></td></tr>
<tr><td>活动玩法</td><td>幼儿两人一组分别掷骰子，前进或者后退，并说一说棋面上是中国的哪个著名的景点</td></tr>
<tr><td>观察反思</td><td>掷骰子让幼儿了解中国名胜古迹，激发幼儿自豪的爱国情感。部分幼儿对于棋上的名胜古迹还不是很熟悉，后期要加强幼儿的经验</td></tr>
</table>

（六）剧场展演

剧情概览	幸运小姐和朋友们在美术馆看到了龙的画作,十分震撼,之后来了一场说走就走的寻龙之旅。据百事通小姐分析,龙在中国表示吉祥如意,所以奇先生妙小姐们就来到了中国开始了他们的寻龙之旅			
	时间	2分钟	人物	幸运小姐和朋友们
	灯光	明亮	音效	震撼
	场景			
		剧情		设计意图
第一幕	剧情	幸运小姐和朋友们去美术馆参观,一幅龙的作品吸引了大家的注意。 幸运小姐:哇,太威风了! 百事通小姐:这是龙,在中国,龙代表着吉祥如意。 颤抖先生:我多么想看看真正的龙。 幸运小姐:我们去中国寻找龙吧。 合:好的好的。		在剧情设计的时候,根据主题需要设计情节,关注情节的起承转合,理解角色的情绪。设计了幸运小姐跟她的朋友在美术馆参观的时候,正好看到龙的作品,震撼之余过渡去寻找真正的龙,寻找中国的传统文化 当幸运小姐对龙的作品感叹时,通过运用肢体、语言及表情的方式表达了内心的感受
	策略	**1. 剧情优化策略之角色优化法** 　　和同伴第一幕中有趣的对话,并选择合适的角色,根据角色塑造进行优化情绪标签。 　　在寻找可以装扮的东西,如:帽子、胡子、拐杖等,再转换角色演一演,注意面部表情和动作表情。 **2. 家园合作策略共商、共演法** 　　(1) 共同将创编的台词和创设的场景结合起来演一演,对同伴情绪关注和识别并作出回应。 　　(2) 引导幼儿说说在此环节中能引起观众共鸣的情绪是什么。		
	剧照			

续　表

	时间	4分钟	人物	皇帝、士兵、幸运小姐和她的朋友们
	灯光	红色、明亮、优美	音效	皇帝登基音乐、冰菊物语

	剧情	设计意图
第二幕	旁白：幸运小姐和她的伙伴们来到了故宫，正好看到这一幕。 士兵：皇帝登基！祝吾皇万寿无疆、圣体康泰、国运昌盛，万岁万岁万万岁！ 合：哇，皇帝登基的场景太壮观啦。 幸运小姐：我看到故宫的台阶上、栏杆上、宫殿上雕刻着大大小小的龙，你们看，龙椅上、龙袍上也有龙。 百事通小姐：在中国，龙出现最多的地方就是皇帝们居住的故宫，但这些龙都不是真的。 合：我们到底还能不能找到真的龙呢？哎 （仙女跳舞） 噪音先生：你们看，他们的扇子上也有龙。 莽撞先生：是啊，仙女们正在祝贺皇帝登基呢。 幸运小姐：在百姓眼里，他们很敬畏皇帝，认为皇帝就是真龙天子，但是皇帝也不是真的龙。 百事通小姐：我们还能不能找到真的龙呢？	作为中国最具有传统文化内涵的故宫，结合大班幼儿主题活动《我是中国人》，设计了故宫的场景。探寻中国龙，联想到的就是皇帝，皇帝象征着真龙天子，但是皇帝也不是真正的龙。幸运小姐和她的朋友们情绪一下子变成了沮丧、伤心，担心自己找不到真正的龙了。 当幸运小姐看到皇帝登基时的震撼感到兴奋，看到周边龙的装饰，知道皇帝不是真正的龙时，情绪变得低落。情绪的过程发生了很大的变化。
策略	自主分享策略之情绪关注的分享、情绪识别的分享和情绪回应的分享法 1. 将自己的情绪感染同伴，能关注同伴的情绪并进行回应。 2. 分享角色经验，说说自己扮演的角色有哪些情绪表现。 3. 讨论角色表演中情绪产生的原因和如何做出回应。	
剧照		

续 表

时间	3分钟	人物	幸运小姐和她的朋友们
灯光	惊险、刺激、舒缓	音效	雨声、雷声、歌曲《名字叫中国》

（第三幕续）

场景	

剧情	设计意图
旁白:幸运小姐和她的朋友们又踏上了寻找龙的旅行,他们经过了一座桥,进到了大山深处,天空下起了大雨,雷声滚滚,闪电划过乌云密布的天空,没等大家明白怎么回事,幸运小姐和她的朋友们就被洪水围困住了。 突然,一条巨龙从洪水里蹿了出来。 颤抖先生:啊,这是一条特别大、特别大的巨龙。 噪音先生:这是一条真正的龙。 莽撞先生:它长着尖尖的牙齿,会不会把我们通通吃掉。 旁白:巨龙并没有把她吃掉,它冒着倾盆大雨,飞向黑压压的天空,用长长的尾巴和强壮的爪子驱散了乌云。雨停了,太阳出来了,大家如释重负地松了一口气。 幸运小姐:我跟你们说过,我们一定会找到真正的龙。 百事通小姐:我说过,龙会给我们带来好运。 合:它给我们带来了好运,小朋友们,你们知道在中国哪里还有龙吗? 合唱、手势舞《名字叫中国》 谢幕	最后环节设计利用情境雕塑的方式,同伴之间肢体表现场景。在最后高潮的时候利用视频播放真龙出现的场景,动静结合,使故事达到高潮。 当见到真龙的时候,幼儿表现出紧张、害怕的情绪,通过动作、表情来表达。最终悟出来龙的真谛,又一次转变情绪。

策略	**1. 剧情优化策略之角色优化法** 剧中,主人公们抓住角色情绪轨迹的变化,运用肢体表情,面部表情、装扮等的变化,夸张地表现出复合情绪(激动—害怕—兴奋),增强了表演的影响力。 **2. 情节优化策略之场景法** 观看洪水爆发的场景,体验被困洪水的害怕、恐惧的情绪。再通过音效、灯光、道具等烘托主人公们害怕、恐惧的情绪发展轨迹,增强了感官感受。

剧照	 

续　表

| 展演视频二维码 | 
 请扫描本书最后的二维码，观看视频。 |

三、情景剧活动开展的反思

结合表5-9和表5-10评价表活动及活动中的访谈，有53％的幼儿都表示喜欢中国，并能说出两三个中国的名胜古迹，有40％的幼儿能熟练知道中国的名胜古迹；活动后有87％的幼儿通过开展情景剧活动之后，对中国的名胜古迹喜爱度增加了，为自己是中国人而感到初步的自豪感。较活动前，水平四的占比明显提升了。可见，通过开展《寻找中国龙》的情景剧活动，班级康康娃的祖国的喜爱之情明显增加。

在对中国文化的了解层面，活动前有57％的幼儿初步了解中国的龙文化，知道龙是存在于中国，有43％的幼儿知道龙文化存在于中国的名胜古迹中，0％的幼儿知道中国的各地风貌；活动后有63％的幼儿知道中国各地著名的名胜古迹，有33％的幼儿知道中国的地大物博，初步愿意去了解文化。与此同时，活动前有40％的幼儿对于参观名胜古迹的多形式不够了解，活动后除了视频、故事、绘本等途径外，有83％的幼儿已经开始会多形式参观名胜古迹，知道参观的方法和注意事项。在该系列活动渗透中，康康娃对祖国文化、祖国风貌有了更丰富的认识，而且掌握了更多的方法与途径去认识祖国、了解祖国。

伴随幼儿对祖国认知的拓展和情感的升华，康康娃"我是中国人"的"国民身份"被一步步强化。国民身份是5—6岁幼儿自我身份的一部分，是幼儿对自我属于某一个国家的认知。在众多的社会角色中，幼儿对自我国民身份的习得会强有力地助推幼儿对祖国认识和情感的强化。

（一）《寻找中国龙》的情景剧活动拓展了幼儿国民身份的知悉

"我是中国人，因为上海属于中国，不但上海属于中国，香港、台湾、澳门都属于中国""因为我会说普通话，所以我是中国人！""我爷爷奶奶、爸爸妈妈都是中国人，还有我太爷太奶都是中国人，所以我也是中国人！""我有黄皮肤、黑眼睛，所以我是中国人！""我会背好多唐诗，还会读声律启蒙，只有中国的孩子才会这么多本领，所以我是中国人！""你看这些照片，里面有我和天安门、长城、东方明珠，还有国旗的合影，这些都是中国才会有的宝贝！"……虽然，5—6岁的幼儿虽然并不能理解地缘、血缘和文化这样抽象的概念，但不难看出，地缘、血缘关系和文化从年幼时期，就根植在了康康娃的心中，而这些也成为他们国民身份知悉的重要依据。

（二）《寻找中国龙》的情景剧活动推动了幼儿国民身份的积极接纳

幼儿的国民身份接纳主要指，5—6岁幼儿在知道自己是中国人的基础上，喜爱并接受这一身份。通过访谈，我们发现康康娃喜欢做中国人，并且喜爱自己是中国人的身份，主要源于做中国人的积极评价，在康康娃的眼中：

◎中国人是漂亮的——"中国人皮肤白，而且眼睛乌黑乌黑特别漂亮！""春节时老师们穿上旗袍好漂亮，婷婷老师说旗袍穿在中国人穿最漂亮！""中国人的牙齿好白好漂亮！""春晚中的舞蹈特别特别好看，她们都是中国人！"……

◎中国人是强大的——"中国人还会说英语、日语、韩语，太厉害啦！""中国人打败了病毒，太厉害了！""中国人会开大炮、造原子弹、发射火箭，对啦，还修建了全世界最长的铁路，牛——牛——牛！"……

◎中国人是善良的——"中国人很好，他们不会随便欺负人，也不会欺负其他国家的小朋友！""有些地方的小朋友没有饭吃，没有水喝，我们会通过飞机给他们运送食物，中国人的心眼儿真好！""他们说的话，我能够听懂！""中国人在公交车上给老人让座位！"……

（三）《寻找中国龙》的情景剧活动推动了幼儿国民身份的承诺

国民身份承诺是对我是"中国人"这一身份的坚守，它意味着对这一身份所包含责任的承担，进而会推动幼儿爱国的正向行为意向产生。康康娃产生的正向行为意向主要有如下四种：

◎表达祝福："我祝福祖国万事如意！""我希望祖国拿更多的奖牌！""我希望祖国发射更多的航天火箭！""我希望祖国不要有地震，也不要有火灾，对啦，更重要的是没有病毒，祖国可以健健康康、平平安安！"……

◎赠送礼物："我要给祖国跳个舞，我新学了一个舞蹈特别好看！""我可以给祖国唱一首歌，奶奶说每次听我唱歌都不累了，祖国也一定喜欢听的！""我想给祖国一个大口罩，现在天气冷了，戴上口罩不生病！""我要给祖国一个最大最鲜艳的红旗，祖国妈妈收到后肯定会特别开心！"……

◎保护祖国："我要把祖国保护起来，要学好本领，不让外国人欺负我们祖国！""我长大了要当解放军，去保卫祖国！""祖国的水不能脏，我要保护祖国的河流和海洋！""我要做宇航员，去捡太空垃圾！""祖国有很多的流浪狗，流浪猫，都需要我们的爱心"……

◎向榜样学习："长大了我要做医生，向钟南山爷爷一样，如果祖国感冒了，我可以照顾她！""我要向谷爱凌姐姐一样，为祖国赢得金牌！""岳飞是个特别厉害的大将军，我在电影院看的时候都哭了，我也要成为像他一样领兵打仗的大将军！""园长妈妈每天都上班，可真辛苦，我也像她一样勤劳！"……

爱国情感是个体情绪情感的一部分，爱国主义教育也是幼儿园德育的一部分内容。幼儿的爱国主义教育，是精神与文化的教育。我们要做的是让儿童在其天然成为中国人的基础上更进一步引导其从心理上认同和接纳"我是中国人"的国民身份，除此之外，我们更加希望对幼儿进行的爱国教育，能让个体在未来成长成熟之后，将这一爱国情感付诸实践，渗透正确的国家观、民族观、文化观，扣好人生的第一粒扣子，确保红色血脉代代相传，红色江山永不变色……

表 5 - 9 《寻找中国龙》幼儿情景剧活动评价表(活动前)

活动名称	寻找中国龙		核心品质	爱国	
序号	关键提问	行为描述			行为水平统计
		水平 1	水平 3	水平 5	
1	你喜欢中国吗?说说理由。	喜欢中国	喜欢中国的名胜古迹	为自己是中国人感到自豪	水平 1:2 人 水平 2:16 人 水平 3:12 人 水平 4:0 人 水平 5:0 人
2	了解中国,你可以怎么做?	尝试用各种方式了解中国	多形式参观游览中国名胜古迹	愿意探寻周边的历史遗迹,并向同伴介绍自己的观览经历	水平 1:18 人 水平 2:12 人 水平 3:0 人 水平 4:0 人 水平 5:0 人
3	龙真的存在吗?你是怎么想的?除了龙和名胜古迹,还知道哪些中国文化?	了解中国龙文化,知道自己是中国人	知道中国各地著名的名胜古迹	知道中国是地大物博的国家,了解各地风貌	水平 1:17 人 水平 2:13 人 水平 3:0 人 水平 4:0 人 水平 5:0 人
4	你愿意继续去寻找中国龙吗?	对探寻龙感兴趣	对中国名胜古迹感兴趣	对中国多元文化感兴趣	水平 1:18 人 水平 2:12 人 水平 3:0 人 水平 4:0 人 水平 5:0 人
总体情况	53%的幼儿都表示喜欢中国,并能说出两三个中国的名胜古迹。40%的幼儿能熟练知道中国的名胜古迹 60%的幼儿会通过视频、故事、绘本等了解中国的文化,40%的幼儿对于参观名胜古迹的多形式不够了解,0%的幼儿愿意探寻周边的历史遗迹,并向同伴介绍自己的观览经历 57%的幼儿初步了解中国的龙文化,知道龙是存在于中国,43%的幼儿知道龙文化存在于中国的名胜古迹中,0%的幼儿知道中国的各地风貌 60%的幼儿在看过绘本的基础上,对探寻中国龙很感兴趣。40%的幼儿对龙文化存在的名胜古迹感兴趣				

备注:"行为水平"呈现幼儿不同阶段的发展状态,参考"行为描述"填写,如介于"水平 1"与"水平 3"之间,则行为水平为 2。

表5-10 《寻找中国龙》幼儿情景剧活动评价表(活动后)

活动名称	寻找中国龙		核心品质	爱国	
序号	关键提问	行为描述			行为水平统计
		水平1	水平3	水平5	
1	你喜欢中国吗?说说理由。	喜欢中国	喜欢中国的名胜古迹	为自己是中国人感到自豪	水平1:0人 水平2:0人 水平3:4人 水平4:26人 水平5:0人
2	了解中国,你可以怎么做?	尝试用各种方式了解中国	多形式参观游览中国名胜古迹	愿意探寻周边的历史遗迹,并向同伴介绍自己的观览经历	水平1:0人 水平2:0人 水平3:25人 水平4:4人 水平5:1人
3	龙真的存在吗?你是怎么想的? 除了龙和名胜古迹,还知道哪些中国文化?	了解中国龙文化,知道自己是中国人	知道中国各地著名的名胜古迹	知道中国是地大物博的国家,了解各地风貌	水平1:0人 水平2:0人 水平2:19人 水平4:10人 水平5:1人
4	你愿意继续去寻找中国龙吗?	对探寻龙感兴趣	对中国名胜古迹感兴趣	对中国多元文化感兴趣	水平1:0人 水平2:11人 水平3:17人 水平4:2人 水平5:0人
总体情况	87%的幼儿通过开展情景剧活动之后,对中国的名胜古迹喜爱度增加了,为自己是中国人而感到初步的自豪感。较活动前,水平4的占比明显提升了 　　83%的幼儿已经开始会多形式参观名胜古迹,知道参观的方法和注意事项。水平3、4、5的幼儿占比明显提高了 　　63%的幼儿知道中国各地著名的名胜古迹,33%的幼儿知道中国的地大物博,初步愿意去了解文化 　　37%的幼儿在开展情景剧活动后对寻找中国龙文化萌发兴趣。57%愿意跟爸爸妈妈一起探寻名胜古迹				

第六章

情景剧活动中幼儿情绪理解的观察与评价

近些年教育活动的观察与评价着实成为炙手可热的话题，而情景剧活动的观察与评价对整体情景剧活动的开展与实施也尤为重要：它就像一个导航仪，能够指引教师和家长在活动中进行必要的调整和改进，以确保活动的顺利有效；又如一盏探照灯，发现潜在障碍物和风险，便于及时有效的调整；更如一台波浪计算器，帮助我们记录活动中的起伏，并据此制定灵活的应对策略。

在本章，我们将会梳理出：

➢ 观察与评价的依据、分层和表单设计

➢ 不同主体——教师、家长和幼儿在观察与评价中的多元化开展

➢ 观察与评价在情景剧活动中的灵活应用

第一节　观察与评价工具的设计

一、观察与评价的依据

（一）依据幼儿情绪理解目标体系

参考幼儿情绪理解的发展特点和表现方式，依据幼儿情绪理解发展目标体系，这也是徐玉杰领衔主持的上海市教育科研项目"在情景剧活动中发展幼儿情绪理解能力的实践研究"的研究成果之一。我们主要形成了以幼儿"情绪关注""情绪识别""情绪回应"为发展维度，以"促进幼儿对于情绪表现的关注，对于情绪表情、情绪情景和情绪归因的识别，运用情绪表情进行回应"为目标内容，融合于具体情景中的评价要点的目标体系。

（二）遵循幼儿戏剧经验习得规律

我们遵循幼儿建构戏剧经验的规律，探索"肢体与动作、声音和语言、表情与情绪"等表达的内容和表现的形式。幼儿戏剧经验的建构是在体验、探索的过程中习得，整个过程包括幼儿和教师及家长共同选择情景剧素材、商定角色、玩演戏剧游戏、创编剧情、设计与制作服饰场景和道具，以及剧场展演等。幼儿在探索中，运用身体不同的表现方式，创造出相应的体态表情、言语表情和面部表情等，来表达情景中的一系列意义，体验戏剧的神奇和内在的成长。

在观察与评价方面，同样也需要关注戏剧经验的学习与积累，此方面，我们主要参照徐玉杰领衔主持的上海市教育科研项目《幼儿园情景剧特色课程的开发与实施》中"幼儿情景剧活动课程目标体系"，关注幼儿全面发展，既重视戏剧艺术元素的教育特性促进幼儿戏剧艺术审美能力的提高，更突显其作为幼儿情绪理解发展的媒介的重要作用，关注幼儿在"玩、演、创"情景剧活动的过程中获得的情绪情感等发展。

（三）置于幼儿活动的具体情景

幼儿对于情绪理解的表达表现由于受到发展水平影响，自我评价带有很大的情绪性和受暗示性。他们自主形成的最初的直觉的情绪体验，具有不稳定性，比较肤浅，容易受感染或暗示。他们常以自己的情绪来评价别人的行为，或以大人的评价作为自己评价的依据。情景剧活动的开展，正好为幼儿创设了积极、适当、正向的情境，幼儿置身于具体的活动情景之中，在关注自我表达表现的同时体验剧中人物的情绪状态，感受剧中的情绪氛围，能够进一步理解事件的是非和情绪变化的原因。

幼儿情景剧活动具有综合性作用，既具有促进幼儿戏剧经验生长的功能，又具有促进幼儿情绪理解的媒介作用。有机整合幼儿的戏剧经验与情绪理解，融入具体情景，更加能够使两者相互促进，相得益彰。

二、观察与评价的分层

在情景剧活动中，幼儿对于角色塑造、情境雕塑和剧情设计等方面的兴趣各异，对于情绪的关注、识别和回应也不尽相同，学习与积累戏剧经验的方式也各不相同。根据十多年的观察、研讨与整理，我们将观察与评价分为"玩剧、演剧、创剧"三种方式，支持不同年龄段的幼儿在玩演创的过程中增进情绪关注与识别，丰富情绪回应。教师和家长也能更加直观地了解幼儿在情景剧活动中的兴趣所在，以及相应的情绪经验和戏剧经验的习得状况。

（一）玩剧分层——已有经验的表达表现

幼儿参与情景剧活动的初始阶段，往往对故事中的人物更加感兴趣，他们会通过装扮、妆容和情绪表情来表现人物的外部特征和情绪状态，往往呈现出已有经验的表达表现。至于角色与所处的情景或情节的密切联系，还有待于幼儿逐步深入剧情，逐渐丰富体验，才会有所感悟。

　　玩剧分层一般指幼儿在小班阶段，或者中大班情景剧活动初期，师生共同收集、制作或采购情景剧素材中的角色装扮和情境雕塑所需要的材料，幼儿在装扮角色——走进情景——表现角色——讨论角色的互动过程中，关注角色的情绪表现和情景中的情绪氛围，识别角色的情绪状态，以及角色之间的情绪回应。

情景剧活动案例：小班自由情景剧《大熊的拥抱节》

　　当幼儿穿上各种动物的外套，或者戴上头饰，他们就化身成为大熊、驯鹿、小兔子、布谷鸟等，当大熊和小动物们拥抱时，大家都兴高采烈，没有丝毫害怕，与剧情完全相反。当教师为大熊提供了夸张的凶狠的面具，大熊再去和小动物拥抱时，大家纷纷躲避，大声惊叫，从而产生了戏剧化的效果。随后，大熊取下面具，露出友善的笑容，小动物们也纷纷走近大熊，一一与它热情拥抱。这个桥段就像日常生活中有些孩子不善于与人交往，明明想与同伴亲近，但却经常运用不恰当的方式，或者敲打，或者大声呵斥同伴，把同伴推得远远的。如果，大家都卸下面具，真诚地与人交往，相信都能找到真心以待的朋友，快乐相处。

　　处于玩剧阶段，幼儿更多的是对于剧中的角色产生兴趣，能够关注角色和角色的情绪表现，情景或情绪情景，对于这些要素之间的关联不够明了。但是幼儿能够运用面部表情和体态表情或装扮，化身成剧中角色在情景中自由玩耍，观察、交流、分享对剧中人物的想法和做法等，增进情绪理解。

（二）演剧分层——新经验的习得内化

　　在幼儿对于角色的外部特征更加熟悉之后，对于角色间的交流会更加深入，并产生更多的期待，期待角色之间进行多样化的互动，或参考故事素材，或遵照自己的设想。并对角色所处的情景提出新的要求，要求角色在具体的情景中互动。当然，在这一阶段中，教师或家长提出的建议，比如对于角色特征的表现，角色之间交流的细节，角色情绪的表达，成为幼儿当下的关键需求。角色之间产生联系，角色与情景之间互动。

演剧分层是指幼儿具有一定的情景剧活动经验后，开始逐渐内化，从表现角色的外部特征逐渐关注角色的内在情绪，从表现角色之间的简单交流逐渐尝试角色与情景之间的互动交流，从而体验到角色与角色之间、角色与情景之间的相互联系、互动方式、情绪氛围及其变化。

情景剧活动案例：中班自由情景剧《董存瑞》

中班玩表演游戏时，几名幼儿选择了八路军的服饰来装扮成董存瑞和战友。起初，他们就地开战，玩过一段时间后，在老师的提醒下，才想到用沙袋和轮胎搭建战场，创设打仗情景。随着"董存瑞"大声喊道："同志们，请掩护我。"他勇敢地冲出了战壕，同伴们紧张地扫射着，"董存瑞"举起炸药拉响炸药包，应声倒地，坚强而又自豪地向同伴挥手告别，战友们有的大声呼唤，有的抱头痛哭。幼儿按照自己的想法表现角色的情绪，但都是随着董存瑞的情绪线索而变化，从而增进对角色情绪状态的关注与识别，并且能够作出相应的情绪回应。

演剧分层，幼儿逐渐发现角色与情景之间是相互关联的，角色的情绪变化推动着情景中的情绪氛围的变化。在这过程中，幼儿不断地吸纳多种多样的表达表现方法，大胆表达角色的特征和情绪状态，丰富情绪回应方式。随着演艺经验的积累，幼儿对于剧中角色的代入感更加明显，对于角色与情景之间的联系更加了解，也更加清楚剧中人物的情绪和剧中情绪氛围。

（三）创剧分层——新旧经验的整合应用

幼儿具有一定的玩、演经历之后，也习得了丰富的戏剧经验和情绪经验，他们会在教师和家长的期望中跃跃欲试，尝试自己当导演、编剧、演员等。

创剧分层就是完全由幼儿发起的活动，当幼儿对于某一故事素材或生活事件产生兴趣之后，自由结伴，或分成导演、编剧、演员、场景道具小组，或以若干情景分成合作小组，依据素材中的情节发展和情绪线索来设计剧情、塑造角色、雕塑情境。

情景剧活动案例：大班经典情景剧《一代宗师》

塑造角色关注情绪表现，幼儿和同伴共同寻找可以装扮的东西，如：毛巾包头、长衫着装、麻袋装货物，等等，再转换角色试一试，注意面部表情和体态表情，并互相选择和推荐合适的角色。一起创编有趣的对话，根据角色塑造进行情绪表现。创设情景感受情绪，一起创设码头场景，想一想在码头上搬运货物还要挨打的心情是怎么样的？亲子共同欣赏舞剧《叶问》，讨论不同年代人物的生活与心情。比较不同年代的人物情绪，角色尝试讲述创编的对话，走进创设的场景，使角色和情景产生联系与互动，演一演剧中角色，说一说与观众产生共鸣的情绪。自主评价调整剧情，通过自评与互评情景剧活动中存在的问题，如：情绪饱满、角色对话适切、场景道具使用，等等，探讨丰富多样面部、言语和体态表情。

创剧的过程使情景剧变得丰富而有趣，贴合幼儿特性。幼儿关注剧中的情节发展变化和情绪线索变化，追踪情绪的产生，了解情绪产生的原因。幼儿与同伴、成人探讨具体情景中角色的表情、情景的情绪氛围，整合新旧经验，联系角色之间、角色与情景之间的特点，形成剧情，分工合作表达表现。

情景剧活动分层，支持幼儿循序渐进，从已有经验的表达表现——新经验的习得内化——新旧经验的整合应用，了解角色的情绪状态及其发生的原因，感受情绪情景，感悟情绪线索的发展变化，体会情绪的跌宕起伏，习得情绪回应方式，成为情绪记忆，遇到生活实景，能够自然提取，创造性地在当前情景中应用情绪经验。

康康娃的情景剧故事 6 - 1

大班情景剧活动《一代宗师》

玩剧分层：重不重。 娃娃看到一个一个麻袋，觉得十分好奇，在听到游戏规则后，大家都想要来试一试。娃娃运用肢体动作、表情、语言等方式，向其他人传递麻袋究竟重还是不重？运麻袋的人和猜"重不重"的人都玩得很开心。游戏比较新奇，娃娃们一下子就投入其中，注意力十分专注。**练武。** 娃娃们模仿在武馆练习"咏春"。通过练习"咏春"，了解拳法的历史，对中国功夫产生了浓厚的兴趣；并且在生气、愤怒时能够通过练武来发泄自己的负面情绪。

演剧分层：演"坏人"。 关于"坏人"这一角色，娃娃们纷纷表示不想当。于是师生进行小组讨论，是不是需要"坏人"这个角色？如果去掉"坏人"这个人物形象，故事会怎样？娃娃们发现，如果没有"坏人"，人们的生活就不会辛苦，人们也不会生气、愤怒，那么之前的故事就不会发生了。但是，叶问当时，确实有很多的坏人，欺负大家，使得大家生活得非常艰苦，所以要请叶问教大家武术，大家一起来反抗。意识到"坏人"这个角色必须有，而且很重要，娃娃们就把注意力放在怎样演"坏人"上。笑笑说："可以使用五颜六色的服装，搭配一些搞笑的胡子，戴上大大的眼镜、帽子，肯定很好笑吧。"坤坤说："只有他是有枪的。"坤坤一边说一边用手比划出了枪的动作，还露出了笑容。小杜说："他会坏坏地笑。"萱萱说："坏人让大家干活的时候，会眉头紧锁，露出邪恶的微笑。"为了能够让情景剧更加精彩，娃娃们纷纷出主意演活"坏人"这一人物形象。

创剧分层："反抗"是怎么回事？ 娃娃们对国人受到压迫这一情节，表现得很生气，纷纷表示要反抗。教师引导："我们要用什么样的方式来反抗呢？怎么做，怎样说？"小米说："我们可以大喊说出我不干了。"然然点头说："我们要吃饭，肚子饿，干不动。"琪琪说："他们可以把米袋子扔掉。"伙伴们纷纷赞同，教师顺着娃娃们的意愿，提醒大家来尝试着演一演。试过之后再请娃娃们分享感受："现在，你觉得国人的感受是什么样子的？"小米说："我们反抗了，我们很勇敢。"然然说："我不再生气了，我变得开心了。"活动结束前，娃娃们以绘画、录音等形式记录刚才的情形。在记录中，娃娃们自主反思活动中所体验到的不同情绪，以及自己的感受。如："你最喜欢哪个环节？为什么？"

幼儿玩、演、创剧的过程中，状况频出，比如情绪表现与状态脱节、角色游离于情景等，教师或家长需要成为幼儿的支架，结合表演游戏、戏剧游戏、微剧场活动、亲子共演、学习活动、剧场展演等多样活动，提醒幼儿留存经典的角色表现、情景创设和情节生长，支持幼儿关注自身与角色的情绪表现、判断情绪状态和原因、整合经验进行互动交流，鼓励幼儿在原有的基础上再创造。

三、观察与评价表的设计

我们评价幼儿在情景剧活动中的情绪理解发展情况,主要依据幼儿情绪理解发展目标和玩剧、演剧、创剧时的行为表现,设计幼儿情绪理解观察与评价表、情景剧中幼儿情绪理解观察与评价表、展演活动观察与评价表,主要适用于戏剧游戏、表演游戏、学习活动和剧场展演等情景剧活动。

(一)幼儿情绪理解观察与评价表

针对某一名幼儿或者是某一些幼儿玩演情景剧活动,分别于戏剧游戏、表演游戏、学习活动和剧场展演等活动,观察与评价,我们会分析判断其情绪理解发展情况,设计"幼儿情绪理解观察与评价表",主要根据各年龄段幼儿情绪理解发展目标,参考幼儿的戏剧经验生长规律,评价主体为幼儿,评价者为教师、家长、专家等,主要运用观察法,以情绪关注、情绪识别和情绪回应为观察维度,以主要"行为描述"为评价要点,持续观察行为表征,做好记录,以便于整体分析判断幼儿情绪理解的变化与发展。

表 6-1　小班幼儿情绪理解观察与评价表

情景剧名称		活动名称		
观察地点		观察日期		
观察对象		观察者		
观察内容	行为描述	观察记录		
		第一次	第二次	
情绪关注	1. 能观看他人的面部表情,感受情绪表现			
	2. 愿意倾听,知道他人明显的情绪表现			
	3. 能知道自己的情绪表现			
	4. 愿意模仿情景剧中角色的面部表情,学说角色对话			

续　表

观察内容	行为描述	观察记录		
		第一次	第二次	
情绪识别	1. 能够体验角色明显的情绪，通过面部表情判断他人的情绪状态			
	2. 愿意参与活动，能根据简单的情景变化、明显的音效、灯光、装扮变化，判断情景情绪			
	3. 能够根据角色的简单对话，了解发生的事情			
情绪回应	1. 对角色表达的情绪有回应的意识，或在成人的引导下回应			
	2. 愿意用表情反映听到的或看到的情景			
	3. 能感受角色装扮、场景音效和舞台灯光的氛围及变化，并与之互动交流			
整体分析				

（二）情景剧中幼儿情绪理解发展的观察与评价表

针对某名幼儿经历某一部情景剧的玩、演、创过程，并分别于玩演创情景剧的前后进行观察与评价，比较分析该幼儿的情绪理解的变化与发展，设计"情景剧活动中幼儿情绪理解发展的观察与评价表"。主要依据幼儿情绪理解发展目标和戏剧经验生长规律，整合某一部情景剧，聚焦其中的主要情绪线索，设计以"情绪关注、情绪识别、情绪回应"为观察维度，选择剧中关键情景，以"关键提问"引发幼儿或家长的观点与感受，运用"表现行为描述1—5个层次"，主要运用观察法和比较法，分析判断幼儿通过情景剧活动后的情绪关注、识别与回应的变化与发展。

幼儿情绪理解发展目标和情景剧活动的目标和内容，以情绪关注、情绪识别和情绪回应为一级指标，设计关键问题，辅以观察与评价的线索，结合表情识别、情绪情景和情绪归因以及情绪迁移，对应形成"表现行为描述要点五层水平"。于玩剧前后，请教师和家长以观察为主方式，与幼儿互动交流为辅助方式，了解幼儿的情绪理解发展差异，分析判断情景剧活动的效用。

表 6-2　情景剧中幼儿情绪理解发展观察与评价表

情景剧名称				素材来源	
幼儿姓名				班级	
观察者				日期	
情绪线索					
观察内容	关键提问	表现行为描述			观察分析
		表现行为 1	表现行为 3	表现行为 5	
情绪关注					
情绪识别					
情绪回应					
总体情况					

备注：

1. "行为水平"呈现幼儿不同阶段的发展状态，参考表现行为描述填写。如介于"表现行为 1"与"表现行为 3"之间，则行为水平为 2；如介于"表现行为 3"与"表现行为 5"之间，则行为水平为 4。

2. "观察分析——情绪关注"，亲子可围绕幼儿对主要角色的情绪理解（自己——他人/环境——生活）互动交流，如……（根据情景剧展开）。

（三）展演活动观察与评价表

针对幼儿在剧场展演中的具体表现，让家长能够更加直观地了解幼儿在情景剧活动中获得的发展，以及家长对情景剧活动的想法和建议，设计"展演活动观察与评价表"，观察与评价幼儿的具体表现主要包括文明观赏和积极展演两个部分，文明观赏聚焦"文明就座、安静倾听、热情鼓掌、参与互动、观赏兴趣"，积极展演聚焦"大胆表现、形象表达、同伴合作、情绪表现（面部表情、言语表情、体态表情）"，为家长观察与评价幼儿提供线索，也有利于教师判断分析情景剧活动的实施效果，还能成为师生优化情景剧活动的依据。

表6-3　展演活动观察与评价表

　　为了解孩子在本次活动中的表达表现，有利于教师今后在促进孩子"文明观赏和积极展演"等方面的发展，特设计问卷。请您仔细观察孩子在活动中的情况，如实填写本问卷（请把选择的序号填写在括号内，如果属于其他，请具体说明）。

　　一、您的年龄是：(1) 25—30　(2) 30—35　(3) 35—40　(4) 其他_____　（　　）

　　二、您是孩子的：(1) 父亲　(2) 母亲　(3) 祖辈　(4) 其他_____　（　　）

　　三、孩子的具体表现

　　（一）文明观赏

　　1. 文明就座：(1) 由始至终　(2) 坚持时间较长　(3) 坚持时间较短　(4) 保持瞬间
　　　　　　　　　　　　　　　　　　　　　　　　　　　　　　　　　（　　）

　　2. 安静倾听：(1) 很认真　(2) 比较认真　(3) 有时看父母　(4) 需努力　（　　）

　　3. 热情鼓掌：(1) 很热烈　(2) 愿意　(3) 有时鼓掌　(4) 需努力　（　　）

　　4. 参与互动：(1) 积极　(2) 愿意　(3) 有时互动　(4) 需努力　（　　）

　　5. 观赏兴趣：(1) 始终关注　(2) 由漫不经心转为关注　(3) 由关注转为漫不经心
　　(4) 始终漫不经心　　　　　　　　　　　　　　　　　　　　　　　（　　）

　　（二）积极展演

　　1. 大胆表现：(1) 自信从容　(2) 较自信从容　(3) 一般　(4) 需努力　（　　）

　　2. 形象表达：(1) 生动　(2) 较生动　(3) 一般　(4) 需努力　（　　）

　　3. 同伴合作：(1) 默契　(2) 主动　(3) 一般　(4) 需努力　（　　）

　　4. 情绪表情：

　　(1) 面部表情：① 丰富　② 较丰富　③ 一般　④ 需努力　（　　）

　　(2) 言语表情：① 贴切　② 较贴切　③ 一般　④ 需努力　（　　）

　　(3) 体态表情：① 到位　② 较到位　③ 一般　④ 需努力　（　　）

　　四、活动评价

　　您对孩子的满意度(1) 100%　(2) 90%　(3) 80%　(4) 60%以下　（　　）

　　您对孩子的期望_____

第二节　观察与评价的实施

　　结合一日生活中幼儿情景剧活动的组织形态观察与评价，主要包括戏剧游戏、表演游戏、学习活动和剧场展演等，以教师客观评价、幼儿自主评价和家长参与评价为主，观察了解幼儿在情景剧活动中的情绪关注、情绪识别与情绪回应的变化与发展，分析判断情景剧活动设计与组织实施对于幼儿情绪理解发展的效用。

一、教师主导,持续观察与评价幼儿的情绪理解发展

基于幼儿情绪理解观察与评价指标,教师持续观察幼儿,进行客观评价。结合情景剧活动中的戏剧游戏、表演游戏、学习活动或每学期一次的展演活动,教师依据不同年龄段幼儿情绪理解评价指标,观察、记录、分析幼儿在情景剧活动和日常生活情景中的情绪表现,如言语表情、体态表情、面部表情等,客观、整体地分析幼儿情绪关注、情绪识别和情绪回应的变化发展。

情景剧活动案例:花木兰

小班幼儿玩演情景剧,情绪关注的行为描述为:"1.能观看他人的面部表情,感受情绪表现。2.愿意倾听,知道他人明显的情绪表现。3.能知道自己的情绪表现。4.愿意模仿情景剧中角色的面部表情,学说角色对话。5.在舞台演绎中倾听音效的明显变化,观察灯光的简单转换,不同的角色装扮。"小三班在玩演自由情景剧《花木兰》中木兰的居家生活,针对龚芳如,教师第一次观察到:"能倾听音效的不同变化。"第二次观察到:"愿意模仿花木兰情景剧中角色的面部表情。"就能够了解到该娃娃逐渐关注到主要角色的故事,尝试着用不同的表情或装扮去模仿,去表现,说明她的情绪理解正在逐渐增强。

教师将持续观察情况记录在案,用于纵向了解幼儿在情景剧活动中的行为表现,分析幼儿在玩演情景剧活动中对自己、他人、角色或情景的关注、识别和回应的情况,结合各年龄段幼儿情绪理解发展的具体目标,判断幼儿的情绪理解发展情况。

表 6 - 4 小班幼儿情绪理解能力观察表

情景剧名称	《花木兰》		活动名称	表演游戏
观察地点	花木兰的家		观察日期	2023 年 5 月
观察对象	龚芳如		观察者	黄萍　徐庆瑜
观察内容	行为描述		观察记录	
			第一次	第二次
情绪关注	1. 能观看他人的面部表情,感受情绪表现		能倾听音效的不同变化	愿意模仿花木兰情景剧中角色的面部表情
	2. 愿意倾听,知道他人明显的情绪表现			
	3. 能知道自己的情绪表现			
	4. 愿意模仿情景剧中角色的面部表情,学说角色对话			
	5. 在舞台演绎中倾听音效的明显变化,观察灯光的简单转换,不同的角色装扮			
情绪识别	1. 能够说出角色明显的情绪,通过面部表情判断情绪状态		能够观察与倾听不同的音效、灯光、装扮变化	能够通过面部表情大致了解他人的情绪是什么样的状态
	2. 能根据简单的情景变化、明显的音效、灯光、装扮变化,判断情景中角色情绪			
	3. 能根据剧中角色,理解角色间简单对话,了解发生的事情			
情绪回应	1. 对角色表达的情绪情感有回应意识,在成人的引导下做出回应表现		能够感受游戏中同伴的情绪,并作出适当的回应	愿意和他人交流,并在交流中感受他人的情绪状态,并在适当的时候有一定的反应
	2. 愿意用表情反映听到的或看到的情景			
	3. 能感受角色装扮、场景音效和舞台灯光的氛围和变化,表情也随之变化			
总体分析	通过一系列花木兰情景剧活动,发现同伴间的情绪变化,感受到来自同伴的回应与关怀,是十分有趣的活动			

另外,教师结合日常情景剧活动,捕捉特殊时刻,撰写观察记录,了解幼儿在情景剧活动中的情绪表现,分析幼儿在情景剧活动中的情绪理解发展,据此,联系情景剧活动进程,改进活动设计,丰富材料投放,优化活动组织实施。

情景剧活动案例:花木兰

在小班的自由情景剧《花木兰》中,教师发现大部分女孩子对于花木兰的装扮更加感兴趣,一到游戏区域,就急急忙忙地寻找花木兰的服装、头饰等,往身上套。碰到困难还会跑到教师身旁主动寻求帮助,一段时间之后,他们已经不满足于装扮带来的快乐,而是需要多种器皿或材料,学习花木兰纺纱织布,骑马射箭,在教师提议下,娃娃纷纷回家收集游戏所需材料,比如锅碗瓢盆,竹片、布片、父母的旧围巾等,充实游戏材料,老师也采购了织布机,幼儿的游戏内容更加丰富了,与其说,幼儿在玩演花木兰的居家生活,还不如说,他们在演自己熟悉的现实生活。小班幼儿表现出的情绪理解仅仅关注了剧中角色的外在的情绪表现,还没有深入角色的内心世界,但是他们已经非常满足当下的玩演。

二、家园联动,比较观察与评价幼儿的情绪理解变化

依据"情景剧中幼儿情绪理解发展观察与评价表",通过观察法、比较法,了解幼儿在玩演创某一部情景剧活动的前后,情绪理解的变化与发展。教师结合观测要点和情景剧素材,于期初设计表单,或邀请家长一起开展前期观察与评价,期末情景剧展演之后,开展后期观察与评价,借助数据分析,了解经历情景剧活动之后,幼儿的情绪关注、情绪识别、情绪回应的发展情况,据此分析情景剧活动设计、组织与实施的效用。

情景剧活动案例:害羞的茉莉猪

中班情景剧《是谁在门外》,聚焦情绪线索"开心—紧张—难为情—开心",也是以"情绪关注、情绪识别、情绪回应"为观察与评价的维度,围绕茉莉猪隔壁搬来

了新邻居后的情绪变化,关键提问和表现行为描述的设计主要针对幼儿是否能关注到茉莉猪先后的面部、言语和体态表情,以及对不同邻居的情绪状态、情绪情景的识别,以及了解茉莉猪和邻居们发生情绪变化的原因。经过玩演创情景剧活动《是谁在门外》前后的观察与评价,了解情景剧活动对幼儿情绪理解的影响。

表 6-5 中班情景剧《是谁在门外》幼儿情绪理解发展观察与评价表

情景剧名称	是谁在门外		素材来源		儿童读物
幼儿姓名	中(三)班幼儿		班级		中(三)班
观察者	中(三)班家长		日期		2023.5
情绪线索	茉莉猪:开心——紧张——难为情——开心				
观察内容	关键提问	表现行为描述			观察分析
		表现行为 1	表现行为 3	表现行为 5	
情绪关注	当隔壁有新邻居搬来时,茉莉猪怎么想的?茉莉猪的情绪有什么变化?	乐意倾听故事,能关注到茉莉猪的情绪变化	乐意观察角色茉莉猪的面部表情和肢体动作	关注到茉莉猪的情绪变化,能说出引起她情绪波动的原因。延伸到生活中,关注身边人的情绪	水平1:0 水平3:12 水平5:12
情绪识别	茉莉猪的情绪开始的时候是怎样的?新邻居来了后又是怎样的?	体验并判断茉莉猪的情绪变化,了解他对邻居的第一印象,到接触后的印象,再到最后一起开心相处的全过程	在情景中感受茉莉猪的情绪变化。通过音响、灯光进行情绪变化的识别	通过情绪线索判断茉莉猪的情绪变化,通过音响、灯光感受茉莉猪的情绪波动	水平1:3 水平3:12 水平5:9
情绪回应	面对威力熊的帮助,茉莉猪的情绪发生了什么变化?如果你是茉莉猪,你会怎么做?	能理解茉莉猪的情绪情感,并作出回应	能对不同片段的情绪作出回应,并与同伴有互动	能分别从熊和茉莉猪的角度思考,分别会怎么做	水平1:2 水平3:11 水平5:11
总体情况	本次后测人数为 24 人,通过对数据的统计和对比,本班大部分幼儿对于情绪关注、识别和回应,大多处在"水平 3"和"水平 5"。本班幼儿能关注角色的面部、言语和体态表情,大部分幼儿能以此识别角色当时的情绪。几乎所有幼儿都能根据故事的情节和内容,用简单的语言描述茉莉猪的情绪变化,还会运用肢体、语言、面部表情等代入角色玩演,表达相应的情绪。另外通过情景剧活动的开展,幼儿也能将其中习得的经验延伸到现实生活中				

二、幼儿主体,自主评价增进情绪理解

幼儿在玩演创情景剧活动中,对于自己或同伴的演艺情形以及情绪表现,自主分享交流评价,从而增进情绪关注、情绪识别、情绪回应。幼儿通过绘画表现、言语交流、前书写及电子班牌评价等方式,表达自己的想法,评价同伴的表现表达,以及对剧中角色的互动交流。

同伴间互相评价。情景剧《宝莲灯——沉香救母》活动刚结束展演,小朋友们开始互相交流表演感受。娜娜说:"我觉得华颖扮演沉香的妈妈,做得很好。妈妈为了沉香,冲出雷峰塔,冲破二郎神的包围圈。我看了她的表演,觉得妈妈特别特别爱沉香。下次,我也想试一试。"娜娜在欣赏同伴的表演的同时,也表达了自己想要尝试的愿望。

图6-1　娃娃们借助图画对同伴表演进行评价

娃娃自主分享感受。情景剧《寻找中国龙》,扮演琉璃瓦的娃娃谈到:"我很开心能够参加寻找中国龙的演出。我觉得琉璃瓦流离失所,太痛苦了,如果文物会说话,如果思念有声音,回家,应该就是这些文物共同的想法。我们要想尽办法把

他们找回中国。"

图6-2 《寻找中国龙》剧照

走下舞台,娃娃们留下无尽的美感。庆元旦情景剧展演结束之后,空余时间,幼儿们的自主评价方式也是各不相同,有的拿出画笔画下心目中最棒的小伙伴,有的激动不已分享自己的高光时刻……

图6-3 画下我心中最棒的小伙伴

图6-4　说说自己最骄傲的时刻

在分享交流中,幼儿们自发分享表达表现的方式和感受,同时丰富情绪理解经验。在欣赏彼此的同时,还萌发了尝试体验的愿望,获得了丰富的情绪体验,增进了情绪理解。

第三节　观察与评价的实例解读

幼儿在成长过程中,自我意识逐渐增强,满心眼里只有自己,往往无所顾忌,毫不掩饰自己强烈的情绪;不管不顾,引发情绪的由来以及由此可能发生的后果;沉浸离别氛围,难以缓解……当娃娃表现出喜欢独处、不主动与人互动等情形时,这也成为了家长的烦恼。如何鼓励娃娃走出自我,关心身边人,主动大方地与人交流,教养者除了日常的言传身教,积极引导,还可以从情绪理解开始,通过情景剧活动,创设情景,在玩剧、演剧、创剧过程中,支持娃娃关注情绪、识别情绪、回应情绪,知道自己的世界里除了自己还有其他人,与大家一起友好互动,和睦相处,就会更加快乐。

一、"狮子闯进了图书馆"——跟随情景转换,关注情绪表现

(一)娃娃的日常烦恼

小年龄幼儿对于共同生活中需要遵守的规则,似懂非懂,理通情不通,说得

通,有时却行不通,究其原因就是因为置身于情绪氛围中,还不能运用恰当的面部表情、言语表情和体态表情来表达内在感受,与情景中的人物互动交流。

(二)情景剧活动背景

借助故事《图书馆狮子》,开展情景剧活动,幼儿通过玩演戏剧游戏和表演游戏,感受到与同伴游戏的快乐,并感悟在图书馆里需要安静的规则。

(三)情景剧活动观察实例

幼儿在表演游戏区域看到新投放的大狮子头饰,就好奇地戴起来,来到镜子前欣赏着自己的装扮和变化,他们与镜子里的狮子嬉笑,与同伴装扮的狮子打闹,无所顾忌,好不快活。教师悄悄地打开图书馆的场景,而后静静地观察小狮子们的表现。乐乐昂着头,有模有样地学着狮子走路,就像在森林里高昂地巡视,看起来很严肃,其他孩子们笑话他,他回答说狮子王就是要凶猛一点。当他走过图书馆,发现场景变化了,马上就改成蹑手蹑脚、悄无声息地走路,这时他发现了狮子琳琳还在那里大笑,他赶紧过去,食指放在嘴边:"嘘!你为什么还在笑呀?"看到教师赞赏的表情,乐乐继续指了指"安静"标志,接着又说,"在图书馆里面不能发出声音的,这样会影响别人看书的,我们要安静。"

图 6-5 模仿狮子走路

(四)幼儿情绪理解的评价

小年龄幼儿思维具体形象,当他/她选择喜欢的或者是熟悉的材料装扮之后,马上就能进入角色,无忧无虑地表达表现。当他所处的场景变换之后,部分幼儿能够关注情景氛围,改变言行,而有的幼儿仍旧留在原来的情景之中,不一定能够及时关注到情景中的情绪氛围的变化而变换情绪表情,而是需要一个感悟的过程,或者经由教师和同伴的提醒,才会跟上情景变化。总体而言,小年龄幼儿身处具体情景,身临其境,就能更快感受到情绪氛围,而生动有趣地表达表现,在这样的过程中习得共同生活中的规则。

二、"董存瑞炸碉堡"——联系前因后果,感受情绪变化

(一)娃娃的日常烦恼

对于"董存瑞"这样的英雄人物,娃娃们一听到他们的故事,就特别崇拜。可惜,由于英雄们的所思所想,所经历的事件,所处的年代,都远离娃娃的生活,对于求知若渴的娃娃而言,需要通过更加有趣的有效方式来增进了解,在情景剧活动中,娃娃们喜闻乐见,好奇心和求知欲都能够得到极大的满足。

(二)情景剧活动背景

情景剧活动《董存瑞》的素材选择来源于传统红色经典故事。剧情主要是成成听爸爸讲《董存瑞》的故事,了解到董存瑞在危急时刻牺牲自我,炸掉敌人的碉堡,保卫祖国,他是我们的英雄。剧中主要人物的情绪表现丰富,特别是经典的"炸碉堡"片段,情绪线索由怒转为哀,变化特别明显,联系前因后果,更加有利于娃娃增进情绪识别。从而让榜样人物进驻娃娃心中,厚植爱国情怀。

(三)情景剧活动观察实例

剧中,因为冲锋时间马上就到,战士们却被敌人的碉堡阻挠了前进的道路,个

个心急如焚。扮演董存瑞的牛牛，手握双拳，勇敢向连长请命："连长，让我去炸了那个桥型暗堡。"连长安安虽然急不可待，但还是拍了拍董存瑞的肩膀："不，你之前已经出色地完成了一项重要任务，这次就让别人去吧。"牛牛眼神坚定，视死如归，再次请求。连长欣慰地点了点头："好，那这个任务就交给你了。记住，动作要迅速，我们在这里等你！"

董存瑞接到任务，对着连长敬礼道："收到！保证完成任务！同志们，掩护我。"董存瑞飞速奔跑到桥型碉堡下面，却发现没有任何放置炸弹的地方，可是最后的冲锋号已经响起。于是，他毅然决然，手托炸药包，举过头顶，拉响炸药。战士们见状大喊着："放下，快放下。不要……"只听"轰隆"一声巨响，敌人的暗堡飞上了天空，我们的英雄——董存瑞英勇牺牲了。

配以灯光音效，舞台上的灯光由红色转为柔色直至逐渐消失，凄凉哀伤的音乐响起，战友们有的低头、有的拭泪、还有的鞠躬敬礼，大家悲痛万分……

（四）幼儿情绪理解的评价

经典红色故事的时代、背景、内容、人物等都记载在册，所以在演剧过程中，师生尊重历史，更为重视的是对剧中人物情绪表现的设想，启发娃娃们想象董存瑞面对敌人时的愤怒、请命炸碉堡时的决心、托起炸药包拉响导火索时的悲壮、爆炸后战友们的悲伤。讨论情绪线索的变化及其原因，走进剧中情景，将"愤怒""悲哀"的情绪表现转化为自己的情绪经验，同时与同伴产生情绪共鸣。

三、"苏轼思念弟弟"——巧妙创设情景，丰富情绪回应

（一）娃娃的日常烦恼

当今生活中，娃娃们时常因为与家人离别，而依依不舍，却又无可奈何。将来，还会面临各种分离情景，而陷入难分难舍的情绪状态。如何适当地处理"日思夜想"的浓情厚谊，走出弥散的情绪包围圈，大（一）班娃娃们自有良方，那就是——设法让自己行动起来！

(二) 情景剧活动背景

古诗词《水调歌头》背后故事的演绎起始于大（一）班的一段表演游戏，在一次日常的家长开放日观摩中，娃娃们的表演获得了班级家长的热烈掌声，娃娃们对苏轼饮酒作赋、对月诵吟的创造性表达也让老师们喜出望外，家长和老师的积极反馈更是增强了娃娃们继续演绎的热情与兴趣，于是《水调歌头》就成为了大（一）班班本情景剧活动的素材。由此，娃娃们想方设法，各显神通，特别是创造"苏轼乘坐渡船找弟弟"的情景，推进了角色、幼儿与情景的互动，深化了对"思念"情绪的关注和理解，丰富了对"思念"情绪的回应与表达。

(三) 情景剧活动观察实例

《水调歌头》的故事背景是苏轼非常想念自己的弟弟，于是请求去遥远的密州当官。讲这段故事时，娃娃们对于苏轼这种奔赴千里来寻找弟弟的行为很是钦佩，觉得他不怕路途遥远，觉得他愿意为弟弟做很多事情，但是内心却并不真正理解这些行为背后的情感驱动——对弟弟的强烈思念！剧情表演中，娃娃们想要演绎苏轼坐船前往密州寻找弟弟的情节。他们找来了道具小船，坐在静止的小船中划起了桨，可是效果并不怎么好，无论如何也表现不了焦急、想念弟弟的情形。娃娃们经过讨论，希望小船能够在舞台上向前滑行，让情境动起来。大家纷纷找来轮子、木板和绳索等，多次实验后，决定将多个滑板车连在一起，再系一根缰绳来牵引，有专人在舞台右边拉纤缰绳，船就缓缓地从舞台左侧向前移动，船就像在水中前行。船家和苏轼一前一后坐在由滑板车组成的船舱里，女孩们跳起优美的水袖舞，随着悠扬的乐声，苏轼紧锁眉头，面露急切的神色，已然就是当时的苏轼。

娃娃们运用运动中获得的经验，采用运动器材小型滑板车制作能动的小船，同伴合作使情境具有动感，不仅拓展了舞台空间，还解放了演员的手脚，能够创造面部表情和体态表情生动地表现"思弟心切"的人物形象。此时苏轼并无言语交流，但是无声的"思念"情绪更令人产生遐想，观赏者在惊叹之余明显感受到了主人翁急切的情绪。

图 6 - 6　苏轼乘坐渡船找弟弟剧照

（四）幼儿情绪理解的评价

道具场景，能够辅助、推动情节的发展。动态的道具场景，更能够折射出剧中人物内心的真实感受。物我合一，借物抒发角色的情绪情感，娃娃在创作情境的过程中，不自觉地代入哥哥这一角色，内化角色所关注的"思念"情绪，从而丰富情绪体验和理解。

四、"我也想当叶问"——一名康康娃的情绪变化与发展

（一）娃娃的日常烦恼

源源升入大班了，但是他的性格却越来越内向了。爸妈更加担心了，将他从奶奶家接回，尽量陪伴在他身旁。但是这些努力的作用并不明显，源源还是自主表达少，与同伴交流少，喜欢独自玩，旁若无人。

(二)情景剧活动背景

情景剧活动《一代宗师》给予大班娃娃们更大的创造时空,师生和家长共同选择情景剧素材,协商制定角色竞选的规则,并根据娃娃的需求商量改进规则。不仅仅促进了个别娃娃的情绪变化与发展,还推进幼儿间互相关注各自的想法,并乐意为同伴创造空间,满足同伴们的情绪表现需求。

(三)情景剧活动观察实例

喜欢玩咏春拳。 有一次,妈妈带源源去欣赏舞剧《咏春》,引起了他的兴趣:"叶问真厉害,会打咏春拳,我也要玩。"在爸妈的鼓励下,源源在家玩起了咏春拳。为了改善源源的情绪状况,老师再次与爸妈沟通,了解到源源近期喜欢打拳,支持源源参与玩演情景剧《一代宗师》,鼓励他关注叶问的故事,激发他与人交往的兴趣。

我想演"叶问"。 班本情景剧《一代宗师》如火如荼开展起来啦!小剧场玩演时,源源竟然第一次与小伙伴发生了争执,原来,他想扮演"叶问",诚诚更想当主角,认为他演得不对,没有英雄的味道,两人越说越激动,源源一拳挥过去,诚诚也毫不示弱,两人扭打起来。经过老师和同伴讨论,娃娃们决定组织角色竞选,主要看谁演得更加传神!可惜,满怀期待的源源落选了,他垂头丧气地向妈妈哭诉:"今天,我和诚诚竞选叶问了,明明他演得不像,真正的叶问看到老百姓受欺负时,很生气,表情应该是很凶的,眉头要皱起来,眼睛要凶狠地往上看,握紧拳头,重重跺脚,就像我这样。可是,还是有很多小朋友选他当叶问。"早已得到信息的妈妈出了个好主意,同时,也不忘指出问题所在:"诚诚演咏春拳时,铿锵有力,眼神坚定,还和小伙伴合作演叶问,小朋友们当然选他啦!你也想演'叶问',再去问问老师和小伙伴,能不能增加一个叶问2号呢?"源源忐忑不安地提出想法时,想不到获得全班小伙伴的赞同,老师欣喜不已,但也提出要求:"叶问1号和2号分别做什么?和其他角色怎样合作?怎样演得更加传神?需要大家先设想好,再好好试试。"源源回家后与爸爸妈妈一起收集"叶问"的故事,了解更多相关事件、情绪变化，等等，来到幼儿园一头扎进伙伴堆，开始"叶问"的创作。

我像叶问，喜欢帮助好朋友。 源源的变化很明显，主动和同伴讲叶问的故事，教同伴打咏春拳，乐于分享叶问的情绪感受，教师适时与源源进行情绪对话："想一想，如果你是叶问，你会怎么做？""当你的朋友受伤的时候，你是什么心情？你会为朋友做什么？"引导源源持续不断地创造不同情景中的情绪或同一情景中的不同情绪的回应方式，并将现实生活和情景剧中情绪理解的经历互相迁移、相互补充。源源的变化更明显了，当小伙伴遇到困难，伤心难受时，源源会主动关心、安慰同伴。有一次，看到悠悠情绪低落独自坐在一边，源源坐到旁边主动问她："悠悠，你怎么了？""明天我要去拔牙了，好害怕。""我也拔过牙，医生拔起来可快了，打了麻药后一点也不痛，不用害怕的。"悠悠在源源的安慰下逐渐化解了害怕的情绪，家长发现悠悠的变化后感动不已。从家园沟通中也了解到源源更加愿意与人交谈，乐意帮助有需要的人，教师笑问："源源，你的变化可大了，乐于助人，成为小朋友的好榜样了。"源源大大方方地回答："哈哈，我像叶问啊！当然要帮助小伙伴啦！"

（四）幼儿情绪理解的评价

孩子正处于情绪理解发展的敏感期，教养者要能及时发现娃娃因各种需求所引起的情绪方面的困惑，与娃娃在生活实景中交换意见、观点和情绪感受，鼓励娃娃在剧中情景与角色与同伴互动交流，将生活中的情绪经验融入情景剧中自然运用，获得具身效应，留下鲜活的情绪记忆，又回归生活中，认同和体悟自己和他人的情绪，内化情绪关注、情绪识别和情绪回应的方式方法，升华情绪情感。

第七章

情景剧活动促进幼儿情绪理解的成效分析

行至此章,一个完整的情景剧活动——从活动内容的选择到实施路径的运用,从成人的支持策略再到观察与评价均已完成,那么究竟成效如何呢? 怎样能够让我们的情景剧活动成效看得见,让幼儿的发展看得见? 我们再次用实证调研的方法予以呈现,在本章,我们尝试回答如下问题:

➤ 情景剧活动对幼儿情绪理解究竟会产生怎样的影响?

➤ 情景剧活动在促进幼儿情绪理解方面有哪些看得见的成效?

➤ 情景剧活动开展后在幼儿园内有哪些联动的成效?

第一节　情景剧活动促进幼儿情绪理解成效的调查设计

一、调查目的

发展幼儿情绪理解能力，对于个体的心理健康、人际交往和社会适应至关重要。基于幼儿独特的情绪理解方式，我们尝试运用问卷调查法、观察法、行动研究法等研究方法，试图了解情景剧活动对促进幼儿情绪理解的发展成效，进而形成具有系统性和可操作性的活动范例。

二、调查对象与工具

1. 调查对象

在康弘幼儿园随机选取 294 名幼儿（小班 74 人，中班 104 人，大班 116 人），探索参与情景剧活动对情绪理解能力的影响。此外再随机选取小、中、大各一个班的幼儿共 79 人（分别为小班 24 人，中班 26 人，大班 29 人），探索参与情景剧活动时长是否会影响参与情景剧活动的效果。

2. 调查工具

设计《花木兰》等情景剧活动方案，组织幼儿参与活动。研发观察评价表，并让每个幼儿的家长在幼儿进行情景剧前后对其情绪关注、情绪识别、情绪回应三方面进行评分。

三、调查方法与过程

1. 调查方法

设计与实施《花木兰》等情景剧活动，吸引幼儿参与。请每名幼儿的家长在幼儿进行情景剧前后,分别对其情绪关注、情绪识别、情绪回应三方面进行评分。

2. 计分方法

情绪关注、情绪识别、情绪回应三个维度,均为 1—5 的评分。以《花木兰》情景剧本为例,对于情绪关注,1 分代表"能发现和讨论主人公的情绪表现",3 分代表"能发现和讨论主人公及其他角色的情绪状态和情绪变化",5 分代表"在生活中能观察并关心自己或他人的情绪表现和情绪变化";对于情绪识别,1 分代表"能通过体态、言语和面部表情等表达花木兰的情绪状态及变化",3 分代表"能通过体态、言语和面部表情等来表达花木兰和其他角色的情绪状态,并探讨情绪产生的原因",5 分代表"在生活中能观察他人的体态、言语、面部表情等,初步判断自身或他人的情绪状态及情绪产生的原因";对于情绪回应,1 分代表"能结合情境,用体态、言语或面部表情等回应",3 分代表"能结合情境,使用体态、言语、面部表情等多种方式主动回应",5 分代表"在生活中能够用体态、言语、面部表情等多种方式主动回应他人"。

第二节　情景剧活动促进幼儿情绪理解的调查结果

一、幼儿情绪理解在情景剧前后的变化

对幼儿在情绪理解上的总分以及各维度(情绪关注、情绪识别、情绪回应)在前后测上的得分进行相关样本 T 检验,结果如表 7 - 1 和图 7 - 1、图 7 - 2 所示。总分:后测得分(12.32)显著高于前测得分(10.37),$t(293) = -14.575, p < 0.001$。情绪关注:后测得分(4.18)显著高于前测得分(3.55),$t(293) = -8.321, p < 0.001$。情绪识别:后测得分(4.04)显著高于前测得分(3.30),$t(293) = -10.203, p < 0.001$。情绪回应:后测得分(4.11)显著高于前测得分(3.53),$t(293) = -9.183, p < 0.001$。

表 7 - 1　幼儿情绪理解前后测得分、标准差及差异检验

		M	SD	t	df	p
总分	前测	10.37	2.87	−14.575	293	<0.001
	后测	12.32	2.39			
情绪关注	前测	3.55	1.25	−8.321	293	<0.001
	后测	4.18	0.94			
情绪识别	前测	3.30	1.28	−10.203	293	<0.001
	后测	4.04	1.12			
情绪回应	前测	3.53	1.15	−9.183	293	<0.001
	后测	4.11	1.02			

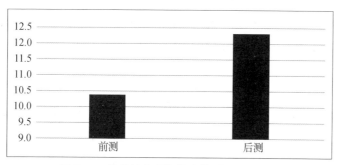

图 7 - 1　幼儿情绪理解能力前测及后测总分

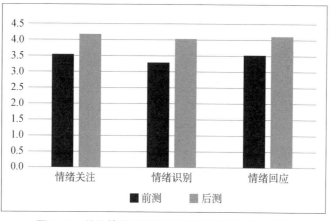

图 7 - 2　幼儿情绪理解能力前测及后测各维度得分

从实验结果可以看出，在让幼儿进行情景剧活动后，他们的情绪理解均有所提升，其中包括情绪关注、情绪识别和情绪回应这几方面。这说明，让幼儿参加情景剧活动，进行角色扮演，给予他们较为真实的沉浸式体验，能够让他们更好地去理解自身和他人的情绪，包括能够更好地关注到别人的情绪，正确识别别人的情绪以及对别人的情绪作出合适的回应。

二、幼儿情绪理解发展和性别的关系

对幼儿在情绪理解能力上的总分以及各维度（情绪关注、情绪识别、情绪回应）在前后测上的得分分性别进行计算，结果如表7-2所示。分别把总分以及各维度得分和性别进行重复测量方差分析，结果如表7-3所示。结果显示，幼儿情绪理解能力总分及各维度得分仅存在前测和后测的差异，均不存在性别差异，以及性别和前后测的交互效应。

表7-2 不同性别幼儿情绪理解能力前后测得分及标准差

			N	M	SD
总分	男生	前测	144	10.33	2.73
		后测	144	12.22	2.47
	女生	前测	150	10.41	3.01
		后测	150	12.42	2.32
情绪关注	男生	前测	144	3.52	1.25
		后测	144	4.19	0.92
	女生	前测	150	3.57	1.25
		后测	150	4.16	0.97
情绪识别	男生	前测	144	3.28	1.28
		后测	144	3.99	1.19
	女生	前测	150	3.31	1.28
		后测	150	4.08	1.05

续　表

			N	M	SD
情绪回应	男生	前测	144	3.53	1.06
		后测	144	4.03	0.99
	女生	前测	150	3.53	1.23
		后测	150	4.18	1.04

表 7-3　幼儿情绪理解能力前后测得分的性别差异检验

		F	df	p
总分	前后测	211.509	1	<0.001
	性别	0.249	1	0.618
	前后测×性别	0.193	1	0.660
情绪关注	前后测	69.251	1	<0.001
	性别	0.007	1	0.931
	前后测×性别	0.330	1	0.566
情绪识别	前后测	103.585	1	<0.001
	性别	0.232	1	0.630
	前后测×性别	0.162	1	0.688
情绪回应	前后测	83.965	1	<0.001
	性别	0.432	1	0.512
	前后测×性别	1.337	1	0.249

关于幼儿情绪理解及其发展是否存在性别差异,目前从本研究的实验数据来看,仅发现在表情再认这一方面,男生在后测时得分的提升显著高于女生。但考虑到幼儿在前后测时该部分得分均较高,大部分均能获得满分,因此也不能说明女生在该部分的能力没有提升。总体而言,性别差异在本次研究中没有明显的体现。

三、幼儿情绪理解能力发展和年龄的关系

对幼儿在情绪理解能力上的总分以及各维度(情绪关注、情绪识别、情绪回

应)在前后测上的得分分年级进行计算,结果如表 7-4 所示。分别把总分以及各维度得分和年级进行重复测量方差分析,结果如表 7-5 所示。结果显示,幼儿情绪理解能力总分及各维度得分存在前测和后测的差异、年级的差异以及年级和前后测的交互效应。对于情绪理解能力总分,前后测差异显著,$F_{(1)}=215.963$,$p<0.001$;年级差异显著,$F_{(2)}=24.101$,$p<0.001$;年级和前后测交互效应显著,$F_{(2)}=20.132$,$p<0.001$。对于情绪关注得分,前后测差异显著,$F_{(1)}=66.799$,$p<0.001$;年级差异显著,$F_{(2)}=15.463$,$p<0.001$;年级和前后测交互效应显著,$F_{(2)}=7.611$,$p=0.001$。 对于情绪识别得分,前后测差异显著,$F_{(1)}=100.222$,$p<0.001$;年级差异显著,$F_{(2)}=34.027$,$p<0.001$;年级和前后测交互效应显著,$F_{(2)}=14.782$,$p<0.001$。对于情绪回应得分,前后测差异显著,$F_{(1)}=76.635$,$p<0.001$;年级差异显著,$F_{(2)}=8.365$,$p<0.001$;年级和前后测交互效应不显著,$F_{(2)}=2.765$,$p=0.065$。 不同年级幼儿情绪理解能力的发展趋势如图 7-3、图 7-4、图 7-5、图 7-6 所示,可以看到,无论是情绪理解能力总分,还是各维度(情绪关注、情绪识别、情绪回应)得分,相比于小班和大班幼儿,中班幼儿的前后测差异都更明显。

表 7-4　不同年级幼儿情绪理解能力前后测得分及标准差

			N	M	SD
总分	小班	前测	74	9.76	3.65
		后测	74	10.85	3.18
	中班	前测	104	9.39	2.95
		后测	104	12.39	2.03
	大班	前测	116	11.65	1.43
		后测	116	13.20	1.52
情绪关注	小班	前测	74	3.38	1.44
		后测	74	3.78	1.20
	中班	前测	104	3.17	1.38
		后测	104	4.19	0.92
	大班	前测	116	3.99	0.79
		后测	116	4.41	0.67

续　表

			N	M	SD
情绪识别	小班	前测	74	3.11	1.48
		后测	74	3.43	1.45
	中班	前测	104	2.72	1.30
		后测	104	3.95	1.06
	大班	前测	116	3.94	0.71
		后测	116	4.50	0.61
情绪回应	小班	前测	74	3.27	1.46
		后测	74	3.64	1.33
	中班	前测	104	3.50	1.24
		后测	104	4.25	0.91
	大班	前测	116	3.72	0.76
		后测	116	4.28	0.76

表 7-5　幼儿情绪理解能力前后测得分的年级差异检验

		F	df	p
总分	前后测	215.963	1	<0.001
	年级	24.101	2	<0.001
	前后测×年级	20.132	2	<0.001
情绪关注	前后测	66.799	1	<0.001
	年级	15.463	2	<0.001
	前后测×年级	7.611	2	0.001
情绪识别	前后测	100.222	1	<0.001
	年级	34.027	2	<0.001
	前后测×年级	14.782	2	<0.001
情绪回应	前后测	76.635	1	<0.001
	年级	8.365	2	<0.001
	前后测×年级	2.765	2	0.065

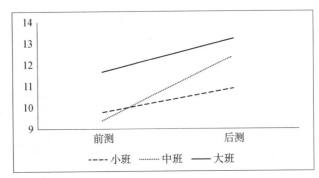

图 7-3　不同年级幼儿情绪理解能力总分的发展趋势

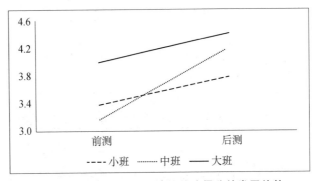

图 7-4　不同年级幼儿情绪关注得分的发展趋势

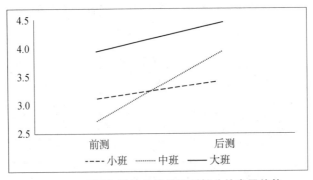

图 7-5　不同年级幼儿情绪识别得分的发展趋势

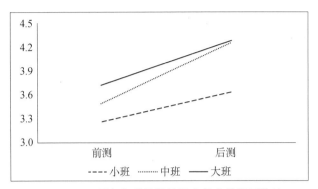

图 7‑6　不同年级幼儿情绪回应得分的发展趋势

关于以上调查结果的解释,一方面,幼儿从小班到大班,年龄增长了两岁,大脑机能有所发展,另外也有了更多的经历,例如和同伴的互动等,这些都可能是促进其情绪理解发展的原因;另一方面,可能是幼儿园举办的一系列活动有益于幼儿情绪理解的发展,例如情景剧,通过角色扮演,能够让幼儿对生活情景有更为真实的体验,对自己和身边他人有更为直接和深刻的认识,从而能够在真实生活中更好地识别他人的情绪,能准确找到情绪产生的原因并进行解释。

我们还发现,在情景剧活动后,总体上中班幼儿的情绪理解能力提升程度要大于小班和大班的幼儿。这可能是因为,中班幼儿已经在幼儿园里待了一年,和小伙伴们开始熟悉起来了,现在正处于人际关系发展的关键时期,这个时候让他们参与情景剧活动,能够更好地促进他们的情绪理解能力发展。

四、幼儿情绪理解发展在情景剧不同周期前后的变化分析

1. 幼儿情绪理解在情景剧不同周期前后的变化比较

对幼儿在情绪理解能力上的总分以及各维度(情绪关注、情绪识别、情绪回应)在情景剧不同周期(2 个月、2 个学期)的前后测得分差进行相关样本 T 检验,结果如表 7‑6 和图 7‑7、图 7‑8 所示。总分:2 个学期前后测得分差(2.56)显著高于 2 个月得分差(1.63),$t_{(78)} = -4.110, p < 0.001$。情绪关注:2 个学期前后测

得分差(0.84)和 2 个月得分差(0.66)无显著差异，$t_{(78)} = -1.409, p = 0.163$。情绪识别：2 个学期前后测得分差(0.71)显著高于 2 个月得分差(0.39)，$t_{(78)} = -2.471, p = 0.016$。情绪回应：2 个学期前后测得分差(1.01)显著高于 2 个月得分差(0.58)，$t_{(78)} = -3.173, p = 0.002$。

表7-6 幼儿情绪理解前后测得分、标准差及差异检验

	周期	M	SD	t	df	p
总分	2 个月	1.63	1.65	-4.110	78	<0.001
	2 个学期	2.56	2.00			
情绪关注	2 个月	0.66	1.16	-1.409	78	0.163
	2 个学期	0.84	1.18			
情绪识别	2 个月	0.39	1.25	-2.471	78	0.016
	2 个学期	0.71	1.32			
情绪回应	2 个月	0.58	1.31	-3.173	78	0.002
	2 个学期	1.01	1.46			

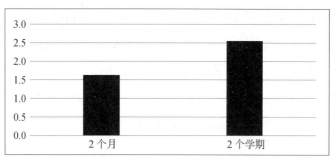

图7-7 幼儿情绪理解在情景剧不同周期的前后测总分差

2. 幼儿情绪理解在情景剧不同周期前后的变化比较的性别差异

对幼儿在情绪理解上的总分以及各维度(情绪关注、情绪识别、情绪回应)在情景剧不同周期(2 个月、2 个学期)上前后测得分差分性别进行计算，结果如表7-7所示。分别把总分以及各维度在不同周期上的前后测得分差和性别进行重复测量方差分析，结果如表7-8所示。结果显示，幼儿情绪理解总分存在周期差异，总分和各维度均不存在性别差异，以及性别和周期的交互效应。

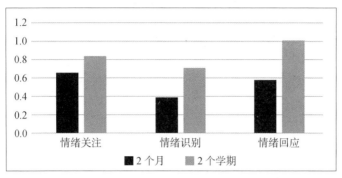

图 7‐8 幼儿情绪理解在情景剧不同周期的前后测各维度得分差

表 7‐7 不同性别幼儿情绪理解在情景剧不同周期的前后测得分差

	性别	周期	N	M	SD
总分	男生	2 个月	41	1.76	1.85
		2 个学期	41	2.63	1.87
	女生	2 个月	38	1.50	1.41
		2 个学期	38	2.47	2.15
情绪关注	男生	2 个月	41	0.90	1.39
		2 个学期	41	0.93	1.27
	女生	2 个月	38	0.39	0.79
		2 个学期	38	0.74	1.08
情绪识别	男生	2 个月	41	0.34	1.41
		2 个学期	41	0.59	1.36
	女生	2 个月	38	0.45	1.06
		2 个学期	38	0.84	1.29
情绪回应	男生	2 个月	41	0.51	1.43
		2 个学期	41	1.12	1.68
	女生	2 个月	38	0.66	1.17
		2 个学期	38	0.89	1.20

表 7-8　幼儿情绪理解在情景剧不同周期的前后测得分差的性别差异检验

		F	df	p
总分	周期	16.723	1	<0.001
	性别	0.360	1	0.550
	周期×性别	0.045	1	0.833
情绪关注	周期	2.135	1	0.148
	性别	2.295	1	0.134
	周期×性别	1.605	1	0.209
情绪识别	周期	6.154	1	0.015
	性别	0.486	1	0.488
	周期×性别	0.343	1	0.560
情绪回应	周期	9.839	1	0.002
	性别	0.021	1	0.886
	周期×性别	1.909	1	0.171

3. 幼儿情绪理解在情景剧不同周期前后的变化比较的年级差异

对幼儿在情绪理解能力上的总分以及各维度(情绪关注、情绪识别、情绪回应)在情景剧不同周期(2 个月、2 个学期)上前后测得分差分年级进行计算,结果如表 7-9 所示。分别把总分以及各维度在不同周期上的前后测得分差和年级进行重复测量方差分析,结果如表 7-10 所示。对于情绪理解能力前后测总分差,周期差异显著,$F_{(1)}=16.948$,$p<0.001$;年级差异不显著,$F_{(2)}=1.217$,$p=0.302$;年级和周期交互效应显著,$F_{(2)}=7.147$,$p=0.001$。对于情绪关注前后测得分差,周期差异不显著,$F_{(1)}=1.552$,$p=0.217$;年级差异显著,$F_{(2)}=5.051$,$p=0.009$;年级和周期交互效应显著,$F_{(2)}=7.176$,$p=0.001$。对于情绪识别前后测得分差,周期差异显著,$F_{(1)}=5.938$,$p=0.017$;年级差异不显著,$F_{(2)}=0.417$,$p=0.661$;年级和周期交互效应不显著,$F_{(2)}=0.004$,$p=0.996$。对于情绪回应前后测得分差,周期差异显著,$F_{(1)}=9.545$,$p=0.003$;年级差异不显著,$F_{(2)}=0.500$,$p=0.608$;年级和周期交互效应显著,$F_{(2)}=5.108$,$p=0.008$。　不同年级幼儿情绪理

解能力的发展趋势如图 7-9、图 7-10、图 7-11、图 7-12 所示,可以看到,在情绪理解总分、情绪关注和情绪回应得分的前后测得分差上,大班儿童随周期变长,后测得分提高最明显,其次是中班,最后是小班。

表 7-9　不同年级幼儿情绪理解在情景剧不同周期的前后测得分差

	年级	周期	N	M	SD
总分	小班	2 个月	24	2.50	2.30
		2 个学期	24	2.50	2.06
	中班	2 个月	26	1.54	1.24
		2 个学期	26	2.23	1.99
	大班	2 个月	29	1.00	0.89
		2 个学期	29	2.90	1.97
情绪关注	小班	2 个月	24	1.33	1.74
		2 个学期	24	1.17	1.44
	中班	2 个月	26	0.46	0.71
		2 个学期	26	0.31	0.74
	大班	2 个月	29	0.28	0.53
		2 个学期	29	1.03	1.15
情绪识别	小班	2 个月	24	0.50	2.06
		2 个学期	24	0.83	1.66
	中班	2 个月	26	0.46	0.76
		2 个学期	26	0.77	1.14
	大班	2 个月	29	0.24	0.51
		2 个学期	29	0.55	1.18
情绪回应	小班	2 个月	24	0.67	2.26
		2 个学期	24	0.50	1.98
	中班	2 个月	26	0.62	0.57
		2 个学期	26	1.15	1.01
	大班	2 个月	29	0.48	0.51
		2 个学期	29	1.31	1.23

表 7-10　幼儿情绪理解在情景剧不同周期的前后测得分差的年级差异检验

		F	df	p
总分	周期	16.948	1	<0.001
	年级	1.217	2	0.302
	周期×年级	7.147	2	0.001
情绪关注	周期	1.552	1	0.217
	年级	5.051	2	0.009
	周期×年级	7.176	2	0.001
情绪识别	周期	5.938	1	0.017
	年级	0.417	2	0.661
	周期×年级	0.004	2	0.996
情绪回应	周期	9.545	1	0.003
	年级	0.500	2	0.608
	周期×年级	5.108	2	0.008

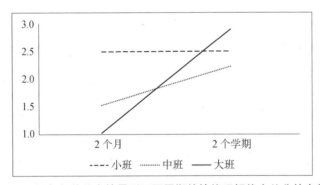

图 7-9　不同年级幼儿在情景剧不同周期的情绪理解能力总分的变化趋势

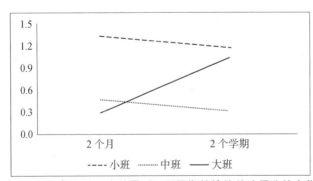

图 7-10　不同年级幼儿在情景剧不同周期的情绪关注得分的变化趋势

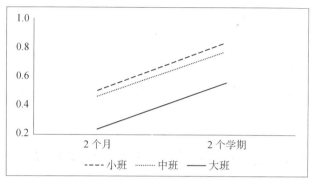

图 7‑11 不同年级幼儿在情景剧不同周期的情绪识别得分的变化趋势

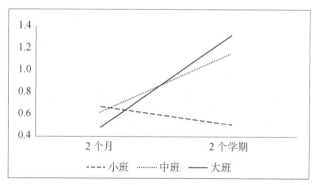

图 7‑12 不同年级幼儿在情景剧不同周期的情绪回应得分的变化趋势

从实验结果可以看到,幼儿在进行情景剧活动后,情绪理解能力及其各维度均有所提升。而且,随着情景剧活动周期变得越长,幼儿的情绪理解能力提升得越多。一方面,随着周期变长,幼儿年龄增长更多,认知能力发展程度也更大;另一方面,随着周期变长,幼儿进行了更多的情景剧活动,扮演了更多次故事角色,有了更多的真实生活体验,这让他们的情绪理解能力有了更大的提升。

此外,我们也发现,幼儿情绪理解能力的提升随周期变化而发生的变化,是存在年级差异的。具体而言,随着情景剧周期变长,大班儿童的情绪理解能力的提升会更大,其次是中班,最后是小班。这可能是因为,相比于年级高的幼儿,小班儿童做事的坚持性有限,比较难持之以恒,另外他们好奇心也更重,对很多新鲜事物都想尝试,对事物的兴趣也很难保持较长的时间,因此一直进行情景剧活动,可能会让他们有所厌倦，对于提升他们的情绪理解能力也就没有那么大的帮助了。而中班和大班的幼儿，更能专注于一件事情上，因此也更能在多次情景剧中受益。这启示我们，要按照幼儿的年龄发展规律，设计不同的活动供他们参与，也要控制好活动的时长和周期，尤其对于小班而言，活动的丰富程度往往是更重要的。

第三节　情景剧活动促进幼儿情绪理解的成效讨论

参与情景剧活动后，幼儿在表情识别、情绪情景识别、情绪归因方面都有了更好的表现，即对于故事情景的情绪理解有了较大程度的提升。随着情景剧活动周期变长，幼儿参与了更多的情景剧活动，扮演了更多的故事角色，观看了更多的故事内容，理解能力提升的程度也会相应变大。

情景剧活动从最初的素材选择到剧本设计再到富有仪式感的剧场展演，都是由师幼、幼幼、亲子共同完成，这使得幼儿在剧中和剧外有更多机会与同伴、教师、角色和父母互动交流，就同一件事情中涉及的情绪产生意义分享，一起分享感受、困惑和认识，一起讨论互动方式，一起尝试讨论的结果。因而无论是情绪关注，还是情绪识别，或是情绪回应，均获得更多的亲身体验，极大地丰富了幼儿情绪理解的实践经验和实在体验。

一、情景剧活动有效增强幼儿的情绪关注能力

幼儿在讲故事选素材、玩装扮演角色、凹造型做场景的过程中，就剧中情绪的变化，与教师、同伴或家长分享交流自己的好奇、疑惑、兴趣点等，探讨表达表现方法。

情景剧活动案例：我可以跳舞吗？

大班情景剧活动《我可以跳舞吗?》，剧情来自琪琪的亲身经历。琪琪因为自己个子小，在舞蹈班活动时总是得不到欣赏，因而与教师、同伴分享自己的经历和难过

的情绪,她期盼的神情触动了同伴们的内心。琪琪得到同伴的鼓励,扮演剧中琪琪的角色。她和同伴、教师一起分享交流剧中主要的情绪转折点:琪琪兴高采烈地去舞蹈社应聘、琪琪因为个子矮小被拒、琪琪受到演唱社伙伴的关心和鼓励、琪琪得到大家的肯定与欣赏。她专注地倾听、观察、感受其他角色的语音语调、体态表情、面部表情和装扮等,自己的表情也根据讨论的结果而变化,她的表演获得观演者一致赞赏。

二、情景剧活动有效增强幼儿的情绪识别能力

幼儿在玩演游戏、扮演角色、创演剧情的过程中,分析剧中人物的面部表情、言语表情和体态表情所表示的情绪状态,探讨对此情绪的表现方式,尝试用眼神与表情、声音与语言、手势与动作等形式,将角色的内在情绪体验外显,从而不断增强情绪识别能力。

案例:有趣的面部表情

在情景剧活动中,师幼一起梳理面部表情:眯眯眼睛、翘翘嘴巴是开心,闭上眼睛、皱起眉头是伤心,瞪大眼睛、憋一口气是愤怒,张嘴哈气、倒挂眼睛是害怕等,并尝试据此观察与表现剧中角色的情绪。

(一)小班幼儿在玩剧中提高表情识别能力

小班教师依据观察表单,开展两轮观察,以在班中随机选择的 10 名幼儿中,每天出勤率相对更高的 2 名幼儿为观察对象,一周完成一轮观察,如周一观察 A、B 幼儿,周二观察 C、D 幼儿,下周一对 A、B 幼儿进行第二轮观察,此次类推。教师对每位幼儿完成两次观察记录,并进行整体分析。我们发现:小班幼儿更多地运用面部表情、体态表情和装扮玩演剧中角色,在情景中自由玩演各种表情,自主分享当下的情绪体验,从而提升对自己与角色当下的情绪表情的识别。

情景剧活动案例：花木兰有进步

教师依据小班幼儿情绪理解能力发展目标设计观察表单，持续跟踪观察，发现小班幼儿能够识别花木兰在关键时刻、关键情景中的情绪表现，比如，在家时开心快乐、替父从军路上担心害怕、战场上应对敌人时勇敢神气、回家后欣喜万分等。军营中，幼儿走进靶场，练习射箭，一开始总是没有射到靶心，难过得垂头丧气，经过好朋友指点，拉弓、瞄准、屏气、射击，紧张得手心里满是汗，奇迹发生了，真的射中了。与其说，幼儿玩的是花木兰练本领，不如说，幼儿所表现的始终是自己。活动后，大部分幼儿对于花木兰的情绪变化津津乐道，并乐于玩演花木兰。

（二）中班幼儿在演剧中了解情绪情景

中班教师就家长问卷（前后测表）内容提问幼儿，引导幼儿在参与活动后用简笔画、图加文等形式记录自己的感受，教师对幼儿连续三次的记录进行分析。我们发现：幼儿在角色扮演的过程中，加深了对角色的装扮、性格特点以及角色所要表达的情绪情感等的认识，在情景中体验角色的具体做法和情绪变化。

情景剧活动案例：跟随花木兰的脚步

图7-13　第一次：花木兰刚进军营，心里有点害怕，和朋友们一起苦练打仗的本领

图 7－14　第二次:匈奴来破坏家园,花木兰和战友们很生气,一起上山坡打仗

图 7－15　第三次:花木兰打完胜仗回到家里,大家非常开心,欢迎她回家

幼儿能快速走进"花木兰在军营苦练本领""花木兰英勇战斗""花木兰光荣归乡"等情景,走进花木兰等角色,通过女扮男装、对话交流,理解角色,产生共鸣。他们扮演的特定角色实际上也成为了一种榜样,通过观察学习,幼儿能够注意到情绪体验的情景、内容等信息,形成表象并保持记忆,从而增强对情景中角色情绪状态的识别能力。

（三）大班幼儿在创剧中增强情绪归因能力

　　大班教师就家长问卷（前后测表）内容提问幼儿，引导幼儿在参与活动后用简笔画、图加文等形式记录自己的感受，教师选择幼儿的三次记录进行观察和分析。我们发现：大班幼儿通过设计剧情和剧中角色的情绪表现及变化发展，增强了情绪识别能力。幼儿在创造性地演绎情景剧的同时，运用不同的情绪体验和表现方式有效积累情绪经验。在角色塑造、情境雕塑过程中，幼儿关注角色的情绪线索变化，追寻引起情绪变化的原因。引发情绪发生，追踪情绪变化，预测情绪发展，增强情绪识别能力。正如卢梭所说："在戏剧实践中学习。"

情景剧活动案例：花木兰需要好朋友

图 7-16　第一次：花木兰是个女孩，喜欢照镜子打扮自己，
　　　　　但替爸爸打仗时却很勇敢，也获得了胜利

图 7－17　第二次：花木兰听到父亲要从军,很担心,
也有点害怕,决定替父从军,立了军功很开心

图 7－18　第三次：花木兰在战场上很害怕,我会和她一起打败敌人。
花木兰立了军功,我会给她一个大大的赞,还会拥抱她

大班幼儿创编剧情"军营生活"，创新角色，幼儿代入花木兰的好朋友，一起想办法应对敌人，他们解释的原因为：花木兰在战场上其实非常害怕，所以要作为朋友加入，和她做伴，让她更加勇敢。

三、情景剧活动有效丰富了幼儿的情绪回应方式

幼儿在情景剧中探讨情绪回应的方式，习得多种在角色当前情绪状态下，所应运用的体态、面部和言语表情回应的方法，或与角色互动交流，或观赏角色表演，获取情绪记忆。与同伴、教师和家人互动交流时，幼儿能够自然而然地提取类似的情绪表现方式，更加多样地回应。

情景剧活动案例：我可以跳舞吗？

在大班情景剧《我可以跳舞吗？》中，幼儿在表演游戏时，联系绘本故事《大脚丫跳芭蕾》，并结合自己的生活经验自主展开游戏。游戏情节时有变化，比如，围绕同一情景"琪琪没有被心仪的舞蹈社团选上，你的心情是怎么样的？"不同小组成员讨论的情绪回应方式完全不同。A组的琪琪在落选后心里很难过，她通过面部表情、体态、言语等方式表现出落选后的失落情绪，时间久了，她通过转移自己的注意力慢慢走出了落选的阴影；B组在玩演时，主要凸显了同伴的关爱，他们通过言语安慰琪琪、邀请她参加其他的社团等办法来帮助琪琪走出悲伤情绪。两组幼儿协商，将不同的情绪回应方法揉进情节，展现出主角琪琪"低眉叹息——失落，皱眉眯眼——悲伤，轻歌曼舞——发泄，同伴轻声细语——安慰，邀请参与歌唱社团——关爱"，凸显多样的情绪回应方式。

在情景剧活动中，幼儿就剧情、角色和情景中的情绪感受表达自己的想法，自主分享自己、角色和他人内在的情绪体验，运用他人欣赏的情绪表现方式表现情绪状态。每一次自主分享，都使幼儿从中感受到更加丰富多样的情绪体验，使幼儿的情绪理解能力得到进一步发展。

四、情景剧活动有效推动了幼儿迁移运用情绪理解经验

幼儿在情景剧活动中习得了丰富的情绪理解经验,能够关注角色或他人的情绪表现,识别角色或他人的情绪状态、情绪情景,解释情绪产生或变化的原因,运用多样的情绪表情与角色、他人互动交流。回到实际生活中,幼儿一旦遇到类似情景,就能自然而然地运用已有情绪经验主动与伙伴互动交流。

(一)幼儿将剧中的情绪识别经验迁移至生活中

幼儿将剧中人物的情绪通过表情外显,使观演者能熟悉和理解角色的情绪状态及情绪变化,这种情绪理解的经历在幼儿的记忆中被保留下来,一旦在现实生活中遇到类似情景,幼儿就能迁移运用已有情绪表情来表达表现。

(二)观演者受到情绪感染而迁移情绪表现经验

幼儿在探讨剧中角色的情绪状态和表现方式时,彼此激发或加强对角色的情绪体验,相互之间产生情绪感染。观赏的幼儿通过表演者的各种表情动作了解剧中人物的情绪,也会受到情绪感染,因而将角色的情绪经验迁移至生活实景之中。

在情景剧活动中,幼儿通过关注剧中角色的情绪表情,了解与判断角色的情绪状态,和同伴、教师、家人等一起探讨角色的情绪回应方式。幼儿经历观演情景剧活动,于多种多样的情景中不断提升情绪理解能力,增进情绪关注,增强情绪识别,丰富情绪回应方式,情绪经验日趋丰富多样,从而促进自身的社会性发展,在同伴间、亲子间和师幼间有更好的互动与交往。

第四节　情景剧活动促进幼儿情绪理解的成效联动

我园在精耕情景剧活动开展、精琢幼儿情绪理解发展的过程中，迎来了园所情景剧活动拓展、教师自我专业成长与家园社"弘和"教育生态打造的联动效应。

一、丰富情景剧活动内涵

（一）情景剧内容持续创新

关注故事人物的情绪表现、故事情景的情绪氛围和故事情节的情绪线索，创新了情景剧内容。师幼、亲子共同选择情景剧活动内容时，幼儿通过听故事、观察画面、欣赏戏剧等，一是更多关注人物的言语表情、面部表情和体态表情所表现的情绪状态；二是对于情景中的情绪氛围更加敏感；三是更善于发现并追踪情节发展中的情绪线索的变化，由此产生兴趣与联想，与同伴、教师或家长分享对故事内容及情绪线索的理解，而幼儿的感受和想法则成为情景剧活动的初始内容，并在活动进程中持续补充、不断更新。

（二）情景剧情景虚实交融

情景剧活动中，无论是角色塑造，抑或情节发展，还是场景变换，都是虚虚实实、交融辉映的，因为幼儿会运用自身已有的感性知识、情绪体验或社交经验等参与情景剧活动，由此创造虚实交融的剧中情景。幼儿的身体感受与情绪表现等不仅发生在真实的空间，还能随时进入虚构的空间，他们可以自如切换真实世界和虚拟情景，如进入某个虚构情景，扮演某个角色，运用自己习惯化的身体动作和表情来表现这个角色；讨论某个事件，提取自己的经验推进剧中情节发展；变换某种场景，采用协商好的肢体或表情以及制作的背景或道具，在虚幻交融的音效或灯光中表达表现。

（三）情景剧情节自主生长

自主引发剧中角色的情绪及其情绪线索的发生、发展和变化，推动情节生长。幼儿自主设计角色的情绪状态，他们参与情景剧活动的设计时，根据故事情节，与同伴、老师或家长商量其中角色的情绪状态，并讨论运用相应的面部表情、言语表情和体态表情来表现，协商决定角色的情绪线索的发展和变化轨迹，由此自如地推进剧中情节持续创新、自主生长。

二、提升教师自身的情商智慧和戏剧化表达

情景剧活动——促进幼儿情绪理解的系列活动，既是一场渗透于园所一日生活的教育实践探索活动，又是一场吸纳全体教师共同参与的师训研讨活动，在这场静悄悄的园所革命中，既有幼儿的喜悦成长，亦有教师的满满收获。

（一）教师加强了对自身情绪的关怀

由于 2—6 岁幼儿自身情绪易受感染、喜欢模仿的年龄特点，因此对教师自身的情绪状态就有更高的要求。幼儿开心时，教师要和他们感同身受，一起眉开眼笑、手舞足蹈；幼儿伤心时，教师要与之共情，耐心引导；幼儿生气时，教师要淡定从容，静而不乱；幼儿捣乱时，教师要威而不怒、气而不发……可教师也是活生生的人，教师也有着自己工作与生活的酸甜苦辣咸，他们的疲惫、烦躁、难过、焦虑、挫败等又该如何安放？于是就有人说幼师是"情绪超负荷"的职业。但是过往的教师专业培训中，似乎遗忘了教师群体自身的情绪状态。因此，在这场实践探索中，我们一次又一次地强调情绪理解的重要性，并且从园中人、身边事中举例阐述，渐渐地，教师也开始关注自身的情绪状态。

接下来我们一起走进幼儿园小班的一个生活场景：

今年 9 月小班中有好多孩子哇哇大哭，其中栋栋哭得特别厉害，怎么哄、

怎么转移注意力都不行，各种办法试下来，终于成功帮助他转移注意力，让他去玩积木了，可是一回头，就看见他咬了旁边的毛毛一口。毛毛被咬后也开始大哭。我当时非常生气，马上声音很大，对他说："不可以！咬人是不对的！"这个凶凶的声音顿时把栋栋吓到了，于是栋栋又开始哇哇大哭起来，哭着闹着要回家。班级里其他孩子也被毛毛和栋栋的哭声感染，开始大声哭起来……

很多教师碰到这种状况，在自己吼完看到孩子哇哇大哭后，有的教师会快速地指责自己——"哎，我怎么可以这么没耐心呢，栋栋毕竟刚刚进幼儿园，我真不是一个好老师！"随即赶快给孩子道歉，开始新一轮地安抚孩子。有的教师会自我推诿——"栋栋这孩子真是磨人，班级里有这样的孩子算我倒霉！"然后满腹怨气又无可奈何地去解决栋栋的哭闹……

上面两种反应方式在教师们中十分普遍，在两种处理方式中教师都未曾及时地关注到自身的情绪状态，当教师自身带有情绪进驻到教育生态圈中时，常常会让孩子的情绪问题愈演愈烈。而当下在遇到类似境况时，我们的教师已经惯于运用如下"三步骤"来首先关照自我的情绪。比如，下面是在情景演练中其中一位教师的自我对话描述。

教师情绪理解案例：我的情绪我关怀

◎**我的情绪关注**：烦躁、疲惫、挫败

◎**我的情绪识别**：在面临栋栋哭闹不止，怎么安抚都不行的情况时，自己本身已经十分烦躁、疲惫，又恰好遇到栋栋咬人，更是给自己的工作带来了新的任务——要带毛毛去保健室处理，还要跟毛毛的家长解释。两个孩子的哭声又带动和感染了班级里其他孩子新一轮的哭闹，自己的班级一团乱麻，真的好挫败啊！而且我今天因为感冒本来就头晕，感到不舒服，听到这么多的吵闹声，更是心烦意乱！我期待自己可以做好班级幼儿的入园适应工作，也期待自己能够从容应对班级的突发小状况，做好孩子的安抚和家长的沟通，同时期待自己的身体能够精气

神十足、能够应对高强度的工作……

◎**我的情绪回应**：请搭班多留心下孩子，然后快速给自己倒杯水，补充下体力；再通过深呼吸调节自己的心跳频次，降低自我的情绪温度线，让自己的理智空间逐渐得到恢复。

心理学上，看见即疗愈，通过上述情绪理解三步骤，教师深层次理解了自己情绪的由来——跟自我的身体状态、跟当下的纪律状况、跟后续的家园沟通都有关联，并且通过多样化的回应方式——求助搭班、喝水、呼吸等来让自我的情绪得到了比较好的关照。

（二）教师优化了与幼儿的互动方式

与上述步骤类似，教师会根据情绪理解三步骤来解读孩子的情绪。下面呈现一位老师对孩子的情绪解读。

教师情绪理解案例：懂得才是最好的爱

◎**关注孩子的情绪**：害怕、不安、想家

◎**识别孩子的情绪**：在同一个教室场景中，孩子情绪背后的原因是不同的：

（1）栋栋在好不容易稳定一点情绪后，面对老师的责备一定会感到更加害怕，分离焦虑和害怕的情绪在一起更加让他止不住眼泪了。

（2）毛毛自己玩得好好的，突然被一个陌生的朋友咬了一口，一定感到非常害怕；同时，小胳膊可能会感到些许的疼。

（3）班级里其他同学，听到老师突如其来的责备声和看到老师凶凶的脸色，再加上身边两个小朋友伤心地哭泣，顿时感觉教室里好不安全。

◎**回应孩子的情绪**：经过前面的步骤，教师已经调节好自己的情绪状态，此时我园的一位幼师选择了用一个戏剧化的方式来机智回应："哎呀，刚才老师身体里进来了一只凶狠的大老虎，凶凶的表情和大大的声音可能吓到了不少小朋友呢！老师来抱一抱（重点抱下哭泣的孩子，配合抚摸他们的额头、脸蛋，通过身体接触

让孩子快速获得安全感）。不过啊，老师可厉害了，老师刚才很快就打败了身体里那只凶狠的大老虎。你们想不想看看老师刚才是怎么打败的？"好几个孩子顿时被这个很有趣味的话题给吸引，并停止了哭泣。接着老师就用夸张的动作和表情，进行无实物的"武松打虎"表演，引得班级里的孩子破涕为笑……

在上述案例中，教师通过"武松打虎"的戏剧游戏结束了一场闹剧，将原本乱哄哄的教室变成了一个笑嘻嘻的乐园。

（三）教师创新了与同事的交往方式

通过情景剧活动的长期探索，教师已经习惯和擅长运用一些戏剧化的方式来跟孩子、同事进行有趣、创新的互动。比如，在一次踢足球的工会活动中，有人即兴想让我和足球教练来一场比赛，于是就大声喊"徐老师，比一个"，紧接着第二个老师自动加入"徐老师，比一个"，然后第三个、第四个、第五个……老师们逐步加入，全体教职工自发地玩起了"传声筒"的戏剧游戏，我园的这场工会活动也因此妙趣横生、其乐融融。

又比如我和园内的戴丽君、苏晴、黄萍等 12 位教师，在第十届浦东新区教学展示周"修炼——优秀教师的梯度成长"的微报告中，共同出演了主题为"迷茫·期待"的情景剧，在情景剧里老中青教师敞开碰撞自己对于"幼儿"的多样情感、对于"工作"的多元追求、对于"好老师"的多重定位。在情景剧的虚拟空间中，我们摆脱了现实工作环境中因职务、年龄而产生的代沟与疏远，大家同为剧本的创作者、剧情的演绎者，以剧为媒增进了彼此的了解，紧密了心与心的距离。

这场促进幼儿情绪理解的实践探索活动，让幼儿情景剧活动中的情绪线索越来越明显，情景冲突越来越有张力，师幼的情绪表现方式更加丰富多样。幼儿情景剧活动与一日生活的相融互补，师幼的情绪理解经验迁移到一日生活的各个环节，促进师幼、幼幼和同事间良好互动，增加了生活阅历，丰富了生活智慧，美化了生活体验。

三、优化家园社协同育人机制

（一）家园社共护幼儿成长

情景剧活动将幼儿园、家庭和社区紧密联系在一起，在共商、共演、共赏的过程中，共同呵护幼儿快乐成长。

1. 家园共同协商情景剧活动，了解幼儿情绪经验

在情景剧活动中，家长、幼儿及教师三方合作，共同设计幼儿情景剧活动，共同选择情景剧活动素材、参与角色竞选、设计戏剧游戏等，了解幼儿在情景剧活动中对于人物的情绪表现的认识与理解，以及幼儿自主表现情绪的经验与方式。比如，《一代宗师》产生了两个"叶问"。有一天回家后，源源高兴地告诉妈妈，小朋友和老师商量决定要玩演情景剧《一代宗师》了，并表示他要努力争取当"叶问"，因此要学武功。兴趣是幼儿最大的老师，妈妈和源源一起搜寻了咏春拳的图解，他学得可认真了。但是几天后，源源回家后又哭又闹，原来是在竞选"叶问"角色时，他因为太紧张，情绪没有控制好，最终没被选上。妈妈先是安慰他："角色竞选是公平的，无论你有没有选上'叶问'，都不能像这样，情绪这么激烈。我们要找到不足的地方，再努力进步，擦干眼泪为下一次竞选做好准备。"教师也将竞选的过程发给了家长，与家长一起分析源源当时的表现。沟通中，妈妈有了新的想法，她和源源一起梳理了竞选中存在的问题，比如声音不够响亮、情绪表现不够自然等，当然也肯定了源源的优点，比如武功练得比其他小朋友都好。经过和教师讨论分析，妈妈建议源源："明天可以问问小伙伴们，是不是还有第二次竞选的机会。自己要将不够好的地方改正，发挥长处。"在幼儿园里，幼儿们自由分组分角色玩演，源源和自己小组的同伴一起设计"叶问"的对话和剧情，有小伙伴提出："敌人都打到家门口，为什么叶问还不生气？"当时，教师听了心生喜欢，家长听了不知如何回答，突然，源源回应道："叶问的情绪都在他的咏春拳里，一拳一脚都是对敌人的愤怒。"他的回答令教师和家长深受触动：这可能是教师和幼儿互动中要表达的意境，也可能是幼儿自己感悟到的精髓。确实，幼儿在玩演角色中，能真的体会到他

人的情绪。终于，源源在第二次竞选中成功选上了"叶问"，于是，《一代宗师》就有了两个"叶问"。

幼儿园与家庭相互配合、理解、支持，三方交互沟通，一起选择情景剧活动素材、角色和剧情等，商讨剧中角色的情绪线索，推进幼儿理解角色在不同情景中的情绪状态，并运用自己喜欢的体态、面部和言语表情等方式，与其他角色互动交流。

2. 家园共同参演情景剧活动，体验个体间的情绪互动

家长惊喜于幼儿的能力发展，更加主动地参与情景剧活动，也更加能够直观地看到幼儿的变化，深切体会到教育的作用，体验到养育的乐趣。同时，重新审视自己的角色定位，专注有趣地陪伴幼儿左右。

家长积极参与情景剧活动，和幼儿在家庭中玩演亲子戏剧，亲子共商，丰富情节、塑造角色、制作服装和道具，运用角色扮演丰富亲子生活内容。有时，亲子互换生活中的角色，比如幼儿扮演妈妈教"宝宝"学吃饭；有时，共同模拟舞台剧情，亲子在家扮演班本剧；有时，情景再现生活问题，再现牛奶打翻的情景，亲子互动讨论解决方法；等等。依托情景剧活动，成人越发重视自身情绪的表达表现，也习惯于倾听幼儿的想法，与幼儿相互配合、相互支持，鼓励幼儿在虚实交融的情景体验中用自己的方式交往互动，在情景对比下更加突显角色的情绪变化，更有创意地表达表现，从而不断丰富情绪体验。

3. 家园社共同欣赏情景剧活动，探索情绪线索的变化与发展

家长和教师心往一处想，要为幼儿的发展创设更大的舞台，让幼儿站在更加宽广的舞台上发光发亮，就会劲往一处使，经常带幼儿去各种舞台观看演出，比如去迪士尼儿童剧场欣赏《狮子王》，到上海大剧院观赏《寻找声音的耳朵》，各种奇幻的舞台也是幼儿认识世界的途径之一。在情景剧活动中，幼儿自信表达，自主评价，家长、教师和社会人士运用观察与欣赏等方式，聚焦"情绪关注""情绪识别""情绪回应"对幼儿玩剧、演剧、创剧的全过程进行评价。共同评价的方式让参与者更加清楚剧中的情绪线索，有目的地关注幼儿的情绪表现，欣赏幼儿丰富多样的情绪表达，支持幼儿用自己的方式变化与发展情绪线索。

（二）家园社共拓教育资源

充分挖掘利用幼儿园、家庭和社区的资源，开发与实施情景剧相关活动，拓展幼儿实践体验的空间。

1. 充分利用园内资源

师幼充分利用活动室、走廊、户外等空间，创设表演性区域、微剧场等，满足幼儿的活动需求，并提供丰富多样的装扮性材料、道具、音效等，支持幼儿创造性玩演。根据幼儿的年龄特点，与幼儿共商共谋，利用并开发班本情景剧活动主题和内容，设计角色、创编情节等，丰富活动资源。师幼围绕班本情景剧活动，利用与开发各大活动内容，吸纳资源素材，根据兴趣点和班级情况改编与创造，优化情景剧活动的组织与实施。

2. 巧妙挖掘家庭资源

积极获得家长对情景剧活动的感知、理解和支持，鼓励家长从多元渠道和资源平台，与幼儿共同丰富对活动的感性认识。指导家长在家中与幼儿共同体验和玩演情景剧，可基于绘本故事或生活小事件创编等，指导家长与幼儿共同利用废旧材料等制作角色服饰和道具，支持幼儿大胆表达表现。邀请具有一定表演素养和兴趣的家长参与课程建设，指导家长开展情景剧社团活动等。

3. 拓展周围社区资源

引导幼儿观察周边社区各种职业的人们，体会他人之间的交往方式，以及合理规划演出场地和自然资源等，扩展幼儿玩演的空间，让幼儿感受不同舞台的魅力，鼓励幼儿大胆表达表现情绪，提高幼儿自信心和社会交往能力。情景剧活动进社区，在为社区生活注入活力的同时，也增加了幼儿的社会经历，丰富了幼儿的情绪理解经验，帮助幼儿和谐融入社会生活。

（三）家园社共建教育生态

家园社携手共育幼儿情绪理解能力，增进幼幼、师幼、亲子之间的情绪交流，助推家园社共筑"多元包容、虚实交融、和谐共处"的一体化教育生态。

1. 协同培养优化"弘和"教育生态

探索幼儿情绪理解能力发展的协同培养机制,创设家园社一轴三点的教育生态化环境,达成跨时空、呈动态、全方位的教育生态链接。建立由园长负责,德育主任、保教主任、家委会主席及教育专家统筹规划的工作领导小组;由骨干教师、家教组、科学育儿组、家委会委员和社会专业人士协同推进的实施骨干小组;由一线教师和社会专业人士跟进落实的指导核心小组。"三组"合力构建"1+N"家教工作提升机制,定期召开家教例会、教科研例会、团支部例会,助推情绪研究进程。

2. 科学研究持续改善家长教养方式

通过科学研究,合理架构家教指导课程,丰盈家教指导课程内涵,不断更新资源库。改善家长教养方式,深化家长协同育人的作用,以真学、真问、真研,深度浸润,和谐亲子关系,涵养家庭文化,潜移默化地提升家长综合素养。深化"弘和"家教指导情景体验坊品牌建设,"三组"致力营造"和谐共处"的家教氛围,灵活转化"品艺相融的幼儿情景剧活动"实践经验,建构"弘和"家教指导课程,包括基础课程、专题课程和个性化课程,运用戏剧方法和剧场元素,利用情景再现、再生和互动体验等方法,指导家长情景演绎家教问题,引导家长在安全的情景中自主表达、轻松互动、合理宣泄、习得经验、体悟成长。

一是情景体验课堂。根据研究进程,邀请科研员、脑科学家和园长先后为不同年龄段家长开设系列"情绪讲座",小班"助力孩子成为快乐自信的人——小班孩子情绪理解能力发展的意义",中班"成长为自在自信、鲜活勇敢的人——从情绪理解对人的意义谈起",大班"滋养情绪之花",全体家长"儿童情绪与大脑""一起成长,养育自立自信的孩子"。比如,再现家庭常见情景"牛奶打翻了……"使家长们了解到不同教养方式对于幼儿情绪理解能力的影响,认识积极的情绪表现方式更有助于培养自主自信的康康娃。

二是情景体验活动。结合亲子嘉年华,全园教师、幼儿和家长选择同一本图画书《花木兰》,开展户外情景体验活动,亲子共读、共演、共情,感悟花木兰从无忧无虑——担惊受怕——从容应战——光荣归乡的情绪变化与发展,同时感受花样阅读的乐趣。

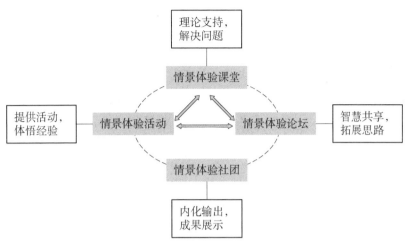

图 7－19 情绪体验坊"3＋1"模式运行图

三是情景体验论坛。有线上线下两种形式,不受时空限制。家长们围绕《花木兰》户外体验活动,分享感受和经验,同时增进亲子情绪传递与感染。

四是情景剧社团。这是体验课堂、活动及论坛的延续性模式,如亲子和师生根据图画书和情景体验活动,经过共商、共演、共评,创演情景剧《花木兰》,感同身受木兰从军的经历和情绪变化,留下丰富的情绪记忆。

我们致力于让每一位家长享有平和、喜乐的教养体验,体验幸福、明亮的绚烂人生!

后 记

学前娃娃身处成长的关键期，随着多种器官的自然成熟，多样感官刺激的日益丰富，各样要求的接踵而至，各种社会关系的纷至沓来，娃娃们逐渐应接不暇。他们在感受成长带来的快乐的同时，又不时地面临着烦恼的发生，或狂喜、或悲伤、或暴怒、或惊恐……此时，如果能够将不同情景中产生的各种烦恼转化为生活中的阅历、智慧和美好感受，留存于儿童时代的信息库，那么，这一切将成为娃娃成长中的不竭动力，源源不断地为其后继发展输送能量。

我与戏剧的不解之缘。1997 年，女儿刚上幼儿园，我就带她参加了上海市浦东新区川沙少年宫张忱婷执教的戏剧表演班，那时的她笑容灿烂，眼睛像闪亮的星星，活泼开朗，人见人爱。女儿上小学后，在我的建议下放弃戏剧表演，改学器乐。逐渐地，她眼中的亮光若有若无，流淌着些许的烦恼与忧伤。直至女儿上初二，听闻张忱婷老师负责的戏剧艺术团招生，她与我积极沟通，表达了自己在戏剧表演活动中的情绪释放与身心滋养。在得到我的支持后，女儿通过积极准备顺利通过了艺术团的考核招生。自此，女儿和伙伴们先后参演了张老师编导的多部音乐剧，连获上海和北京文广局组织的戏剧表演大赛金奖，还在悉尼歌剧院参演音乐剧《大老鼠和小老虎》，这部音乐剧在当地儿童及家长圈里引起了极大反响。直至今日，女儿大方与人交往，敏锐感受他人情绪，及时调适自我状态，眼神也愈益清明、澄亮。在此过程中，我亲身感受了戏剧表演对一个孩子成长的莫大助益，也慢慢萌生出一个念想种子：戏剧既然能够化解我女儿的成长忧伤，又是否可以化解更多孩子的成长烦恼呢？戏剧，成了我渴望探究的神秘之地……

戏剧教学的第一片试验田。追随着女儿成长的脚步，我产生了在幼儿园开展戏剧教育的冲动。2002 年，我在一所农村幼儿园自主尝试大班幼儿故事表演，孩子们自主合作，表现得自然大方、自信有加，示范园骨干教师们看了惊奇不已，大为赞赏；2008—2010 年，我在示范园的大班再次尝试戏剧教学，孩子们由扭扭捏捏变为主动表达,曾经的顽皮大王,成了合作共演的好伙伴。戏剧教学成了孩子们每周一次的期待,角色扮演也成为孩子们常见的自主自发的活动形式。戏剧,开始在我心中生根发芽。

学前戏剧教学的理性思考。 2008—2011年,我在华东师范大学进修学前教育本科学历期间,尝试探索戏剧教学法在幼儿园的运用,在左志宏导师的鼓励与指导下,我完成了有质量的本科毕业论文《幼儿园运用戏剧进行教学的形式及特点》。文章从戏剧作为教学媒介的角度出发,以学前教师参考用书《学习活动》作为切入点进行文本分析,研究戏剧教学形式在教师用书中出现的频率、呈现的方式等,探究戏剧教学形式在幼儿学习活动中的特点和规律。分析表明,戏剧教学在学习活动中仅仅作为达成学习目标的教学手段之一,而富有教育魅力、具有高度综合性的戏剧教学在学习活动中实际上被置于从属地位,戏剧教学样式呈现零星的状态,并没有作为一种特有的活动样态在幼儿园课程和教学中发挥课程生成等诸多功能。然而,《幼儿园教育指导纲要(试行)》明确规定,通过与艺术、文化和美好事物的接触,幼儿园应该使儿童增强倾听的能力、自我认知和个体表达能力。很明显,《幼儿园教育指导纲要(试行)》的规定与戏剧教学的价值非常契合。那么,怎样把戏剧与学前教育领域中有关联的元素有机整合?又如何在戏剧中融入儿童心理发展的关键要素?学前教育、戏剧和心理学三者,应该有所交集!懵懵懂懂间,强烈的欲望牵引着我,去继续探寻这片神秘而又丰沃的领地。

情景剧活动的垦荒种田。 寻寻觅觅时,幸运意外降临,2011年,我来到康弘开办新园时,正值制定四年发展规划。我提出了长期以来对戏剧的认识、实践和感悟,表达了探索学前教育与戏剧以及心理学之间的关联的愿望。我认为幼儿园也可以整合戏剧教育、教育戏剧、创造性戏剧等理论与实践方法,借鉴校园情景剧的样式,甄选适宜的戏剧方法和剧场元素开展活动,以此提升学前儿童的心理健康。这一想法得到了管理中心主任和中层管理团队的支持。管理中心主任沈建芳是上海市特级园长,她曾到挪威等国家考察,清楚戏剧的教育价值,提出"戏剧生活化,生活戏剧化"的教育建议,为康弘幼儿园情景剧特色活动的确立起到了决定性作用,由此,情景剧在康弘落地生根。适逢我参加华东师范大学心理与认知科学学院的教育硕士学位进修，导师带领研究团队，确立了课题"在情景剧活动中发展幼儿助人行为的实践研究"。自此，一发破的，我叩开了那扇神秘之门，踏上了那片融学前教育、戏剧和心理学为一体的领地。我带领康弘人陆续开展了30多项市、区级课题研究，经历了上海市教育科研项目"在情景剧活动中发展幼儿情绪理解能力的实践研究"等系列课题研究，康弘的教育质量也因此发生了质的飞跃。

精耕细作后的五谷丰登。经过12个春秋，**我惊讶于情景剧的无穷魔力。**情景剧能够让我们置身其中，运用声音和语言、表情与情绪、肢体与动作以及装扮来塑造世间万象。情景剧活动中，娃娃们化身为戏剧大师，能够重温曾经的经历，回味瞬息即逝的感觉，经历一切可能……不断地拓展生活阅历，丰富生活智慧，美化生活体验。**更惊叹于实践研究的持续发现。**生活实景中，"怒""哀""惧"这些"小魔怪"时常会来"做客"，引得娃娃们情难控制而不自知，使得教养者们防不胜防而烦恼不已。实践探索中，我们发现，娃娃们随时能够运用言语表情、面部表情和体态表情再现生活实景，创造相似的虚拟情景，关注其中的情绪状态，探讨情绪产生、发展和变化的原因，运用自己喜欢的情绪表情互动共情，从而任意地处置那些情绪"小魔怪"，轻松化解强烈的情绪感受。此时，身体成为生活实景和剧中虚景的媒介，将其中习得的经验相互转换，不断促进心灵的进化和升华。

感恩每一位智者，在我和老师们的实践道路上，关心和指导我们，引领并支持我们；赋予我们勇气来披荆斩棘，做学前戏剧活动的探险者；给予我们智慧来破解迷津，做学前情景剧活动的先行者。

感激每一位同行者，在共同的探索与发展道路上，互勉共进，互相成就。

感谢我的家人，鼓励我探索，陪伴我努力，倾听我诉说，令我拥有充裕的时空，饱满的热情，精耕细作，乐此不疲……

上海市浦东新区康弘幼儿园园长、党支部书记　徐玉杰

2024年3月10日

书中相关情景剧视频，请扫描上面的二维码观看。

图书在版编目(CIP)数据

成长别烦恼:情景剧活动促进幼儿情绪理解的探索/徐玉
杰著.—上海:华东师范大学出版社,2024
ISBN 978 - 7 - 5760 - 4895 - 7

Ⅰ.①成… Ⅱ.①徐… Ⅲ.①情绪-自我控制-学前
教育-教学参考资料Ⅳ.①G613

中国国家版本馆 CIP 数据核字(2024)第 070728 号

成长别烦恼:情景剧活动促进幼儿情绪理解的探索

著　　者　徐玉杰
责任编辑　彭呈军
审读编辑　教心分社
责任校对　郑海兰
装帧设计　郝　钰

出版发行　华东师范大学出版社
社　　址　上海市中山北路 3663 号　邮编 200062
网　　址　www.ecnupress.com.cn
电　　话　021 - 60821666　行政传真 021 - 62572105
客服电话　021 - 62865537　门市(邮购)电话 021 - 62869887
地　　址　上海市中山北路 3663 号华东师范大学校内先锋路口
网　　店　http://hdsdcbs.tmall.com

印 刷 者　上海龙腾印务有限公司
开　　本　787 毫米×1092 毫米　1/16
插　　页　4
印　　张　17.5
字　　数　264 千字
版　　次　2024 年 5 月第 1 版
印　　次　2024 年 5 月第 1 次
书　　号　ISBN 978 - 7 - 5760 - 4895 - 7
定　　价　78.00 元

出 版 人　王　焰